SERGE MICHEL
PAOLO WOODS

Land des Lachens
Land der Tränen

Die vielen Gesichter des Iran
Ein Porträt

Aus dem Französischen von
Michael Bayer

Riemann

Die französische Originalausgabe erschien 2010 unter
dem Titel »Marche sur mes yeux. Portrait de l'Iran aujourd'hui«
bei Éditions Grasset & Fasquelle, Paris.

Fotografien von Paolo Woods

Verlagsgruppe Random House FSC-DEU-0100
Das für dieses Buch verwendete FSC®-zertifizierte Papier *Respecta 60*
mit 60 % Recyclingfasern von Burgo liefert Berberich.

1. Auflage
Deutsche Erstausgabe
© 2011 der deutschsprachigen Ausgabe Riemann Verlag, München
in der Verlagsgruppe Random House GmbH
© 2010 der Originalausgabe Éditions Grasset & Fasquelle, Paris
Redaktion: Georg Patzer
Satz: Barbara Rabus
Druck und Bindung: Print Consult GmbH, München
Printed in the Slovak Republic
ISBN 978-3-570- 50131-3

www.riemann-verlag.de

Wir widmen dieses Buch F., K.
und der Zukunft des Iran

Nur hohle Menschen urteilen nicht nach dem Schein.
Das wahre Geheimnis der Welt ist das Sichtbare,
nicht das Unsichtbare.

Oscar Wilde

INHALT

PROLOG

Seit mehreren Wochen habe ich nichts mehr von K. gehört. Er antwortet nicht mehr auf meine E-Mails und geht nicht ans Telefon. Was ist da los? Im Juni 2009 hatte er uns bei einigen Interviews in Teheran als Dolmetscher ausgeholfen und zu den Protestmärschen der Opposition, den berühmten »Grünen Demonstrationen«, begleitet. Ich erinnere mich noch gut an seinen Jubel, als sich so viele seiner Landsleute auf die Straße wagten. Für diesen von den Autoren der französischen Postmoderne faszinierten Intellektuellen, der während des Präsidentschaftswahlkampfs mit ganzer Kraft für den Sieg Mussawis über den Amtsinhaber Ahmadinedschad gekämpft hatte, war es eine Versöhnung mit dem eigenen Volk. Er fühlte sich plötzlich nicht mehr so allein. In den folgenden Monaten schickte er regelmäßig die Verlautbarungen der beiden Oppositionsführer Mir-Hussein Mussawi und Mehdi Karrubi an etwa 30 iranische und ausländische Empfänger. In dieser ganzen Zeit erhielt ich jeden Tag von K. drei oder vier E-Mails. Manchmal waren es Karikaturen, Fotos von gewaltsamen Übergriffen der Ordnungskräfte auf den Straßen, ein Video von Demonstranten oder ganz einfach ein Gedicht, ein Revolutionslied oder sogar ein iranisches Rap-Stück. Ich konnte nicht alles verstehen, da die meisten Texte auf Persisch waren. Aber ich wusste zumindest, dass K. sich noch in Freiheit befand und Zugang zum Internet hatte. Diese Sendungen hörten dann jedoch einige Tage vor dem 31. Jahrestag der Islamischen Revolution, dem 11. Februar 2010, plötzlich auf, zu einer Zeit, als das Regime die Verhaftungen vermehrte, um sicherzustellen, dass die Feierlichkeiten an diesem Tag von niemandem gestört wurden.

Auch der Kontakt zu F. ist inzwischen fast völlig abgebrochen. Als Journalistin für die Oppositionspresse begann sie einen Blog mit dem Namen »Nach dem Regen« zu führen, als die Zeitungen, für die sie arbeitete, eine nach der anderen geschlossen wurden. Außerdem verfasste sie gelegentlich Artikel für westliche Medien. Wir kennen uns seit zehn Jahren, schreiben uns seitdem regelmäßig und haben immer wieder zusammengearbeitet. Nachdem sie seit dem Amtsantritt von Präsident Ahmadinedschad mehrmals kurzzeitig festgenommen und auf zum Teil äußerst harsche Weise verhört wurde, wusste sie nach den Wahlen im Juni 2009, dass sie in großer Gefahr war. Plötzlich antwortete sie nicht mehr auf unsere Telefonate und E-Mails und veröffentlichte nichts mehr auf ihrer Facebook-Seite und ihrem Blog. Ich erfuhr aus gewissen Quellen, dass sie sich seit einigen Wochen bei einer Tante in einem abgelegenen Provinzdorf versteckte. Die Polizei wartete danach ganz einfach ab, bis sie wieder nach Teheran zurückkehrte. Am 22. August 2009 wurde sie schließlich in der Wohnung ihrer Eltern verhaftet und in eine Einzelzelle im berühmt-berüchtigten Ewin-Gefängnis gesteckt. Eine ihrer Freundinnen erzählte mir, dass ihr Zellennachbar sie den ganzen Tag weinen gehört habe. Außerdem habe sie bei den Verhören völlig die Fassung verloren. Zuerst habe sie ihre Befrager beschimpft. Danach sei sie in Tränen ausgebrochen. So ist das Gefängnis eben: Den einen macht es stark, den anderen zerbricht es. Ihr Nachbar versuchte sie zu beruhigen, indem er ihr kleine Perkussionsstücke auf einer Wasserleitung vorspielte, die die beiden Zellen verband. Die Ewin-Verantwortlichen verabreichten F. bis zu zehn schwere Beruhigungstabletten am Tag.

Ihre vielen europäischen Freunde starteten eine Kampagne, die das Regime zu ihrer Freilassung bewegen sollte. Im Internet wurden eine Unterstützer-Seite eingerichtet und Journalisten und Politikern die Botschaften ihrer Mutter und ihrer Anwältin geschickt. Während Erstere nur einmal ein paar Minuten durch eine Glasscheibe mit ihrer Tochter hatte sprechen können, durfte die Anwältin ihre Mandantin in vier Monaten nicht ein einziges Mal besuchen. Am 23. Dezember wurde F. gegen eine hohe Kaution aus dem Gefängnis entlassen. Um diese überhaupt aufbringen zu können, mussten ihre Eltern die Familienwohnung verpfänden. Seitdem hat F. auf keine einzige Botschaft geantwortet. Ich lernte in Paris eine ihrer Freundinnen kennen, die sie nach ihrer Freilassung ganz kurz getroffen hatte, bevor sie selbst nach Europa geflüchtet war. Sie erzählte mir, F. sei in äußerst schlechter Gesundheit gewesen, habe keinen einzigen zusammenhängenden Satz herausgebracht und unter Herzproblemen gelitten, die während ihrer Haft angefangen hätten. Auch ihre Mutter beantwortet meine Anfragen nicht mehr. Alle ihre Angehörigen und Freunde sind in Erwartung ihres Prozesses völlig verstummt, der F. für mehrere Jahre in den Kerker von Ewin zurückschicken könnte.

Im Augenblick, da ich dieses Vorwort schreibe, fehlen mir F. und K. entsetzlich. Eine rabenschwarze Nacht scheint sich über den Iran gelegt zu haben. Dies ist nicht mehr das Land, das ich vor zwölf Jahren kennengelernt habe.

Ich kam an einem Dezembertag des Jahres 1998 mit dem Auto im Iran an. Zuvor hatte ich mehrere Monate lang den Balkan, die Türkei und den Kaukasus durchquert, da ich ganz konkret die Entfernung »erfahren« wollte, die mein Heimatland, die Schweiz, von der Stadt trennte, die für die folgenden drei bis vier Jahre mein Lebensmittelpunkt sein würde – Teheran. Ich hatte zuvor einige Geschichtsbücher und Reiseberichte gelesen, wobei mich vor allem das Buch *Die Erfahrung der Welt* meines Landsmanns Nicolas Bouvier beeindruckt hatte. Ich hatte an meiner Universität einige Studenten iranischer Herkunft kennengelernt und zehn Jahre zuvor ein paar Monate im Nahen Osten verbracht und dort meine ersten Zeitungsartikel verfasst. Im Iran war ich jedoch noch nie gewesen, selbst dann nicht, als ich mich bereits entschlossen hatte, mich einige Zeit dort niederzulassen. Ich wollte auf keinen Fall meine Neugier auf dieses Land zu schnell befriedigen und auch nicht auf den Kulturschock verzichten, auf den ich mich sogar freute. Meine erste Erfahrung damit erlebte ich an einer Autobahnmautstelle.

An diesem Morgen war ich im aserbaidschanischen Baku aufgebrochen und hatte in Astana am Kaspischen Meer ohne größere Schwierigkeiten die iranische Grenze überquert. Danach fuhr ich durch ein grünes Tal, das von den Schneegipfeln des Elburs-Gebirges eingefasst war. Ich war überwältigt von der ungeheuren Weite und Feingliedrigkeit dieser Landschaft. Hinter einem Pass und einer sanft abfallenden Abfahrt befand ich mich schließlich auf dem Iranischen Hochland und bog nach links auf die Autobahn in Richtung Teheran ab, auf der kein anderes Fahrzeug zu sehen war. Einige Kilometer weiter kündigten große grüne Schilder auf Englisch eine Mautstelle an. Dort erwartete mich ein bärtiger Mann in einem Wächterhäuschen. Da ich in den Wochen zuvor beim Fahren ständig eine persische Sprachlehrkassette gehört hatte, konnte ich ihn mit »Friede sei mit Dir« begrüßen, mich nach der Höhe der Maut erkundigen und dann sogar seine Auskunft verstehen, dass für mich die Fahrt über die Autobahn kostenlos sei. Ich bedankte mich bei ihm mit allem gebotenen Respekt. Da es an dieser Zahlstelle keinerlei Schranke gab, konnte ich einfach weiterfahren und mich innerlich auf die 300 bis 400 Kilometer vorbereiten, die mich noch von der Hauptstadt trennten.

Besser hätte mein Aufenthalt in diesem Land wirklich nicht beginnen können. Ich musste plötzlich laut lachen, als ich mich an die Ungläubigkeit, das Mitleid, ja sogar Argwohn auf den Gesichtern meiner Freunde und meiner Familie erinnerte, als ich ihnen verkündet hatte, dass ich meinen bequemen und vielversprechenden Job bei einer der besten französischsprachigen Tageszeitungen meines Landes aufgeben würde, um mich als freier Korrespondent in Teheran niederzulassen. Erfordere es denn mein Beruf wirklich, mich an einen solchen Ort zu begeben? Als ich dann im Rückspiegel die immer kleiner werdende Gestalt des Bärtigen bemerkte, der aus seinem Häuschen gekommen war und wild mit den Armen wedelte, glaubte ich, er wolle noch einmal einen der wenigen Ausländer begrüßen, die an seiner Mautstelle vorbeikamen.

In Wirklichkeit wollte er jedoch nur die ihm zustehende Gebühr einfordern. Allerdings dämmerte mir erst am nächsten Morgen, dass ich hier etwas missverstanden haben könnte. Zuvor hatte ich ohne Schwierigkeiten die Wohnung gefunden, die mir eine iranische Geschäftsfrau vermietet hatte, die sich inzwischen in Lausanne niedergelassen hatte. Nach einer erholsamen Nacht fand ich ganz in der Nähe den Lebensmittelladen des Viertels. Als ich jedoch den Jogurt, das Brot, den Käse und den Obstsaft bezahlen wollte, die ich für mein Frühstück vorgesehen hatte, meinte der Lebensmittelhändler: »*Gabel nadaré*. Nichts käme Ihrem Wert gleich.« Dies war eine höfliche Umschreibung für »Für Sie kostet das alles nichts.«

Ich war geschmeichelt, bestand aber darauf zu zahlen. Er nahm mein Geld widerstrebend an und fügte dann noch hinzu, dass er mein Opferlamm sei.

Später am Tag fuhr ich mit dem Taxi zu der Adresse, die mir die iranische Botschaft in der Schweiz einige Monate zuvor gegeben hatte. Die Straßen meines Viertels waren beinahe leer. Sobald wir es jedoch verließen, war der Verkehr so stark, dass er fast zum Erliegen kam. Die Endlosschlange aus meist recht betagten Autos wirkte wie ein metallener, stinkender Lavastrom, der sich langsam durch jede schmale und breite Straße dieser Metropole wälzte, die sich von den Bergen im Norden bis zur Wüste im Süden erstreckte. Während er den anderen Fahrern rücksichtslos die Vorfahrt nahm und sie gelegentlich auch noch laut beschimpfte, unterhielt mich der Fahrer mit Gedichten. Er rezitierte sogar einige Verse, die er selbst verfasst hatte. Es ging darin um die Liebe in einem Garten voller Blumen, in dem bunte Vögel sangen. Als wir endlich vor dem Gebäude der *Ershad-e Islami*, dem für Leute wie mich zuständigen »Ministerium für Kultur und islamische Führung« anhielten, wies mein dichtender Chauffeur den Geldschein zurück, den ich ihm hinhielt. Die Ehre, eine solch edle Persönlichkeit wie mich befördern zu dürfen, lasse sich unmöglich in ein paar schnöden Geldscheinen ausdrücken. Ich musste mehrmals in ihn dringen, bevor er endlich eine Geldsumme nannte, die dann in Wahrheit weit höher war, als ich es eigentlich erwartet hatte.

Diese Missverständnisse und Widersprüche hatten für mich jedoch auch etwas durchaus Erfrischendes. Für diesen jungen Mann mit seiner zweifellos viel zu cartesianischen und calvinistischen Erziehung waren sie der Beweis, dass er in eine völlig andere Welt eingetreten war. Sie zeigten deutlich, dass ich mich jetzt in einem ganz neuen Umfeld mit ganz anderen Sitten und Vorstellungen aufhielt. Sie waren auch eine gewisse Kompensation für den weitgehend fehlenden optischen Umgebungswechsel. Nichts an dieser Stadt, weder ihre schmucklosen modernen Gebäude, ihre grauen, schnurgeraden Avenuen, noch ihre unzähligen Fast-Food-Stände oder gar ihre Bankfilialen, von denen es offensichtlich sogar noch mehr als in meinem Heimatland gab, vermittelten mir das Gefühl, endlich den Orient betreten zu haben, nach dem ich mich offensichtlich gesehnt hatte, ohne mir das offen einzugestehen. Ich begann zu verstehen, dass ich mich nicht im Reich der Perser, sondern im Reich des Scheins befand, und diese Vorstellung gefiel mir ausnehmend gut.

Tatsächlich würde der wahre Reiz meiner neuen Arbeit in dieser Dualität zwischen dem bloßen Schein und einer flüchtigen Realität, zwischen Mythen und Fakten, zwischen den Klischees und dem echten Iran bestehen, die ich jetzt dank des Presseausweises aufdecken konnte, den mir an diesem Tag ein Mitarbeiter des Ministeriums für islamische Führung feierlich überreichte. Danach äußerte er den Wunsch, dass ich nicht zu sehr unter dem Mangel an Wein und Whisky in seinem Land leiden möge, wobei er mir freundlich zuzwinkerte. Er legte eine weitere Cremeschnitte auf meinen Teller, nippte an seinem kochend heißen Tee und gab mir dann noch einen letzten freundschaftlichen Rat.

»Mister Michel, Sie dürfen Ihrer Arbeit ganz nach Ihrem eigenen Belieben nachgehen. Vermeiden Sie es nur, unseren Obersten Führer zu kritisieren. Im Übrigen sollten Sie Ihre Zeit nicht mit irgendwelchen Offiziellen vergeuden, die werden Ihnen nichts Interessantes erzählen. Schließen Sie lieber mit ganz normalen Iranern Bekanntschaft und besuchen Sie uns hier, wann immer Sie wollen.«

Dieses Mal machte ich mit dem Taxichauffeur vor Antritt der Fahrt einen Preis aus. Auf der Rückfahrt in mein Viertel fragte ich mich, warum der Iran seit der Islamischen Revolution des Jahres 1979 auf das düstere Klischee eines Landes der verschleierten Frauen und einer obskuren Theokratie reduziert wurde. Handelte es sich dabei um einen uneingestandenen westlichen Überlegenheitskomplex? Das Bedürfnis, sich zu ängstigen? Eine Sabotageaktion der Medien? Oder eine umfassende Ignoranz? Je mehr Bücher ich über dieses Land las und je mehr ich dem Rat des Beamten des Ministeriums für islamische Führung folgte und möglichst viele »gewöhnliche Iraner« kennenlernte, desto klarer wurde mir, dass diese Dualität, die mir bereits an meinem ersten Tag aufgefallen war, tatsächlich den gesamten Diskurs über den Iran beherrschte. Auch ich würde mich also daran gewöhnen und damit umgehen müssen.

Die Iraner selbst erklärten mir von Anfang an, dass sie nicht irgendwer seien. Im Gegensatz zu diesen arabischen Beduinen seien sie arischer Abstammung. Außerdem habe man im Palast von Persepolis bereits Gedichte deklamiert, als wir Europäer noch in unseren verräucherten Höhlen Büffel gebraten hätten. Ein seltsamer Spiegeleffekt führte dazu, dass auch die europäischen Iranforscher und -spezialisten nicht irgendwer waren. Der berühmteste französische Iranwissenschaftler war Henry Corbin (1903–1978). Als ganz junger Mann trug er in seine deutschsprachige Ausgabe von Heideggers Hauptwerk *Sein und Zeit* zahlreiche arabische Kommentare ein. Später wurde er zu einem der besten und subtilsten Kenner der islamischen Esoterik, des Schiismus und der ismaelitischen Gnosis mit einer erstaunlich umfassenden und eklektischen Bibliographie.

Im Kielwasser dieses Geistesriesen gelangten seine Kollegen und Schüler ebenfalls zu umfassenden Einsichten über die persische Kultur und den Iran. Ihre Arbeiten wurden jedoch kaum einmal in der breiten Öffentlichkeit wahrgenommen. Das ändert zwar nichts an ihren Vorzügen, aber es erklärt vermutlich die tiefe Kluft zwischen dem Wissen dieser Gelehrten und der allgemeinen Ignoranz der meisten Menschen im Westen. Auf der einen Seite gab und gibt es das faszinierende Reich der Iranologen, auf der anderen das von Klischees und Vorurteilen geprägte Land der ahnungslosen Laien.

Ab und zu sehen sich diese Experten dann gezwungen, in die öffentliche Arena herabzusteigen, um den Iran in Zeitungen,

Funk und Fernsehen in nicht mehr als drei Thesen zu »entschlüsseln«. Sie sind sich dabei durchaus bewusst, dass sie genauso gut versuchen könnten, einen dichten Nebel mit dem Schwingen eines einzigen Tennisschlägers zu vertreiben. Da sie also die Fülle ihrer Erkenntnisse nicht weitervermitteln können, beschränken sie sich meist auf den Hinweis, dass man sich keinesfalls vom ersten Anschein täuschen lassen dürfe. Diese Argumentation hat dabei nicht zuletzt den Vorteil, dass man sie in einer Minute und dreißig Sekunden deutlich machen kann.

»Der Iran ist eine Diktatur!«, heißt es allgemein.

»Man sollte sich nicht vom ersten Anschein täuschen lassen«, antworten darauf die Iranologen. »Das System weist auch sehr lebendige demokratische Komponenten auf, die Wahlen waren immer von großer Bedeutung und die Wahlkämpfe äußerst lebhaft.«

»Die iranischen Frauen werden unterdrückt«, heißt es allgemein.

»Das Tragen des Tschadors oder eines Kopftuchs ist nur ein äußerlicher Schein«, antworten darauf die Iranologen. »Die iranischen Frauen üben im Kreis der Familie, aber auch in der Gesellschaft allgemein beträchtliche Macht aus.«

»Der Iran möchte die Israelis ins Meer zurücktreiben«, heißt es allgemein.

»Dabei handelt es sich nur um eine Redefloskel«, antworten darauf die Iranologen. »Darüber hinaus wurde sie auch noch falsch übersetzt. In Wahrheit haben Teheran und Tel Aviv aktiv gegen den Irak Saddam Husseins zusammengearbeitet und haben auch heute noch gemeinsame Interessen.«

»Die Ayatollahs wollen auf der Grundlage einer 1400 Jahre alten Religion regieren. Das kann doch gar nicht funktionieren«, heißt es allgemein.

»Die Revolution hat die Glaubenslehren modernisiert«, antworten darauf die Iranologen. »Vor allem hat das Regime in den letzten 20 Jahren immer politischere und weniger religiöse Entscheidungen getroffen.«

»Vielleicht, aber als Ergebnis glaubt dort niemand mehr an Gott!«, wendet die Gemeinschaft der Sterblichen ein.

»Die Religiosität der Iraner beschränkt sich nicht nur auf das Beten in der Moschee oder das Befolgen bestimmter koranischer Vorschriften«, erwidern die Fachleute. »Man muss auch die Verehrung der Imame und die gesamte schiitische Esoterik berücksichtigen.«

Es ist der große Vorteil dieser dialektischen Argumentation, dass sie dem iranischen Regime nicht missfällt. Selbst die angesehensten Kenner der zoroastrischen Engellehre dürfen es sich ja mit diesem nicht verderben, wenn sie weiterhin ihre Visa erhalten und zur Quelle ihres Wissens zurückkehren wollen. Im Übrigen versteht es das Regime selbst inzwischen meisterhaft, mit dem Unterschied zwischen Schein und Sein zu argumentieren, wie ich es bei den Antworten auf meine naiven Fragen bald erfahren sollte.

»Die persischen Dichter feiern in fast allen ihren Gedichten den Wein und die Trunkenheit«, äußerte ich verwundert, nachdem ich die Werke des Hafis und Omar Kayyams gelesen hatte.

»Der Wein der Dichter ist kein Wein«, antworteten mir darauf die Vertreter der Staatsmacht. »Er ist ein Sinnbild des Glaubens und der Liebe zum Göttlichen.«

»Ihr großer Dichter Rumi besingt unaufhörlich seine Liebe zu seinem Lehrer Schams«, fuhr ich fort. »Andere große persische literarische Werke sind voller erotischer Anspielungen auf junge Knaben. Handelt es ich dabei nicht ...«

»Im Namen Allahs, des Allmächtigen und Barmherzigen. Es ist äußerst bedauerlich, dass Ihr westlicher Materialismus Ihnen in diesem Punkt das Verständnis für unsere Kultur verwehrt«, unterbrachen mich die Beamten der Islamischen Republik. »Lassen Sie sich nicht vom äußeren Schein täuschen. Die erotischen Anspielungen sind gar keine religiösen Anspielungen und die Knaben sind keine Knaben. Die Liebe, um die es hier geht, ist keine körperliche Liebe, wie es Ihre gottlos gewordene Gesellschaft viel zu schnell behauptet. Vielmehr ist es eine Art, die Anhänglichkeit des Gläubigen an seinen Einen und Einzigen Gott zu beschreiben. Was die Gefühle Rumis für Schams angeht, handelt es sich dabei um eine Symbolsprache, die die Achtung des Schülers vor seinem Lehrer ausdrücken soll.«

Danach konnte ich mir die sophistischen Sackgassen lebhaft vorstellen, in die westliche Diplomaten in Teheran gerieten, wenn sie den Iranern ins Gewissen reden sollten, wie es ihre Vorgesetzten leider in regelmäßigen Abständen von ihnen verlangten. Am Abend versuchten sie dann hinter verschlossenen Türen in wilden Partys, zu denen ich nach kurzer Zeit ebenfalls eingeladen wurde, ihren Frust über die offiziellen Unterredungen des vorangegangenen Tages zu vergessen.

»Meine Regierung ist von Ihren kürzlichen Erklärungen sehr beunruhigt, die von einem gewissen Maß an Antisemitismus geprägt scheinen«, bringt einer von ihnen zum Beispiel vor.

»Sie fallen hier einer Täuschung anheim«, antwortet darauf der Beamte des Außenministeriums. »Die jüdische Gemeinde im Iran ist vollkommen frei. In unserem Parlament haben wir sogar einen jüdischen Abgeordneten. Außerdem sollten Sie sich daran erinnern, dass unser Imam Ali (Friede sei mit ihm) einmal geweint hat, als er sah, wie eine jüdische Frau erniedrigt wurde.«

»Meine Regierung«, fährt der Diplomat fort, »möchte mit äußerstem Nachdruck gegen die kürzlich erfolgten Verletzungen der Menschenrechte protestieren ...«

»Sie sollten sich daran erinnern, dass eine Strophe unseres Dichters Saadi die Eingangshalle der Vereinten Nationen in New

York ziert«, unterbricht ihn der Iraner und rezitiert: »Die Menschenkinder sind ja alle Brüder, aus einem Stoff wie eines Leibes Glieder. Hat Krankheit nur ein einzig Glied erfasst, so bleibt den anderen weder Ruh noch Rast.«

»Nichtsdestotrotz sind wir über die Hinrichtung der zehn jungen Männer zutiefst betroffen, die man vor kurzem unter dem Vorwurf der Homosexualität gehängt hat«, versucht es der Diplomat erneut.

»Beim Barte des Propheten, Sie sollten sich nicht vom ersten Anschein täuschen lassen«, lächelt der Diplomat. »Die Homosexualität war eines der Vergehen dieser Verbrecher, aber sie war bei weitem nicht das schlimmste. Sie wurden hingerichtet, weil sie kleine Jungen vergewaltigt und in einigen Fällen sogar getötet hatten. Protestieren Sie etwa auch, wenn ein Krimineller in den Vereinigten Staaten eine Todesspritze bekommen hat?«

Am irritierendsten waren diese kleinen Wortgefechte, die anscheinend nichts Unwiderlegbares und Unumstößliches erbrachten, wenn die Fakten den Anschein auch noch bestätigten, wenn also der Laie ebenso recht zu haben schien wie der Iranologe. Dies kam in einem Land, in dem sowohl das Klischee als auch die vertiefte Erkenntnis der Wahrheit entsprachen, durchaus nicht selten vor. So brauchte es manchmal nur eine einzige Freitagspredigt, um die im Übrigen höchst interessante These in Frage zu stellen, dass der politische Islam inzwischen tot sei. Ein Beispiel war die Aufforderung des Ayatollah Ahmad Dschannati an das Regime vom Anfang des Jahres 2010, etwa 15 auf der Straße verhaftete Demonstranten kurzerhand aufzuhängen.

»Der Prophet Mohammed hat mit drei jüdischen Stämmen einen Nichtangriffspakt abgeschlossen«, rief er während des großen Freitagsgebets in Teheran aus. »Die Juden haben jedoch ihr Versprechen nicht gehalten und Gott hat deswegen ihre Tötung befohlen. Wenn es den Feind auszurotten gilt, sind jedes göttliche Mitleid und jede Nachsicht sinnlos. Die Justiz muss mit diesen Aufständischen abrechnen. O ihr Richter, ich kenne euch gut! Ihr seid Revolutionäre und dem Obersten Führer in Treue verbunden. Um Gottes willen, bleibt fest, so wie ihr es gewesen seid, als ihr vor kurzem zwei Verurteilte hingerichtet habt. Gott hat dem Propheten befohlen, die Heuchler und Böswilligen gnadenlos auszumerzen. Der Koran verlangt diese Tode mit aller Entschiedenheit. Möge Gott all denen niemals verzeihen, die sich gegenüber der irdischen Verderbnis zu nachsichtig zeigen.«

Bei meiner Ankunft in Teheran gab es jedoch noch nichts, was mit der blutigen Unterdrückung der Grünen Bewegung, die unmittelbar nach den Wahlen vom Juni 2009 entstanden ist, vergleichbar gewesen wäre. Zehn Jahre früher herrschte stattdessen ein allerdings immer weniger harmlos werdendes Geplänkel zwischen den Konservativen und dem frisch gewählten Präsidenten, dem Reformer Mohammed Chatami. Ich hatte damals einen Mitarbeiter einer englischsprachigen Zeitung als Assistenten engagiert, der mir jeden Morgen die Presseschlagzeilen und Leitartikel übersetzte und dabei versuchte, mir eine außerordentlich komplizierte politische Landschaft nahezubringen. Es brauchte einige Monate, bis ich einen gewissen Durchblick erlangte. Einerseits gab es da die gewählten Institutionen wie Präsident, Parlament und Stadträte. Allerdings mussten die Kandidaten all dieser Wahlen zuerst von einer ultrakonservativen Instanz, dem »Wächterrat«, bestätigt werden. Darüber hinaus wurde die Macht der gewählten Institutionen ganz systematisch von nicht gewählten Institutionen theokratischen Ursprungs eingegrenzt. Auf diese Weise übte der Oberste Führer Ali Chamenei (vgl. S. 286) die wirkliche Macht aus. Seine Entscheidungen waren auf dem Gebiet der Außenpolitik unumstößlich. Außerdem hatte er die höchste Entscheidungsgewalt über die staatlichen

Medien und alle bewaffneten Einheiten, ob es sich dabei nun um die Elitesoldaten der Revolutionsgarde, die reguläre Armee, die Polizei oder die islamischen Milizen wie etwa die Bassidschi handelte. Er konnte fast die Hälfte der Minister auswählen, mit denen der Präsident regieren musste, sowie jede seiner Entscheidungen aufheben, ohne über seine Gründe Rechenschaft ablegen zu müssen. Im Gegenzug konnte der Oberste Führer theoretisch vom sogenannten »Expertenrat« seines Amtes enthoben werden, der aus 86 Ayatollahs bestand, die im Prinzip vom Volk gewählt wurden. Da jedoch auch in diesem Fall Instanzen, die nicht aus Wahlen hervorgegangen waren, die geistlichen Kandidaten für diesen Rat auswählen konnten, kontrollierte der Oberste Führer letzten Endes selbst das Organ, das eigentlich seine Amtsführung überwachen sollte.[1]

Das Parlament verabschiedete zwar die Gesetze, die danach jedoch vom Wächterrat bestätigt werden mussten, dessen Mitglieder vom Obersten Führer bestimmt wurden. Dieser Rat warf 90 Prozent der von ihm überprüften Gesetzestexte ganz einfach in den Papierkorb. Um die Meinungsverschiedenheiten zwischen dem Parlament und dem Wächterrat zu schlichten, wurde der sogenannte »Entscheidungsrat« eingerichtet. Dieser wurde natürlich nicht gewählt und war, selbst wenn er es gewollt hätte, unfähig, sich den Anweisungen des Revolutionsführers zu widersetzen. Auch die angeblich unabhängige Justiz gehorchte dem Obersten Führer und obskuren religiösen Würdenträgern in der heiligen Stadt Ghom. Die Rechtsprechung war in zahlreiche Stränge aufgeteilt, von denen jede für ganz bestimmte gesellschaftliche Bereiche zuständig war. Da gab es das Sondergericht für die Mitglieder der Geistlichkeit, das Sondergericht für die Presse, die Revolutionsgerichte, usw. Sie konnten auf allen Registern spielen und beriefen sich manchmal auf das Zivilrecht, am nächsten Tag dann jedoch auf ein Gesetz des Korans. Sie waren in keiner Weise verpflichtet, die Verfassung zu beachten, konnten jeden beliebigen Minister des gewählten Präsidenten verhaften und fünf Jahre ins Gefängnis schicken, eine Zeitung schließen, die ihnen nicht gefiel, oder aber den Mörder eines ungeliebten Politikers laufen lassen.

All dies ähnelte einer Diktatur. Trotzdem war es keine, zumindest wenn man Nordkorea oder die UdSSR unter Stalin zum Vergleich heranzog. Da das Regime beim Sturz des Schahs durch eine riesige Bürgerbewegung an die Macht gekommen war, musste es sowohl seine theokratische als auch seine Volkslegitimation immer wieder neu bestätigen. Dabei musste selbst der Oberste Führer die oft äußerst gegensätzlichen Meinungen zahlreicher Ayatollahs ebenso wie die öffentliche Meinung zu allen Zeiten berücksichtigen. Darüber hinaus wurde diese Öffentlichkeit Tag für Tag von mutigen Journalisten informiert, die ständig neue Lücken im System fanden, um ihre Artikel veröffentlichen zu können. Weitere wichtige Informationsquellen waren die ausländischen Radiosender, die auf Kurzwelle zu empfangen waren (BBC, Voice of America, Radio Liberty in Prag, Radio Israel und sogar Radio France Internationale unterhielten persische Sprachdienste), und das ausländische Satellitenfernsehen, die alle oft auch Sendungen der Exilopposition verbreiteten, sowie mehr und mehr das Internet. Nicht zuletzt beruhte das unübersichtliche institutionelle Geflecht dieses komplizierten islamischen Staatswesens auf uralten Clan- und Familienstrukturen, die immer wieder durch arrangierte Ehen gefestigt wurden, auf Interessengruppen wie etwa den Basarhändlern und auf dem Teil der persischen Welt, der die Revolution ausgesprochen gut überstanden hatte. So übte zum Beispiel die Familie Laridschani ihren Einfluss mit Hilfe drei sehr gut platzierter Brüder aus: Der eine stand an der Spitze des Staatsfernsehens, der zweite war stellvertretender Außenminister und der dritte Parlamentspräsident. Der ehemalige Präsident Rafsandschani konnte sich auf seine Söhne und Cousins stützen, die alle aus derselben Südostregion des Landes stammten. Präsident Chatami selbst konnte sich auf seinen Bruder, einen führenden Reformabgeordneten, stützen, der gleichzeitig auch Führer seiner reformistischen Partei war und mehrere Zeitungen herausgab.

Der erste Artikel, den ich Anfang Januar 1999 aus Teheran in die Heimat schickte, befasste sich mit dem damaligen spektakulären Schuldbekenntnis des iranischen Geheimdienstes. Im Herbst 1998 waren vier Intellektuelle, darunter der berühmte nationalistische Politiker Dariusch Foruhar, ermordet worden. Der Minister für Nachrichtenwesen und Sicherheit ließ die Schuldigen verhaften, musste danach aber zugeben: »Bedauerlicherweise befinden sich einige unserer eigenen Kollegen unter denen, die diese Verbrechen begangen haben«. Es seien »unverantwortliche, verbohrte und irregeleitete Elemente, die völlig unabhängig handelten und dabei ausländische Interessen beförderten [...]. Durch ihren Verrat an den Kämpfern des zwölften Imam (möge Allah seine Rückkehr aus der Verborgenheit beschleunigen) haben sie dem geheiligten Ansehen der Islamischen Republik einen schweren Schlag versetzt.«

Obwohl ich es damals noch nicht wusste, sollten diese »Kettenmorde« an Intellektuellen meinen gesamten Aufenthalt im Iran beherrschen und gleichzeitig die reformerischen Planungen des damals neuen Präsidenten auf entscheidende Weise belasten. Noch vor Sommer 1999 wurde bekannt, dass der Hauptverantwortliche der Todesschwadronen des Ministeriums für Nachrichtenwesen und Sicherheit Said Emami hieß und angeblich im Gefängnis Selbstmord begangen hatte. Es ist durchaus lohnend, sich einen Moment mit diesem Mann zu beschäftigen, und dies nicht nur, weil er aus derselben Bewegung wie der gegenwärtige Präsident Mahmud Ahmadinedschad stammte, mit dem er auch den gleichen Mentor, einen erzreaktionären, düsteren Ayatollah namens Mesbah Yazdi teilte. Dieser leitete ein religiöses Seminar in der heiligen Stadt Ghom und soll angeblich die Fatwas unterzeichnet haben, die die Hinrichtung von laizistischen Intellektuellen und politischen Gefangenen autorisierten.

Said Emami, dieser Leichnam, dieses Phantom, sollte allmählich einen immer größeren Raum in den Analysen einnehmen, die ich über die Lage im Iran verfasste, ständig umschrieb und immer wieder neu formulierte. Ich begriff, dass er weder ein simpler Mörder noch der Exekutor der schmutzigen Geschäfte des Regimes war. Stattdessen war er die Verkörperung des dunklen Gesichts der Islamischen Republik, die verdammte Seele dieses Landes, das sich mir als Neuankömmling erst auf solch bezaubernde Weise dargeboten hatte. Je mehr ich später über die Schreckenstaten von Said Emamis Mordbande erfuhr, desto mehr empfand ich ein schlechtes Gewissen, wenn ich daran dachte, dass mir persönlich das Leben im Iran inzwischen dermaßen gefiel, dass ich mich manchmal fragte, warum es 30 Jahre gedauert hatte, bis ich mich dort niedergelassen hatte. Während der Woche war ich von meiner Arbeit vollständig erfüllt. Jedes Thema und jede Begegnung eröffneten mir ganz neue Perspektiven. Wenn in der Hauptstadt gerade einmal keine drängenden neuen Entwicklungen zu beobachten waren, flog ich oft ein paar Tage nach Isfahan, Maschhad oder Schiras. Mehr als einmal war ich bei meinen Besuchen in Persepolis und anderen außergewöhnlichen archäologischen Stätten völlig allein. So musste sich der Forscher des 18. Jahrhunderts gefühlt haben, der sie entdeckt und als Erster beschrieben hatte. Meine Artikel fanden in Frankreich, Deutschland und der Schweiz reißenden Absatz, obwohl in diesen ersten Monaten des Jahres 1999 der Kosovo-Krieg die Nachrichten beherrschte. Die Zeitungen waren an allem interessiert, ob es sich dabei um einen Bericht über einen Tag auf den Skipisten oder die Wiedergabe eines Gesprächs mit einem jungen Paar in einem Teheraner Park handelte. Wenn am Donnerstagabend das iranische Wochenende begann, konnte ich die iranische Partyszene erforschen. Dabei begegnete ich Frauen, die trotz oder gerade wegen ihrer schönheitsoperierten Nasen hinreißend aussahen, oder unterhielt mich bei einem Glas Arrak, des in lokalen Destillen gebrannten alkoholischen Getränks, mit hochrangigen Intellektuellen. Ich konnte aber auch meine Eindrücke auf westlichen Partys weitergeben, auf denen man schon einmal Berühmtheiten wie Costa Gavras oder Sean Penn begegnete oder Diplomaten einem Geheimnisse zuflüsterten und dann eine Flasche Wein mitzunehmen baten, die sie heimlich ins Land geschmuggelt hatten. Am Freitagmorgen besuchte ich zuerst den Flohmarkt in der Unterstadt. Danach fuhr ich in den Norden hoch, um am Ufer eines Wildbachs Forellen zu essen. Nach Hause zurückgekehrt, verschlang ich die Bücher, die mir ein Französisch sprechender Teheraner Buchhändler beiseitegelegt hatte, wie etwa die *Asiatischen Novellen* des Grafen Arthur de Gobineau. Ich wurde auch ein großer Liebhaber der persischen Dichtung. Besonders die Gedichte Omar Khayyams hatten es mir angetan.

> *So schenk den Wein, mein Lieb: Wein klärt den Tag*
> *von Furcht und Gram, was kam und kommen mag!*
> *Und morgen? – sieh, schon morgen bin ich wohl*
> *wo gestern ich siebentausend Jahre lag.*[2]

Trotz allem wusste ich, dass ich mich am Rande des Abgrunds bewegte und dass es heute wie im 11. Jahrhundert einen doppelten Iran gab. Omar Khayyam war das Licht, die Intelligenz, die

Wissenschaft, die Poesie. Er hatte jedoch auch einen Gegenpol: Hassan Sabbah, der Anführer der Assassinen-Sekte, dessen Festung Alamut oder vielmehr deren Überreste ich bereits besucht hatte.[3] Ein Jahrtausend später hatte das Land der Dichter und Denker, das ich so liebgewonnen hatte, erneut sein »böses Genie«, und das war Said Emami. Auf den seltenen Abbildungen, die von ihm veröffentlicht wurden, trug er eine Lederjacke, eine Brille mit großen ovalen getönten Gläsern, Bartstoppeln und einen Schnurrbart. Die Umstände seines Todes im Juni 1999 könnten einen trotz ihrer Makabrität direkt zum Lachen bringen. Angeblich bat er seine Gefängniswärter, ihm ein Enthaarungsmittel zu besorgen, damit er seine Unterarme und seinen Oberkörper reinigen und dadurch seine rituellen Waschungen erleichtern könne, wie es die sehr frommen Muslime zu tun pflegen. Stattdessen soll er die gesamte Pulverpackung auf einmal hinuntergeschlungen haben. Obwohl man ihn danach sofort ins Krankenhaus brachte und ihm den Magen auspumpte, segnete er kurz darauf das Zeitliche. Allerdings waren dann die weiteren Erkenntnisse gar nicht mehr lustig. Sobald sein Name veröffentlicht wurde, begegneten iranische Journalisten fast überall seinen Spuren. Zuerst entdeckten sie, dass er kein »irregeleiteter« obskurer Agent, sondern der stellvertretende Minister für Nachrichtenwesen und Sicherheit war. Danach konnten sie seine Verantwortung für eine ganze Reihe anderer Morde im Iran und zahlreiche Tötungen iranischer Dissidenten in Europa nachweisen. Zudem fanden sie heraus, dass er hinter der Sendereihe *Hoviat* (»Identität«) des Staatsfernsehens steckte, in der die angeblichen Verbindungen zwischen iranischen laizistischen Intellektuellen und den Zionisten oder dem »Großen Satan« Amerika »aufgedeckt« wurden. Dies geschah ausgerechnet zu einer Zeit, als etwa alle sechs Monate ein weiterer Schriftsteller starb, wobei die Todesursache schon einmal ein mysteriöser Herzanfall sein konnte. Aber Said Emami dachte in weit größeren Maßstäben und entwickelte die Idee eines sogenannten »therapeutischen Tötens«, auf deren Grundlage er einen Plan ausarbeitete, der seine ganze Persönlichkeit widerspiegelte.

Im August 1996 wurden 21 iranische Dichter und Schriftsteller zu einer iranisch-armenischen Literaturwoche nach Eriwan eingeladen. Sie bestiegen in Teheran einen gemieteten Bus, der sie in die Hauptstadt Armeniens bringen sollte. Der untersetzte, nervöse, bärtige Fahrer schwärmte auf der Fahrt mehrmals von einem direkt am Weg liegenden Ort, wo sie unbedingt anhalten sollten, um von der Milch und dem Honig dieser Region zu kosten. Nach einer kurzen Übernachtung am Ufer des Kaspischen Meeres begannen sie die Fahrt auf die Höhen des Kaukasus. Einige fragten sich, wann sie denn endlich von dieser Milch und diesem Honig probieren könnten, aber das gleichmäßige Schnurren des Motors und die Reisemüdigkeit gewannen bald die Oberhand über ihre Ungeduld. Als sie sich dem Heiran-Pass näherten, dösten die Passagiere oder schliefen sogar tief und fest. Der Chauffeur, ein Agent Said Emamis mit einem Spezialauftrag, steuerte das Fahrzeug plötzlich schnurstracks auf einen tiefen Abgrund zu. Tatsächlich wollte sein Auftraggeber auf diese Weise einen Großteil der iranischen laizistischen Intellektuellen loswerden, die in den Augen des Geheimdienstministeriums die reine und revolutionäre Islamische Republik mit der moralischen Verderbtheit des »Großen Satans« infizierten. Milch und Honig waren dabei ganz einfach Sinnbilder für das Paradies. Glücklicherweise fehlte es dem Agenten am notwendigen Mumm, und er sprang zu früh aus dem rollenden Bus. Eine Passagierin, die Dichterin Fereschte Sari, die vor allem durch ihre Gedichtsammlung *Echo des Schweigens* bekannt war, begann laut zu schreien. Ein Schriftsteller schreckte aus dem Schlaf auf und sprang nach vorne, um die Handbremse anzuziehen. Der Bus kam kurz vor dem Abgrund zum Stehen. In der anschließenden Verwirrung stieg der Fahrer wieder an Bord, murmelte ein paar Entschuldigungsworte in seinen Bart und fuhr weiter. Die Schriftsteller glaubten, er sei zuvor hinter dem Lenkrad eingeschlafen. Aber einige Kurven weiter unternahm er einen zweiten Versuch, der jedoch erneut scheiterte. Kaum war er abgesprungen, prallte der fahrerlose Bus nämlich auf einen Felsen, der ihn soweit abbremste, dass er nicht in die dahinterliegende Schlucht stürzte. Die Schriftsteller waren jetzt endgültig hellwach. Sie packten den Fahrer und hätten ihn vielleicht sogar gelyncht, wenn nicht auf dieser abgelegenen Straße plötzlich ein Fahrzeug des Geheimdienstes aufgetaucht wäre. Die Zivilpolizisten nahmen alle Businsassen auf die nächste Wache mit, befreiten den Chauffeur und unterzogen alle Schriftsteller einem Verhör, das die ganze Nacht dauerte. Am nächsten Morgen ließen sie sie laufen, nachdem sie ihnen den Schwur abgenommen hatten, diese Geschichte niemals weiterzuerzählen.

Das Scheitern seines schönen Plans schien Said Emamis Verfolgungseifer jedoch in keiner Weise abgekühlt zu haben. Einige Monate später hielt er im Dezember 1997 an der Universität von Hamadan, einer Stadt 400 Kilometer südwestlich von Teheran, einen Vortrag über das Thema: »Der Kampf gegen die inneren Feinde«. »Natürlich haben wir Heuchler[4] und Mitglieder anderer Gruppen getötet«, brüstete sich Said Emami vor einem begeisterten Publikum aus Mullahs, Bassidschi[5] und jungen Soldaten. »Was hätten wir denn anderes tun sollen? Hätten wir uns etwa mit ihnen zusammensetzen und Schach spielen sollen?«

Die Veranstaltung wurde gefilmt. Als der Name Said Emamis zwei Jahre später auf der Titelseite einer iranischen Zeitung auftauchte, spielte jemand das Video der Redaktion der reformerischen Monatszeitschrift *Payam-e Emruz* zu, die den gesamten Redetext unter dem Titel »Der Spion, der zu viel wusste« veröffentlichte – was prompt zur Beschlagnahmung der gesamten Ausgabe führte.

Nach einem kurzen Exkurs über die Zahl der Holocaust-Opfer, die angeblich von den Zionisten übertrieben werde, um die Existenz Israels zu rechtfertigen, und die in Wirklichkeit nicht mehr als 250 000 betragen habe, widmete sich der Meisterspion in aller Ausführlichkeit dem Fall Saidi Sirdschanis. Bei diesem handelte es sich um einen witzigen iranischen Schriftsteller und Visionär, wie ihn Europa seit Michel Foucault nicht mehr hervorgebracht hat. Als Sirdschani 1993 die Frechheit hatte, in einem unehrerbietigen offenen Brief den Obersten Führer um die Aufhebung des Druckverbots für alle seine Bücher zu bitten, schmähte ihn die Regierungszeitung *Kayhan* einen »perversen Verräter, Konterrevolutionär, Drogensüchtigen, Rauschgifthändler und Spion«. Dies war für Said Emami das Signal, ihn zu verhaften und sich seiner in einer Villa des Geheimdienstministeriums im wohlhabenden Norden Teherans anzunehmen. In seiner Rede in der Universität von Hamadan gab er seine Version der nachfolgenden Ereignisse wieder:

»Nachdem meine Männer Saidi Sirdschani von den Drogenfahndern abgeholt hatten, glaubte er doch tatsächlich, dass wir ihn zu Tode prügeln würden. Er sagte zu uns: ›Also los, schlagt mich und reißt mich in Stücke. Ich werde kein einziges Wort sagen.‹ Wir antworteten ihm, dass er sich jetzt im Geheimdienstministerium befinde und wir hier niemanden schlagen würden. Wir gaben ihm Papier und Bleistift. Er schrieb dann ein an den Obersten Führer gerichtetes Gedicht, in dem er sich über die Behandlung der Schriftsteller in unserem Land beklagte. Einer meiner Agenten schrieb daraufhin seinerseits ein Gedicht über den Triumph der Revolution und seine Verehrung für den Obersten Führer. Als Sirdschani diesen Text las, war er zutiefst aufgewühlt. Ich würde sogar sagen, dass ihn das Gedicht meines Agenten völlig veränderte. Einige Minuten später rief er uns herbei und teilte uns mit, er wolle beichten. Dann begann er zu reden... Er redete 50 Stunden vor der Kamera und schrieb auf 1700 Seiten nieder, warum er einen Krieg gegen die Geistlichkeit geführt hat und zu einem Feind der Revolution wurde. Diese Bilder Saidi Sirdschanis... manchmal setze ich mich hin, schaue sie mir an und fange an zu weinen. [...] Seine Reue war so tief, dass er uns bat, ihn zur heiligen Verteidigungsfront [des Iran-Irak-Kriegs] zu fahren. Wir brachten ihn zu einem Ort, an dem [fünf Jahre nach Ende des Krieges] Suchmannschaften immer noch Leichen aus den Schützengräben bargen. Er setzte sich auf einen Haufen Leichen und weinte sich die Augen aus [...]. Damals kannte er die Wichtigkeit meiner Aufgaben im Ministerium noch nicht. Hin und wieder besuchte ich ihn in der Villa, die wir für ihn im Norden Teherans gemietet hatten. In seinem Garten gab es einen Pool und Blumenrabatten. Morgens pflückte er manchmal ein paar Blumen und goss die anderen. Eines Tages schüttete er mir sein Herz aus und erzählte mir, wie sehr er sich danach sehne, einmal wieder Datteln und Sesamkuchen zu essen. Am nächsten Morgen fuhr ich in den Süden Teherans hinunter. Gott allein weiß, in wie vielen Geschäften ich nach den besten Sesamkuchen gesucht habe. Als er später erfuhr, welchen Posten ich innehatte, erinnerte er sich an diese Sesamkuchen und rief aus: ›Ich kann es kaum glauben, dass ein solch bedeutender Mann wie Sie in Südteheran herumgelaufen ist, um einem solch armseligen Menschen wir mir Süßigkeiten zu kaufen!‹«

Die Wahrheit war dagegen weit prosaischer: Sirdschani wurde von seinen Folterern derartig verstümmelt, dass man seine Leiche unmöglich seiner Familie übergeben konnte oder sie hätte obduzieren lassen können. Dass Said Emami ihn durch ein Kaliumzäpfchen umbrachte, zeigt, dass es ihm offensichtlich Vergnügen bereitete, seinen Opfern beim Sterben zuzusehen.[6] Es gibt also immer noch einen doppelten Iran: den Omar Khayyams und den Hassan Sabbahs. Während die Assassinen des 11. Jahrhunderts jedoch offen zu ihren Mordtaten standen, haben es die Mörder des 21. Jahrhunderts gelernt, sich als Dichter zu tarnen.

Für den reformerischen Präsidenten Mohammed Chatami war die Zerschlagung der Todesschwadronen Said Emamis ein großer Sieg – den er allerdings teuer bezahlen sollte. Die andauernden Enthüllungen der iranischen Zeitungen beschleunigten die Reaktion der Konservativen, die unbedingt die Hintermänner dieser »Kettenmorde« schützen wollten und die Journalisten als ihre schlimmsten Feinde betrachteten. *Khordad, Jumeh, Neschad, Asr-e Asadegan, Aría, Azad, Aftab-e Emruz* und etwa hundert weitere Pressetitel wurden verboten und ihre Journalisten eingesperrt. Die offizielle Begründung dafür lautete recht lapidar: »Der von diesen Zeitungen angeschlagene Ton sowie die von ihnen veröffentlichten Informationen zauberten ein Lächeln auf die Gesichter der Feinde der Islamischen Republik. Sie haben die Gefühle der frommen Muslime sowie des Obersten Revolutionsführers verletzt.« Ich persönlich war natürlich nicht den gleichen Risiken ausgesetzt. Trotzdem musste ich feststellen, dass sich meine Beziehungen zum Ministerium für islamische Führung zunehmend und dauerhaft verschlechterten.

Das erste Treffen mit meinen Zensoren war dagegen noch recht freundlich verlaufen. Im Februar 1999 hatte ich zur Feier des 21. Jahrestags der Revolution einen langen Artikel mit einer Reihe von Einzelporträts von ganz gewöhnlichen Iranern verfasst. Einer davon war ein ziemlich desillusionierter Taxifahrer, der mir die Schimpftiraden seiner Fahrgäste über die korrupten Beamten erzählte. Ich hatte auch über den Abend berichtet, den ich auf Einladung meiner Putzfrau in ihrer Lehm- und Blechhütte im Teheraner Osten verbracht hatte. Anwesend waren dabei ihre drei Kinder, die gerade aus der Schule heimgekehrt waren, ihr depressiver Halbbruder, der seit dem Ende seines Militärdienstes arbeitslos war, zwei Cousinen, die ständig unter ihrem Tschador hervorkicherten, eine junge Nachbarin, die sich gerade von ihrem lügnerischen Mann hatte scheiden lassen (er hatte behauptet, er sei Ingenieur, in Wirklichkeit handelte er mit Drogen) und vor allem Aschrafs Mutter, ein lebendes, urkomisches und beeindruckendes Monument des persischen Matriarchats. Der Text meines Artikels begnügte sich damit, die Unterhaltung dieser Frauen wiederzugeben:

DIE MUTTER: Mein zweiter Mann ist gerade gestorben. Das war wirklich ein braver Mann. So einen wie ihn gibt es auf der ganzen Welt nicht mehr. Ich werde ihm ein schönes zweistöckiges Grabmal errichten lassen, sobald ich das Erbe ausbezahlt bekommen habe.

ASCHRAF: Ich bin gerade dabei, mich scheiden zu lassen. Mein Mann war Lastwagenfahrer in der Wüste. Er war ein richtig guter Kerl, bis er mit dem Opium angefangen hat. Danach wurde er rechthaberisch und gewalttätig und verbrachte seine gesamte Zeit damit, irgendwo Rauschgift aufzutreiben.

DIE MUTTER: Mein erster Mann war reich, aber ich habe mich von ihm getrennt. Er sagte, ich sei die Schönste, aber er müsse trotzdem unbedingt noch zwei Frauen heiraten. Eine in Schiras und eine in Sari am Kaspischen Meer. Ah! Wenn Sie diesen Mann gesehen hätten! Grüne Augen, eine sanfte Stimme, feine Umgangsformen. Er verkaufte Samoware und verführte alle Frauen. Er lebt übrigens immer noch, dieser Schweinehund.

ASCHRAF: Die Männer sind eben schwach. Männer sind Egoisten.

DIE MUTTER: Und die Samoware hätten Sie sehen müssen! Vergoldet, mit schönen antiken Verzierungen. Nicht dieses Aluminiumzeug, das man heute herstellt.

ASCHRAF: Die letzte Gerichtsverhandlung ist in zwei Tagen. Die Kinder bekommt immer der Mann zugesprochen, aber ich kämpfe bis zum Letzten, dass ich sie behalten darf. Da er zu den ersten beiden Verhandlungen nicht erschienen ist, habe ich eine Chance.

DIE MUTTER: Jetzt, wo ich Witwe bin, würde mich mein erster Mann gerne zurückhaben. Er meint, dass ich besser koche als die anderen. Er soll zum Teufel gehen!

ASCHRAF: Man weiß gar nicht mehr, wie man es schaffen soll, das notwendige Essen einzukaufen. Ich muss sieben Personen mit gerade einmal 70 000 Toman [damals 80 und heute 52 Euro] im Monat ernähren.

DIE MUTTER: Sie hätten mich während der Revolution sehen sollen. Ich stellte Molotowcocktails her und beförderte Waffen unter meinem Tschador. Als der Imam es jedoch verlangt hat, habe ich sie alle abgeliefert. Selbst eine schöne Maschinenpistole, die ich in einer Kaserne gestohlen hatte. Ah! Khomeini! Wenn er noch leben würde, wäre es nicht so weit gekommen.

ASCHRAF: Er hatte uns kostenloses Wasser, Strom, Gas und Benzin für alle versprochen. Wo ist das alles geblieben? Ich bin mir sicher, dass man unter dem Schah besser gelebt hat.

DIE MUTTER: Sicher, aber die Sitten waren verdorben. Man muss den Heiligen Koran beachten.

ASCHRAF: Glaubst du wirklich, dass die heutigen Mädchen bei ihrer Hochzeit noch Jungfrauen sind? Glaubst du wirklich, dass es keinen Schnaps mehr gibt? Glaubst du wirklich, dass die Prostitution verschwunden ist? Ich sage dir, die Verhältnisse sind noch wie früher, außer dass die Sittenlosigkeit heute in den Häusern und nicht mehr auf den Straßen stattfindet.

DIE MUTTER: Es wäre besser, wenn du wieder heiraten würdest. Aber dieses Mal sollte dein Mann mindestens 15 Jahre älter sein als du. Je älter die Männer werden, desto besser werden sie.

Zwei Wochen nach Erscheinen des Artikels klingelte das Telefon. Man lud mich ein, sofort zu einem Glas Tee im Kulturministerium zu erscheinen. Neben dem sympathischen Bärtigen, der mich beim ersten Mal empfangen hatte, saß jetzt ein Mann mit kleiner Statur und Stirnglatze, der mir seinen Namen verweigerte und dessen tadelloses Englisch nur schlecht seine Wut verbergen konnte.

»Ihre Leser sind doch in der Mehrheit gebildete Menschen, nicht wahr?«, fing er an.

»Gewiss. *Le Temps* ist eine der führenden Zeitungen in Genf und der ganzen Schweiz«, entgegnete ich stolz.

»Dann hätte es Ihre Leserschaft doch verdient, dass Sie ihr gewichtigere Äußerungen als die eines ungebildeten Taxifahrers oder das Gebrabbel einer schwachköpfigen Putzfrau mitteilten, nicht wahr? In unserem Land gibt es viele bemerkenswerte Gelehrte. Sie sollten deshalb in Zukunft Professoren und Wissenschaftler befragen, um Ihren Lesern zu beweisen, dass Sie ihre intellektuellen Fähigkeiten zu würdigen wissen. Wir werden unser Möglichstes tun, um Ihr Dreimonatsvisum zu verlängern, das in zehn Tagen abläuft. Persönlich schätzen wir Ihre Arbeit, aber es gibt in unserem Ministerium und anderswo im System Leute, die unsere Meinung über Sie überhaupt nicht teilen.«

Nach diesem Gespräch machte ich dem kleinen Glatzkopf klar, dass ich die Botschaft verstanden hatte. Ich nahm das erste Flugzeug nach Isfahan und verfasste für die Reiseseite einen begeisterten Artikel über die unleugbaren Schönheiten dieser Stadt, dem ich einige nützliche Ratschläge für Touristen beifügte. Mein Visum wurde erneuert.

Mir wurde bewusst, dass meine Artikel aus Teheran für *Le Temps* und mehr und mehr auch für *Le Figaro* noch nie so aufmerksam gelesen worden waren. Ich erfuhr, dass sie von den iranischen Botschaften in Bern oder Paris in voller Länge übersetzt und danach in einem vertraulichen Dokument auf Persisch publiziert wurden, das in den Büros der führenden Regierungsstellen der Islamischen Republik zirkulierte. Der sympathische Bärtige aus dem Ministerium riskierte schlicht und einfach seinen Hals, wenn meine Texte keinen Anklang fanden. Nun wollte ich ihm auf keinen Fall dieses traurige Schicksal bereiten. Vor allem wollte ich jedoch mein Visum und meinen Presseausweis behalten. Andererseits musste ich auch meine Leser so ehrlich wie möglich informieren. Der weitere Gang der Ereignisse machte das Ganze für mich nicht gerade einfacher. Die zunehmende Repression führte zum großen Studentenaufstand vom Sommer 1999. An der Wand des Universitätswohnheims, bei dessen Erstürmung durch die Bassidsch-Milizen und die Truppen der Ansar-e Hisbollah mehrere Tote zu beklagen waren, fand ich ein Graffito, das ein Student mit seinem eigenen Blut geschrieben hatte: »Das ist der Preis für unsere Freiheit.« Die Islamische Republik wankte, und ich war verpflichtet, dies auch zu schreiben. Um meine bitteren Pillen ein wenig zu versüßen, versuchte ich, meine Artikel durch etwas Humor aufzulockern. Dieser Schuss ging jedoch nach hinten los und führte zum ersten Versuch, mich auszuweisen.

Ich beschloss, mir 24 Stunden lang die Sendungen des iranischen Fernsehens zu Gemüte zu führen und meinen Lesern dann in allen Einzelheiten den Inhalt dieser großen Leere zu beschreiben. Man schrieb damals den Februar 2000. In einigen Tagen würden die Parlamentswahlen stattfinden, in denen die Reformer die absolute Mehrheit erlangen sollten. Im zutiefst konservativen Staatsfernsehen waren gleichzeitig immer mehr Straßenumfragen zu sehen, in denen »gewöhnliche« Iraner die als die besten Kandidaten bezeichneten, die dem Obersten Religionsführer Ali Chamenei am nächsten stünden oder »die die Komplotte des ›Großen Satans‹ in Schach halten werden«. Das Ganze wurde noch von langen und süßlichen Sequenzen überboten, in denen ein himmlischer Ayatollah Khomeini abwechselnd vor Blumen, sprudelnden Bächlein, Bergen und weiteren Blumen gezeigt wurde, während im Hintergrund sanfte Musik zu hören war. Ich schloss meinen Artikel mit dem Spitznamen, den die Iraner ihrem Fernsehen gegeben hatten. Anstelle des offiziellen Namens *Seda-e sima* (»Stimme und Bild«) nannten sie es *Pachm-e shishé* (»Wolle und Fensterscheibe«), weil ihr Fernsehgerät so leer sei wie der Blick durch ein Fenster in eine öde Landschaft, die nur von Wollschafen, das heißt Mullahs, bevölkert werde.

Zwei Tage später wurde ich erneut herbeizitiert, diesmal allerdings von zwei leitenden Beamten des Außenministeriums. Beide schäumten vor Wut. In der Hand hielten sie einen Ausdruck mit allen meinen ins Persische übersetzten Artikeln, auf dem sie ganze Passagen mit einem orangen Filzstift markiert hatten.

»Was wollen Sie mit dem Wort ›Wolle‹ ausdrücken, Mister Michel?«

Ich zögerte und tat so, als ob es sich dabei um iranischen Humor handele, dessen Bedeutung ich wohl nicht ganz begriffen hätte. Ich versuchte die Unterhaltung in eine andere Richtung zu lenken, indem ich ihnen von meiner geplanten Reise nach Isfahan erzählte.

»Was wollen Sie mit dem Wort ›Wolle‹ sagen, Mister Michel?«

Ich wiederholte meine schwammigen Erklärungen und fragte sie, ob sie schon Karten für das nächste Fußballländerspiel zwischen dem Iran und Bahrain besäßen, das ich ebenfalls besuchen …

»Sie wollten ›Bart‹ sagen«, explodierte der eine Beamte.

»Sie wollten ›Bart‹ sagen«, wiederholte der andere. »Damit haben Sie unsere dreitausendjährige Zivilisation beleidigt. Sie haben unseren Propheten beleidigt, und Sie haben unseren Imam Khomeini und unseren Obersten Führer beleidigt. Und Sie haben auch uns selbst beleidigt«, schlossen sie ihre Anklage ab und strichen sich über den Bart. »Sie können jetzt Ihre Koffer packen, Ihr Aufenthalt im Iran ist beendet!«

Zuhause rief ich sofort die Botschafter Frankreichs und der Schweiz an und bat sie, sich für mich zu verwenden. Danach schickte ich hochgestellten Beamten ein Fax, in dem ich meine Unschuld beteuerte. Ich suchte um eine Audienz beim Kulturminister Ataollah Mohadscherani nach, einem offenen und brillanten Geist, der allerdings bald darauf im Jahr 2000 sein Amt verlieren würde und ins Exil nach Deutschland gehen musste. Schließlich empfing mich sein Stellvertreter, ein bekannter Liebhaber der Dichtkunst. Ich erklärte ihm, dass man meine Artikel wie Rosen betrachten müsse, die schöne Blüten, einen köstlichen Duft, allerdings auch einige Dornen aufwiesen. Er bot mir Cremeschnitten an, bestellte noch einen Tee bei dem alten Schnauzbärtigen, der seit dem Beginn des Gesprächs in einer Ecke des Zimmers immer wieder seine Bücklinge gemacht hatte, und sagte, er werde sehen, was er tun könne. Tatsächlich wurde der Ausweisungsbescheid aufgehoben. Allerdings wollten es die Zensoren keinesfalls dabei bewenden lassen und wurden schon bald wieder tätig.

Im März 1999 hatte das Regime dreizehn Mitglieder der jüdischen Gemeinden von Isfahan und Schiras verhaften lassen. Ihre Haft blieb bis zum Juni desselben Jahres geheim, als Ayatollah Dschannati bei seiner Freitagspredigt in Teheran verlangte, sie wegen Spionage sofort aufzuhängen. Ihr Geheimprozess fand im Frühjahr des folgenden Jahres statt. Im Sommer wurden sie zur großen Erleichterung der internationalen Gemeinschaft, die Todesstrafen erwartet hatte, zu Haftstrafen zwischen vier und dreizehn Jahren verurteilt. Während dieser ganzen Affäre recherchierte ich für eine Reihe von Reportagen in den jüdischen Gemeinden von Teheran, Isfahan und Schiras. Ich interviewte ihre Leiter, konnte mich mit Leuten treffen, die den Angeklagten nahestanden, und kam dann zu der Überzeugung, dass diese ganze Sache aufgebauscht und inszeniert worden war, um Präsident Chatami in Verlegenheit zu bringen, der sich zum Westen hin öffnen wollte. Aber selbst wenn sie es gewollt hätten (das Gericht konnte keinen einzigen formellen Beweis erbringen), hätten diese dreizehn Männer unmöglich ausländischen Geheimdiensten auch nur die geringste sensible Information liefern können. Der Hauptangeklagte, Hamid Teflin, war ein einfacher Schuster aus Schiras, der nicht einmal die Volksschule abgeschlossen hatte und keinen Computer besaß. Zwischen zwei Verhandlungen dieser Prozessparodie wurde ich dann erneut ins Ministerium einbestellt. Man beanstandete zahlreiche kleine Details aus anderen Artikeln, manchmal sogar den Gebrauch von einzelnen Adjektiven. Vor allem aber bedeutete man mir, dass ich mich viel zu ausführlich mit der Affäre dieser dreizehn Juden befassen würde. »Das ist keine Berichterstattung«, sagte einer der Zensoren, »das ist eine Einmischung in unsere inneren Angelegenheiten. Sie haben 24 Stunden, um Ihre Koffer zu packen.«

Ich hatte es satt, mich zu entschuldigen, ein Missverständnis vorzutäuschen und zu versuchen sie zu überzeugen, dass meine Berichterstattung über den Iran im Ganzen doch positiv ausfalle. Ich entgegnete deshalb unerschrocken, dass ich eine solche ungerechtfertigte Ausweisung nicht hinnehmen würde. Wenn sie mich in ein Flugzeug setzen wollten, müssten sie mich schon daheim abholen und auf ihrem Rücken zum Flughafen tragen.

Tatsächlich war es dann der Schweizer Botschafter Tim Guldimann, der mich vor dieser Abschiebung rettete. Dieser brillante Mann verfügte über ein einzigartiges Verhandlungsgeschick, mit dessen Hilfe er bereits 1997 Russen und Tschetschenen dazu gebracht hatte, ein Friedensabkommen zu schließen. Dank seines Mandats als US-amerikanischer Interessensvertreter im Iran hatte er zu dessen höchstrangigen Verantwortlichen Zugang. Außerdem machten ihn sein Verständnis für den iranischen Standpunkt und seine konstruktiven Vorschläge zu einem der einflussreichsten Ausländer in Teheran, der es 2003 sogar fast geschafft hätte, einen direkten Dialog zwischen dem Iran und den Vereinigten Staaten in die Wege zu leiten. Leider wurden seine Bemühungen im letzten Augenblick von den Neokonservativen in der Umgebung George Bushs sabotiert.

Nach dem Spionageprozess gegen die Juden nahm der Druck auf mich einen völlig neuen Charakter an. Während meiner Ferien in Europa ließ der Vater meiner Vermieterin, dieser iranischen Geschäftsfrau in Lausanne, meine Sachen in die Garage bringen, tauschte die Schlösser aus und schrieb die Wohnung zum Verkauf aus. Dies sollte ich allerdings erst mitbekommen, als ich nach einem langen Nachtflug vor meiner Wohnung stand und vergeblich versuchte, die Tür aufzuschließen. Ich suchte einen Anwalt auf, der sich jedoch weigerte, meine Interessen zu vertreten, als er erfuhr, dass der Vater meiner Vermieterin dem Kulturministerium schriftlich mitgeteilt hatte, ich hätte meine Wohnung in ein »Prostitutionszentrum« verwandelt. Leider bekam ich dieses Schriftstück nie zu Gesicht. Als ich mich daraufhin zum Ministerium begab, empfing mich der für die Auslandspresse Verantwortliche mit einem seltsamen Lächeln. »Ihr Privatleben geht uns natürlich nichts an«, sagte er mit honigsüßer Stimme. Ich musste in diesem Moment an den iranischen Ausdruck »die Kehle mit einem Baumwollfaden durchschneiden«

denken, der treffend die lokale Methode beschrieb, sich mit dem freundlichsten Lächeln seiner Feinde zu entledigen. Er fuhr dann jedoch fort, dass dieser Bericht über mich äußerst »belastend« und »gut unterfüttert« sei. Besonders sei dabei die Aussage eines Nachbarn hervorzuheben, der seit beinahe zwei Jahren das Datum und die Uhrzeit aller meiner verdächtigen Besucher notiert habe, die ich manchmal sogar mitten in der Nacht empfangen hätte. Ich war außer mir vor Wut. Ich forderte ihn auf, mir einige Beispiele zu nennen. Der Ministeriumsbeamte zog einen vorbereiteten Zettel hervor, den er vorher unter den Sockel der Flagge der Islamischen Republik gesteckt hatte, die auf seinem Schreibtisch thronte. Er zählte einige Daten meiner angeblichen Sexorgien auf und fügte dem dann noch die Zahl der anwesenden Männer und Frauen hinzu. Tatsächlich handelte es sich dabei etwa um die Nacht, in der ich meine Cousine und ihren Mann, die zehn Tage im Land verbringen wollten, vom Flughafen abgeholt hatte (die Flüge aus Europa kamen immer um drei Uhr morgens an). Ein anderes Beispiel war der Abend, an dem mich eine Reporterin des *Figaro Magazine*, eine Dame reiferen Alters, besucht hatte. Sie wurde begleitet von ihrer Übersetzerin und einer iranischen Freundin, die beide ebenfalls älter waren und, soweit ich das beurteilen konnte, nicht besonders lüstern schienen.

Der fragliche Nachbar, der es im Übrigen nie versäumte, mich im Treppenhaus respektvoll zu grüßen, und mich sogar schon einige Male zu sich zu einem Tee eingeladen hatte, besaß einen Uhren- und Schmuckstand im Basar. Er konnte sich ganz einfach nicht vorstellen, dass mich Frauen nur deshalb besuchen könnten, um mit mir zu plaudern und dabei Pistazien zu schälen. Er projizierte also alle seine Phantasien über die angeblichen freien Sitten des Westens sowie wohl auch seine sexuellen Frustrationen auf mich. Dabei war die Libido seines eigenen Sohnes das Gespött des ganzen Hauses. Dieser junge, magere und pick-lige Bursche, der einem niemals in die Augen sah, schien offen-sichtlich von der Aussicht nicht sehr begeistert zu sein, eines Ta-ges das Geschäft seines Basari-Vaters übernehmen zu müssen. Wann immer dieser es nicht mitbekam, drosch er wie wild auf ei-nen Sandsack ein, den er in der Garage aufgehängt hatte. Dabei ließ er in voller Lautstärke die Titelmelodie des *Rocky*-Films oder sogar Songs der Spice Girls laufen. Vor allem hatte er jedoch die Angewohnheit, nachts auf die Dachterrasse des Gebäudes hoch-zuschleichen, um vor der Damenunterwäsche zu masturbieren, die dort zum Trocknen aufgehängt war. Die anderen Nachbarin-nen, die die Hälfte der Zeit durch den Türspion das Treppenhaus zu beobachten schienen und danach jeden Nachmittag in einer Wohnung im zweiten Stock zusammenkamen, um dort Klatsch und Tratsch auszutauschen, hatten seine seltsame Vorliebe na-türlich längst mitbekommen und sie auch mir prustend vor La-chen erzählt. Der Spaß hörte jedoch auf, als sie eines Tages auf ihren Dessous Spermaflecken des jungen Mannes bemerkten. Danach ließen sie eine wütende Petition herumgehen, in der sie forderten, dass die Zugangstür zum Dach jeden Abend verriegelt werden müsse.

Das Gebäude war tatsächlich recht eigentümlich. Grau, nied-rig und reizlos, war es etwa zehn Jahre vor der Revolution errich-tet worden, zu einer Zeit, als das ganze Viertel unweit des Wa-nak-Platzes plötzlich an Wert gewonnen hatte, nachdem franzö-sische Ingenieure der Firma Bouygues dort drei Hochhäuser hochgezogen hatten. Die ganze Anlage, die kurz und bündig ASP genannt wurde, war damals mit ihren Fresken im Stil der Siebzigerjahre, ihren offenen und überdachten Schwimmbä-dern, ihrem Einkaufszentrum, ihren Luxusboutiquen, ihrer Diskothek und den eigenen Treppen für das Dienstpersonal, das die Aufzüge nicht benutzen durfte, für die imperiale, arrogante

Großbourgeoisie das Nonplusultra. Meinem zwei Straßen weiter liegenden Mietshaus fehlte zwar jeder Glanz, aber seine Bewohner, die alle aus der Mittelschicht stammten, hatten mir erzählt, dass sie in gutem Einvernehmen zusammengelebt hätten, bis Ende der 1980er Jahre der Schmuckhändler in die erste Etage eingezogen sei. Wie die meisten seiner Kollegen im Basar war er nach der Revolution wohlhabend geworden. Voller Stolz verließ er daraufhin sein bisheriges Heim im Süden der Stadt und zog in eine Wohnung in den weiter nördlich gelegenen bürgerlichen Vierteln. In Teheran bemisst sich die gesellschaftliche Stellung grundsätzlich nach der Anzahl der Straßen, die man in Richtung der Berge im Norden überqueren muss. Sofort nach seinem Einzug begann er, die anderen Bewohner des Hauses mit seinem frömmlerischen Argwohn und seinem religiösen Eifer zu nerven. So organisierte er zum Beispiel Trauerfeiern für die Imame und zwang alle, daran teilzunehmen. Im Gegensatz zum Rest des Hauses aß mein denunziatorischer Nachbar nicht an einem Tisch, was für ihn ein Zeichen westlicher Dekadenz gewesen wäre, sondern auf einem Plastiktuch, das er bei jeder Mahlzeit auf dem Teppich ausbreitete. Seine Wohnung war so groß, dass eigentlich jedes seiner Kinder ein eigenes Zimmer hätte haben können. Trotzdem hatte er aus einem fehlgeleiteten Respekt vor der Tradition heraus entschieden, dass diese alle zusammen in einem einzigen Raum auf Baumwollmatratzen schlafen mussten, die er am Morgen an der Wand aufeinanderstapelte. Dieses erzwungene Zusammenleben auf engstem Raum erklärte wohl auch das Interesse seines Sohnes für das Dach des Hauses, eine Art freier Zone, auf der im Übrigen alle ihre illegalen Satellitenantennen aufgestellt hatten.

Tatsächlich hatte mein Nachbar, der Basari, sogar recht: Meine Wohnung war wirklich mitunter zu einem Ort der Unzucht geworden. Ich hatte einige Zeit zuvor entdeckt, dass meine Putz-

frau, die brave Aschraf, in meiner Abwesenheit heimlich hierher-
kam, um mit ihrem Cousin Said, einem Elektriker, zu schlafen,
den sie mir einmal unter dem Vorwand vorgestellt hatte, er wolle die Glühbirnen der Deckenlampe auswechseln. Die ganze Sache war mir äußerst unangenehm. In den beiden letzten Jahren
hatte ich verfolgen können, wie sich meine Putzfrau durch den
Kontakt mit mir vollkommen verwandelt hatte, was ich durchaus
gut fand. Ganz am Anfang war sie mit einem Tschador zur Arbeit erschienen, der sie von Kopf bis Fuß völlig verhüllte. Nach
einigen Wochen wechselte sie zu einem *Marnageh* über, einer Art
Haube, die keine einzige freie Haarsträhne sehen ließ. Zwei Monate später trug sie dann nur noch ein Kopftuch. Als jedoch eines Tages meine Mutter aus der Schweiz zu Besuch war und
gleichzeitig zwei barhäuptige Nachbarinnen vorbeikamen, um
mir den neuesten Klatsch zu erzählen, kam sich Aschraf regelrecht blöd vor, dass sie als Einzige ihre Haare bedeckt trug. Sie
holte einen kleinen Taschenkoran aus ihrer Handtasche, ließ
mich sie umarmen, murmelte einige Gebetsformeln, teilte ein
Stück Brot, von dem wir beide aßen, und dann war es vollbracht:
Wir waren durch einen göttlichen Vertrag verbunden und sie
konnte ihr Kopftuch ablegen. Mit der Zeit zog sie auch ihren
Mantel aus und arbeitete nur noch mit einer ausgeschnittenen
Bluse. Danach ersetzte sie ihre breiten Hosen durch eng anlie-
gende Gewänder. Sie schien mir auch immer fröhlicher zu werden. Einmal ertappte ich sie sogar dabei, wie sie zu der Musik
tanzte, die ich aufgelegt hatte. Allerdings wusste ich damals noch
nicht, zu welchem Zweck sie und ihr Cousin, der Elektriker, jeden Samstag meine sturmfreie Wohnung nutzten. Als ich dies
erfuhr, war mir nicht klar, was ich jetzt tun sollte. Einerseits wollte ich sie nicht des gut verständlichen Vergnügens berauben, einmal der strikten sozialen Kontrolle ihrer eigenen Familie entkommen zu können. Sie musste so schon genug auf Anstands-

wächter, argwöhnische Verwandte, ständig auf der Lauer liegende Nachbarn und schlagstockschwingende Milizionäre Acht geben. Andererseits begann das Ganze allmählich kompromittierend zu werden. Die Nachbarinnen hatten bereits einige Male durch ihre Türspione beobachten können, wie sie heimlich die Treppe hinaufschlich und dann ihrem Cousin das Zeichen gab, ihr zu folgen, ohne ein Geräusch zu machen. Außerdem hatte ich in meiner Wohnung einige Belege dafür gefunden, dass ihre Leidenschaft für Said ihr offensichtlich den klaren Verstand zu trüben begann. So war der Satellitenempfänger einmal auf einen bulgarischen Porno-Sender eingestellt, im Laufwerk lag eine CD verkehrt herum und in einer Zimmerecke hatte sie einen Teil ihrer Unterwäsche vergessen.

Als ich Aschraf diese Unterwäsche unter die Nase hielt und ihr mitteilte, ich würde sie entlassen, wenn sie künftig noch einmal in meiner Abwesenheit meine Wohnung betreten würde, konnte ich an ihren Augen ihr völliges Unverständnis ablesen. Auch sie war überzeugt gewesen, das wir Westler in unseren sexuellen Beziehungen keinerlei moralische Beschränkungen kennen würden. Auch sie nahm an, dass ich an dem Tag, als mir die Dame vom *Figaro Magazine* ihren Besuch abstattete, nur gewartet hatte, bis sie endlich gegangen war, bevor ich das gesittete Gespräch und Pistazienknabbern in eine heiße Sexorgie verwandelt hatte. Jetzt flehte sie mich an, ihrer Mutter nichts zu erzählen, vergoss unendlich viele Tränen und trug bis zum Ende unserer Zusammenarbeit, als ich aus der Wohnung geworfen wurde, wieder ein Kopftuch.

Kurz nachdem ich einige Wochen später eine neue Bleibe gefunden hatte, erschien in der *Keyhan*, der Zeitung der Hardliner des Regimes, und in der sehr konservativen *Tehran Times* ein anonymer Brief. Der Verfasser wunderte sich, dass die ehrenwerten Behörden der Islamischen Republik einem solch notorischen Spion wie mir den Aufenthalt in Teheran erlaubten. Für alle Fälle gab er dann noch meine neue Adresse bekannt. Die Sache wurde allmählich brenzlig. Von nun an stand jeden einzelnen Morgen eine Gruppe von Bassidschi vor meiner Tür, die so aussahen, als ob sie mich gleich verprügeln wollten. Zu allem Übel hatte das Außenministerium gerade zu dieser Zeit für die ausländischen Journalisten eine Art Ausreisevisum eingeführt. Nach meiner Rückkehr von einer Kurzreise nach Afghanistan, um über den Sturz der Taliban zu berichten, musste ich meine Ausreisegenehmigung erneuern, um den Iran verlassen zu können. Eine dringende Familienangelegenheit rief mich in die Schweiz. Eigentlich hätte das nur eine simple Formalität sein sollen. Normalerweise erhielt man den notwendigen Stempel innerhalb von zwei oder drei Tagen. Dieses Mal bekam ich jedoch meinen Pass einfach nicht zurück. Der sympathische Bärtige im Kulturministerium, den ich immer schwerer telefonisch erreichen konnte, teilte mir schließlich mit, dass man mein gesamtes Dossier gerade einer Sicherheitsüberprüfung unterziehe. Nachdem man mir so oft meine Ausweisung angedroht hatte, durfte ich jetzt den Iran nicht mehr verlassen! Das Ganze dauerte mehr als zwei Monate. In dieser Zeit wurde ich schwer krank, was wahrscheinlich eine Folge meines Aufenthalts in Afghanistan war. Ich lag zehn Tage im Bett, da ich zu schwach zum Aufstehen war. In dieser Zeit ernährte mich ein Fahrer der Schweizer Botschaft, der mir in Plastikbehältern regelmäßig kleine Mahlzeiten brachte. Mein Aufenthalt im Reich des Scheins wendete sich unaufhaltsam zum Schlechteren und ich wusste nicht, wie lange ich noch durchhalten würde.

Manchmal versank ich in trübe Gedanken und verfluchte die Behörden der Islamischen Republik. Andererseits wurde mir in diesen Fiebernächten auch endgültig klar, wie sehr ich inzwischen an diesem Lande hing. Meine kleinen Unannehmlichkei-

ten wirkten im Vergleich zu dem, was meine iranischen Berufs-
kollegen durchmachten, die gerade im Ewin-Gefängnis gefoltert
wurden, regelrecht lächerlich. Trotzdem war mir, als ob sie mich
von der Last befreit hätten, nur privilegierter Westler zu sein, ein
amüsierter oder beunruhigter Beobachter einer Situation, die
mich selbst überhaupt nicht berührte. In den vergangenen zwölf
Jahren hatte ich die unterschiedlichsten Länder in Osteuropa,
Russland, Afrika und dem Nahen Osten bereist und in Artikeln
beschrieben. Dabei geriet ich in Ceausescus Rumänien, dem
Westjordanland, in Somalia oder auf dem kriegsgeschüttelten
Balkan in manchmal recht ernste Schwierigkeiten. Tatsächlich
hatte ich mich den unterschiedlichsten unangenehmen Situationen ausgesetzt, um am eigenen Leib die Erfahrungen der Menschen außerhalb meiner heimatlichen Schweiz nachvollziehen
zu können. Dabei hatte ich jedoch niemals die Grenzen überschritten, die ich mir zuvor selbst gesetzt hatte. In Teheran war
ich jetzt zum ersten Mal nicht mehr Herr meines eigenen Schicksals. Wie die anderen zwölf Millionen Einwohner der Hauptstadt
fand ich mich nun einer politischen Lage hilflos ausgeliefert. Die
Reformen des liebenswürdigen Präsidenten Chatami scheiterten
gerade unter den Angriffen der konservativen Repression, und
unser aller Zukunft schien mit ihnen unterzugehen. Ich befand
mich in den Händen von Leuten, die mich für einen Lüstling
und Spion hielten, und ich empfand das sogar als eine fast logi-
sche Entwicklung. Ich steckte in der Falle, und trotzdem fühlte
ich mich plötzlich so frei und glücklich wie noch nie.

Die Iraner wurden im Laufe ihrer langen Geschichte immer
wieder von Völkern überfallen, die weit weniger zivilisiert waren
als sie. Anstatt sich zu widersetzen, ließen sie diese erst einmal
gewähren. Danach verwandelten sie die Eroberer auf die sanfte
Tour von innen heraus und besiegten sie so auf ihre Weise. Auch
mich selbst hatten sie drei Jahre nach meiner Ankunft mit mei-

nem Laptop und meinem Auto mit Schweizer Nummer auf diese Weise erobert.

Als es mir endlich wieder besser ging, führte ich mehrere Telefongespräche. Ich suchte nach einer Abendveranstaltung, die meiner neu gewonnenen inneren geistigen Verfassung entsprach. Tatsächlich fand am gleichen Abend in einer Galerie im Norden eine Vernissage statt. Danach sollte es im Atelier des Künstlers ganz im Süden der Stadt ein Picknick geben. Ich sprang sofort in ein Taxi, das sich bald darauf in einem riesigen Stau befand. Der Paykan war schon recht klapprig und stank dermaßen nach Benzin, das es sogar besser war, das Fenster zu öffnen, auch wenn man dann die durch den starken Verkehr verschmutzte Luft atmen musste. Dies machte mir jedoch kaum etwas aus, da ich mich in guter Gesellschaft befand. Die Stereoanlage war noch ganz neu und der Taxifahrer hatte eine Kassette der Sängerin Googoosh aufgelegt.

> *Diese alte Liebeswunde in meinem Herzen,*
> *Du bist gekommen, um sie aufzureißen und frisches Blut*
>   *fließen zu lassen.*
> *Diese zerstörte, verlassene Stadt meines Herzens,*
> *Du hast sie wieder zum Leben erweckt.*
> *Dabei war dieses Feuer einer alten Liebe*
> *Doch nur noch ein Haufen Asche.*

Das war zwar kein Verlaine oder Khayyam, nur ein Lied der Googoosh, einer Pop- und Diskodiva der Zeit vor der Revolution, einer kleinen, immer zu Späßen aufgelegten Frau, die ständig ihre Kleidung und Frisur wechselte. Hinter ihrem in hautenge Paillettengewänder gehüllten Körper, ihren kurzen, an den Kopf gekämmten Haaren und geschminkten Augen drehten sich die schwarz-weißen Spiralen der Teheraner Cabarets der verrückten

Jahre, der Jahre des Erdölreichtums. Nach dem Sturz des Schahs zog es Googoosh vor, in Teheran zu schweigen, anstatt nach Los Angeles ins Exil zu gehen, wie die meisten anderen Varieté-Sängerinnen es taten. Seit 23 Jahren hörten also die Iraner dieselben, tausendmal kopierten Kassetten, wenn die Zeit sie noch nicht endgültig angehalten hatte, wie den Verkehr. Wir befanden uns jetzt auf der Modarres-Autobahn, die zu den schicken Vierteln Nordteherans hinaufführte. Rechts von uns stand eine amerikanische Limousine aus den 1960er Jahren. An deren Steuer saß ein Offizier mit Dienstmütze, der drei Frauen im Tschador beförderte. Auf der anderen Seite bewegte sich so langsam wie wir ein zitronengelber Paykan voran, in dem vier recht hübsche junge Frauen wie die Schlote rauchten – inmitten dieser Luftverschmutzung zu rauchen, welch ein Pleonasmus! Unter ihren Kopftüchern lugten dabei ganz schön viele Haarsträhnen hervor. Sie gaben mir ein Handzeichen und deuteten auf ihr Handy. Damit wollten sie vorschlagen, dass wir unsere Telefonnummern austauschen sollten. Dabei schüttelten sie sich vor Lachen.

Du wohlbekannter Fremder, kehr zurück, ich liebe dich.
Du bist das einzige Licht in dieser tiefdunklen Nacht…

Googoosh sang, und mein Kopf begann sich zu drehen. Diese hässliche Metropole, die vom Erdölboom der 1970er Jahre, vom Krieg der 1980er Jahre und von den Immobilienspekulationen der 1990er Jahre so sehr verschandelt worden war, erschien mir plötzlich wunderschön. Ich würde zu spät zu dieser Vernissage kommen. Die anderen würden dann sicherlich bereits Gürkchen knabbern und die Pistazienkörbe leeren. Der Maler hatte vielleicht schon seinen Kanister voller Dattelschnaps herausgeholt. Er hatte den besten armenischen Lieferanten der ganzen Stadt, der im Übrigen auch noch denselben Vornamen trug wie ich. Ich rief mir all diese Abende ins Gedächtnis zurück, an denen wir dort auf Perserteppichen getanzt hatten, nachdem wir die kitschigen Sessel an die Wand geschoben hatten. Ich erinnerte mich an die ekelhaften Cocktails aus Granatapfelsaft und Wodka, die ein entsetzliches Kopfweh verursachten, und daran, wie spät in der Nacht ein Gast eine Gitarre hervorholte und seine Frau Revolutionslieder anstimmte, deren Worte ich zwar nicht verstand, aber deren Nostalgie.

In den Nachrichten gab es keine einzige gute Neuigkeit. Die Studenten waren von den Bassidschi überwältigt worden. Die reformerischen Zeitungen stellten eine nach der anderen ihr Erscheinen ein. Akbar Gandschi, der Verfasser einer atemberaubenden Artikelserie über die Intellektuellenmorde, hatte im Ewin-Gefängnis einen Hungerstreik begonnen und verweigerte jetzt den dreißigsten Tag die Nahrung. Alle Zellen um ihn herum waren voller Journalisten. Der ehemalige Innenminister Abdullah Nuri hatte gerade eine fünfjährige Freiheitsstrafe aufgebrummt bekommen. Der reformfreundliche Präsident Chatami war zwar wiedergewählt worden, aber er wusste im Vorhinein, dass er zum Scheitern verurteilt war. Im Übrigen hatte er bereits an dem Tag, als er seine Kandidatur verkündete, geweint. Seinem Verbündeten Said Hajjarian hatte jemand zwei Kugeln in den Kopf gejagt. Der Attentäter lief immer noch frei und unbehelligt in Shar-e Rey, der konservativen Bastion im Süden Teherans, herum. Einigen jungen Leuten, die ein satirisches Theaterstück über den zwölften Imam, auf dessen Rückkehr die Schiiten warteten, geschrieben hatten, drohte nun die Todesstrafe wegen Gotteslästerung. In Maschhad hatte ein Serienmörder 16 Prostituierte umgebracht. Jetzt forderte die Bevölkerung seine Begnadigung, da er der heiligen Stadt einen Dienst erwiesen habe.

Auch in den vorhergehenden 2500 Jahren hatte es nicht viele gute Nachrichten gegeben. Die Iraner, ein feinsinniges und intelligentes, aber nicht sehr kriegerisches Volk, spielten die Rolle des immerwährenden Opfers, wofür sie mein ganzes Mitgefühl genossen. In regelmäßigen Abständen wurden ihre bemerkenswerten Errungenschaften und ihre goldenen Zeiten von so ungebildeten wie blutrünstigen Eroberern vernichtet. Im 12. Jahrhundert hatten die Mongolen die gelehrte Dynastie der Seldschuken ausgelöscht. Die mit einer riesigen Elefantentruppe einmarschierenden Afghanen hatten 1722 Isfahan eingenommen. Lange vor ihnen hatten im 7. Jahrhundert die Araber die erste monotheistische Religion, den Zoroastrismus, beinahe ausgerottet, dessen Werte eine Hymne an die Natur und den Frieden waren. Alexander der Große war da vielleicht etwas kenntnisreicher. Dies hinderte ihn jedoch nicht daran, das achämenidische Wunder Persepolis durch einen selbstgelegten Brand völlig zu zerstören. Näher zu unserer Zeit war die Konstitutionelle Revolution von 1905 gewaltsam unterdrückt worden, obwohl sie ein Demokratieversprechen für den gesamten Orient darstellte. Während des Zweiten Weltkriegs hatten Engländer und Sowjets eiskalt das iranische Territorium unter sich aufgeteilt. Erstere kamen dabei jedoch besser weg, da sie sich den südlichen Teil sichern konnten, wo sie skrupellos ein halbes Jahrhundert lang das iranische Erdöl ausbeuteten, ohne einen einzigen Konkurrenten zu dulden. Als Mossadegh in einem Akt von unglaublicher Modernität im Jahr 1951 die Erdölgewinnung verstaatlichen wollte, zettelte die CIA einen Staatsstreich an, indem sie Koffer voller Dollar an Journalisten, Offiziere und Gauner verteilte.

Nachdem wir nur wenige Meter in der Minute vorangekommen waren, erreichten wir schließlich die Stelle des Unfalls, der die Autobahn blockiert hatte. Er hatte viel verbeultes Blech hinterlassen. Die Fahrer der beiden Paykans tauschten jedoch bereits wieder mit der Hand auf dem Herz Höflichkeiten aus. Mein Chauffeur hatte inzwischen die Kassette umgedreht.

Höre, Reisegefährte, meine traurige Geschichte.
Aus welchem Land stammst du, aus welchem Himmel
  bist du herabgestiegen?
Nimm mich mit dir, ja dir, meiner einzigen Stütze.
Was wird geschehen, wenn unsere Reise kein Ende findet?
Wenn erst an meinem Todestag die Ankunft naht?

Ich würde den Iran sechs Monate später verlassen, ohne bis dahin noch etwas Interessantes schreiben zu können. Ich verbrachte meine Zeit damit, jede Straßenecke zu filmen, da ich wusste, dass mir Teheran fehlen würde, und ich auch meinen Freunden später die hiesige Welt zeigen wollte. Außerdem unternahm ich noch eine lange Reise nach Afghanistan und verliebte mich in Dubai in die Frau, der ich nach Europa folgen und die ich zwei Jahre später heiraten würde. Als ich Anfang Juni 2002 dem Ministerium für islamische Führung ankündigte, dass ich endgültig das Land verlassen würde, glaubte der sympathische Bärtige zuerst an einen Witz. Dann tadelte er mich, das Ganze so spät angekündigt zu haben, dass das Ministerium keinen Empfang zu meinen Ehren mehr organisieren könne. Als ich am Morgen meiner Abfahrt das Auto belud, das ich eine ganze Woche lang bis nach Genf steuern würde, hielt plötzlich ein Taxi neben mir an und übergab mir ein Geschenk des Ministeriums für islamische Führung. Es war ein Intarsienbild, das einen stolzen Adler auf einem Ast zeigte, für das ich dann auch noch ein Plätzchen auf dem Beifahrersitz fand. In meiner leeren Wohnung stand nur noch eine Schale voller Münzen, in die ich immer das Kleingeld aus meinen Taschen geleert hatte. Ich brachte die volle Schale zum Wanak-Platz, suchte unter den Bettlern, die auf dem Gehsteig saßen, den armseligsten aus, wechselte mit ihm ein paar spaßige Bemerkungen und schüttete dann das ganze Kleingeld in seinen Bettelnapf. Der alte Mann schaute mich zuerst verständnislos an, dann sprach er einige Segensworte für die Frau, die mich zur Welt gebracht hatte, und für alle meine Vorfahren. Ich erklärte ihm, dass dies das Allermindeste sei, das ich für dieses wunderbare Land tun könne, das ich nun bald verlassen würde.

»Sie sind viel zu edel«, sagte er. »Erst Ihre Augen sehen es schön.«

»Mögen Ihre Hände niemals schmerzen«, antwortete ich mit einer gebräuchlichen Höflichkeitsformel.

Er lächelte, rezitierte einige Hafis-Verse und reichte mir dann mit beiden Händen den Brotkanten, der ihm als Nahrung diente. »Sie können auf meinen Augäpfeln wandeln«, bedankte er sich gleichzeitig mit einer der poetischsten Ergebenheitsfloskeln.

Ich legte die Hand aufs Herz und erklärte, dass ich sein Geschenk unmöglich annehmen könne.

»Gott möge Sie behüten«, sagte er daraufhin.

»Gott möge auch Sie behüten«, antwortete ich.

Ich weiß nicht, wann ich den Verdacht fasste, dass die Iraner vielleicht glücklicher waren, als sie es zugeben wollten. Ich begann zu vermuten, dass das Glücksgefühl, das ich hier empfunden hatte, seinen Ursprung in einer so überraschenden wie mit allen Mitteln kaschierten iranischen Zufriedenheit haben könnte. In den drei Jahren nach meiner Abreise hatte sich dieser Eindruck sogar noch verstärkt. Sicher steckte dahinter auch meine eigene Nostalgie – oder meine Bitterkeit: Alle meine Visumsanträge waren danach abgelehnt worden.

Im Frühjahr 2005 traf ich mich mit Paolo Woods in Paris, um über ein Buch nachzudenken, das wir gemeinsam über den Iran machen wollten. Ironischerweise hatten wir uns im Herbst 1999 in Teheran kennengelernt und seitdem in etwa 15 Ländern zusammengearbeitet, wobei ich die Texte und er die Bilder beigesteuert hatte. Ausgerechnet der Iran gehörte jedoch nicht zu diesen Staaten. Während der Recherchen für unsere Reportagen und unsere beiden früheren Bücher über das Erdöl und die beiden Kriege George Bushs[7] hatten wir überall in den afghanischen Bergen oder der irakischen Wüste, im Kaukasus und am Persischen Golf immer wieder Persisch gesprochen und an schiitischen religiösen Zeremonien teilgenommen, ohne jemals den Fuß auf Teheraner Boden zu setzen. Wir suchten nun nach einer brauchbaren Idee, um über das Land erzählen zu können, das uns beide auf so unwiderstehliche Weise anzog und das vielleicht das nächste Angriffsziel des Weißen Hauses sein würde.

Wir einigten uns darauf, gegen die Klischees anzukämpfen, die seit der Revolution das Bild des Iran verdüsterten. Schließlich gelang es Paolo, unsere Vorstellungen auf den Punkt zu bringen. »Wie wäre es, wenn wir eine Reihe von Porträts glücklicher Iraner herausgeben würden?«, schlug er vor. Eine Woche später lag unser Exposee bereits bei unserem Verleger, der, etwas erstaunt über unsere Idee, den Titel *Iran Felix*, »Glücklicher Iran«, vorschlug. Wir waren von der Originalität unseres Ansatzes und dessen Bedeutung voll überzeugt. Wir wollten zeigen, dass der Iran sich nicht auf eine Clique von mittelalterlichen Ayatollahs reduzieren ließ, die ein unschuldiges und freiheitsliebendes Volk unterjochten. Wir wollten ein insulares Land zeigen, das außerhalb des ungezügelten Rhythmus unserer globalisierten Welt ganz gut funktionierte. Wir wollten nachweisen, dass die meisten Iraner durch eine neue Revolution alles zu verlieren hatten und dass die Amerikaner wieder einmal auf dem Holzweg waren, wenn sie von einem »*Regime Change*« träumten. Wir wollten Menschen vorstellen, die ein ganz normales und angenehmes Leben führten und sich an das System angepasst hatten, ja sogar von ihm profitierten und dadurch auch dessen Lebensdauer verlängerten. Kurz, wir wollten zeigen, dass der Iran nicht Nordkorea war, selbst wenn diese beiden Länder zusammen mit dem Irak Saddam Husseins Teil von George Bushs »Achse des Bösen« waren, und dass die ganze Sache weit komplizierter war, als es sowohl das Regime als auch die Opposition im Exil aus ihrer Sicht jeweils kategorisch behaupteten. Im Grunde ließen wir uns dabei von der Einstellung Omar Khayyams inspirieren:

> *In einem Arm den Krug, im andern den Koran,*
> *Bald auf dem graden Weg, bald auf verbotner Bahn,*
> *So bin ich unter dem türkisgewölbten Dom*
> *Kein ganzer Heide und kein rechter Muselmann.*[8]

Trotzdem war es schwer, auch für ein offensichtlich so positives Projekt Visa zu bekommen. Mein Antrag wurde abgelehnt. Paolo, der dort weniger bekannt war, musste somit im Mai 2005 erst einmal allein mit der Arbeit beginnen. Neben seiner Berichterstattung über die Präsidentschaftswahlen, die Mahmud Ahmadinedschad mit über 60 Prozent der abgegebenen Stimmen gewann, begann Woods bereits mit der Suche nach glücklichen Iranern. Tatsächlich fand er bereits nach kurzer Zeit einen ganzen Haufen! Bei jeder seiner Begegnungen schien sich unsere Hypothese zu bestätigen. Ich bedauerte es natürlich, dass ich das Ganze aus der Ferne beobachten musste. Gleichzeitig war es jedoch auch nicht uninteressant, einmal mit der Suche nach den geeigneten Bildern zu beginnen. Wir wollten ja unsere beiden Ansätze möglichst eng miteinander verzahnen. Seine Fotos sollten auf keinen Fall einfach meine Worte bebildern und meine Texte sollten nicht nur erweiterte Bildlegenden werden.

Um keine unnötigen Risiken einzugehen, begann Paolo mit den Bassidschi, von denen wir sicher waren, dass sie die Wendung der Ereignisse begrüßten. Diese islamische Freiwilligentruppe hatte als Kanonenfutter gedient, als der Iran 1980 vom Irak überfallen worden war. Nach dem Krieg wandelten sich seine Mitglieder zu Wächtern der islamischen Ordnung. Sie verhafteten zum Beispiel unverheiratete Paare, die auf der Straße Händchen hielten, oder erschienen ungebeten auf privaten Partys, um nachzuprüfen, dass in den Gläsern kein Alkohol war. In den acht Präsidentschaftsjahren Mohammed Chatamis (1997–2005) wurden die Bassidschi von den Reformern verachtet, während die Konservativen sie dazu benutzten, den Aufstand der Studenten niederzuschlagen. Der Wahlsieg Ahmadinedschads, zu dem sie nicht unwesentlich beigetragen hatten, erlaubte es ihnen nun, den Kopf wieder höher zu tragen. In ihren Hochburgen im Süden der Hauptstadt waren sie die Wunschkinder der Ayatollahs und lebten in ihrer idealen Welt auf Kosten des Regimes und im Rhythmus der religiösen Feierlichkeiten. Ohne Zweifel waren sie glücklich. Einerseits hatten sich ihr Lebensstandard und ihr gesellschaftliches Ansehen dank des neuen Präsidenten erhöht. Andererseits bewegten sie sich in einem geschlossenen Gedankensystem, in dem Freund und Feind klar bestimmt waren und in dem jedes neue Ereignis (die amerikanische Invasion des Iraks, die Selbstmordattentate in Palästina usw.) die Analysen ihres Imams in der Freitagspredigt und die gesamte Propaganda des Regimes bestätigten.

Dieses Glück kannten wir bereits im Voraus. Um die Kritik zu entschärfen, mit der man uns ganz bestimmt überhäufen würde, begab sich Paolo danach auf die andere Seite des gesellschaftlichen Spektrums, zu den Künstlern. Als Erstes beklagten sie sich natürlich über ihre Schwierigkeiten mit der Zensur. So erzählten die Filmemacher gern, dass der Mann, der im Auftrag des Ministeriums für islamische Führung über die Zulassung ihrer Filme entschied ... blind war. Er konzentrierte sich auf den Ton und ließ sich die Bilder von einem Assistenten erklären. Trotzdem hatte der Blinde angeblich einen ziemlich persönlichen Geschmack für den Qualitätsfilm entwickelt. Als er im Jahr 2007 in den Ruhestand trat, erwies sich sein »sehender« Nachfolger als weit unnachsichtiger und strenger. Gleichwohl musste man zugeben, dass es eine bedeutende Theaterszene gab, das iranische Kino blühte, die Kunstgalerien immer voll waren, die offizielle und die Underground-Musik das Publikum anzogen und sich das Verlagswesen hervorragend entwickelte, ob es sich dabei nun um Übersetzungen oder die Bücher iranischer Autoren handelte. Es scherte uns dabei wenig, wenn man uns wegen einer solchen Aussage des Zynismus zieh oder uns vorwarf, auf ein Erklärungsmuster zurückzugreifen, mit dem man bereits die Vitalität des künstlerischen Schaffens in der Sowjetunion erklärt hatte, wo unter Stalin und Breschnew unzählige Meisterwerke entstanden, während sie seit dem Zusammenbruch des sowjetischen Imperiums plötzlich sehr dünn gesät waren. Tatsächlich waren sich die iranischen Künstler der geschichtlichen Rolle durchaus bewusst, die ihnen ihr Kampf gegen die Zensur zuwies. Gleichzeitig kannten und schätzten sie die Beachtung ihrer Arbeiten im Westen (tatsächlich wurde die iranische Kunst zu einem unverzichtbaren Bestandteil der Biennalen und Ausstellungen von Venedig über Köln bis Abu Dhabi). Wir wagten sogar eine bestimmte Aussage: Während die Kunst im Westen manchmal nach ihrem Daseinszweck suchte, hatte die Islamische Republik den paradoxen Vorteil, dass sie dem künstlerischen Schaffen eine entscheidende, vitale und absolut notwendige Rolle zuwies. Die Künstler, die Paolo im Mai und später im November 2005 kennenlernte, wussten das sehr wohl und waren darüber glücklich.

Im Grunde nahmen wir den Diskurs der Iranologen wieder auf, der sich mit der Dialektik der Klischees und der Realität befasste und der mich schon bei meinem ersten Aufenthalt zum

Lächeln gebracht hatte. Auch wir konnten jetzt mit Leichtigkeit in einer Minute und dreißig Sekunden darlegen, dass man sich in diesem Land nicht vom Schein täuschen lassen durfte.

»Der Iran zensiert seine Künstler, das ist unerträglich!«, wetterten die meisten Beobachter.

»Man sollte sich nicht vom ersten Anschein täuschen lassen«, erwiderten darauf Michel und Paolo. »Die Zensur lässt bedeutende Werke passieren. Darüber hinaus beflügelt sie die Phantasie der Künstler, die mit ihr Katz und Maus spielen müssen und dies durchaus mit Erfolg erledigen. Haben Sie etwa nicht *Der Kreis*, den letzten Film Jafar Panahis, gesehen?«

»Im Iran wählen die Eltern die Ehepartner ihrer Kinder aus, das ist finsterstes Mittelalter!«, protestierten die Leute.

»Man sollte sich nicht vom ersten Anschein täuschen lassen«, gaben wir zur Antwort. »Nicht alle arrangierten Ehen sind unglücklich, weit gefehlt! Im Übrigen war dies vor nicht allzu langer Zeit auch in Europa gängige Praxis. Und was soll man dann über die Heiratsagenturen sagen, die Ihnen einen Partner mit Hilfe eines Computers aussuchen? In Europa kann man heute zwar frei wählen, aber die Hälfte der Ehen wird geschieden…«

Dank seiner übernatürlichen Fähigkeiten musste das Ministerium für islamische Führung einfach spüren, dass ich gerade eine entscheidende intellektuelle Etappe gemeistert hatte. Als begrüße es meine neu gewonnene Weisheit, stellte es mir im Dezember 2006 mein erstes Visum seit vier Jahren aus. Was mir nach meiner Ankunft sofort am meisten auffiel, war das Geld. Das Land, das ich 2002 verlassen hatte, war ziemlich egalitär gewesen. Die Knappheit der Geldmittel ließ diejenigen, denen es nicht daran fehlte, recht diskret auftreten. Vier Jahre später hatte die Explosion des Rohölpreises einen Petro-Dollar-Regen über Teheran ausgeschüttet, der dem Reichtumstabu und den strikten Einfuhrkontrollen ein Ende bereitete. Obwohl der ultrakonserva-

tive Präsident Mahmud Ahmadinedschad 2005 seinen Wahlkampf unter dem Thema der Umverteilung der Güter geführt
hatte, öffneten in den schönen Vierteln ständig neue Dolce &
Gabbana-, Versace- oder Diorläden sowie Reisebüros ihre Tore,
die ganz neue Ziele auf der ganzen Welt im Angebot hatten. Auf
den Straßen hatten deutsche Limousinen und japanische Geländewagen einen Teil der klapprigen Paykans ersetzt, die in der
Zeit, als ich noch dort wohnte, einen Großteil des Fahrzeugparks
ausgemacht hatten. Die Immobilienspekulation war in vollem
Gange. So waren die Schemiran-Gärten im Norden der Hauptstadt von protzigen vierzigstöckigen Hochhäusern weitgehend
zerstört worden. Weitere Hochhäuser ähnlichen Formats waren
noch im Bau. Das Szenario war beinahe chinesisch: Das Regime
erlaubte es den Reichen, sich weiter zu bereichern, allerdings
nur unter der Bedingung, dass sie sich nicht in die Politik ein-
mischten. Die Privilegierten, denen Paolo und ich Ende 2006 in
Teheran begegneten, schienen mit dieser Aufgabenteilung vollkommen zufrieden zu sein. Die kurz zuvor erfolgte Liberalisie-
rung des Devisenhandels erlaubte es ihnen, ihre Millionen von
Tuman in Dollar umzutauschen, ohne dazu auf den Schwarzmarkt gehen zu müssen. Mit diesem Geld konnten sie dann in
Dubai, der Türkei oder Malaysia Urlaub machen.

Aus Gründen der Ausgewogenheit besuchten wir auch die Armen in den südlichen Vierteln Teherans. Auch sie schienen nicht
besonders unglücklich zu sein. Der Präsident, dessen Kassen
sich durch die Magie der Ölpreise gefüllt hatten, hatte alles erhöht: die Gehälter der Beamten, die Altersrenten und die Pensi-
onen für Kriegsversehrte und Witwen. Außerdem wurden die
Gegenstände des täglichen Bedarfs weiterhin massiv subventioniert.

Trotzdem interessierten wir uns nicht so sehr für das Glück,
das auf das materielle Wohlbefinden zurückging, sondern eher

für das beruhigende und befriedigende Gefühl der meisten Iraner, denen wir begegneten, dass sie in einem Land lebten, das ihnen glich, in einer Kultur, die sich über viele Jahrhunderte hin erhalten hatte, und in einer Nation, die in ihrer Geschichte immer wieder erniedrigt worden war, die sich jetzt jedoch wieder erhob und ihre Rechte einforderte, wozu auch das Recht auf die Nutzung der Kernenergie gehörte. Es herrschte also im Iran eine unerwartete Ausgeglichenheit, fast sogar Harmonie zwischen seinem Volk und seinem Regime, die in der Flut der täglichen Hetzreden des Präsidenten oder den mühseligen Bemühungen des Sicherheitsrats, das Land mit neuen Sanktionen zu belegen, meist übersehen wurde.

Was aber war aus den aufständischen Studenten geworden, die mir 1999 erklärt hatten, sie seien für die Freiheit zum äußersten Opfer bereit? Diejenigen, zu denen ich noch Kontakt hatte, waren inzwischen verheiratet und schienen sich inzwischen mehr dafür zu interessieren, wie sie ihre Wohnung abbezahlen konnten, als dafür, ihr Blut in einem ungleichen Kampf gegen das Regime zu vergießen. Andere waren in die Vereinigten Staaten oder nach Kanada emigriert und baten mich jetzt, ihr Facebook-Freund zu werden. Ich bemerkte auch das Auftauchen einer ganz neuen Sorte von Jugendlichen: die Pseudo-Aufsässigen. Sie schimpften auf die Mullahs und schwelgten in ihrer angeblichen rebellischen Identität, wohnten aber weiter ganz bequem bei ihren Eltern. Sie hörten Rap in ihren Partykellern, fuhren an jedem Wochenende zum Skifahren oder widmeten sich allen möglichen urbanen Sportarten, wobei sie T-Shirts der angesagtesten westlichen Marken trugen (vgl. S. 322). Im Grunde verfügten sie genau über den Schatz, der der westlichen Jugend seit 1968 fehlte: ein rigides System, gegen das man kämpfen konnte, oder genauer: gegen das man eine kämpferische Attitüde einnehmen konnte. Dabei war ihnen mehr oder weniger bewusst, dass

die iranische lethargische Rentenwirtschaft sie vor dem gnaden-
losen Wettbewerb bewahrte, der in der Ausbildungs- und Ar-
beitswelt der offeneren Staaten herrschte.

Natürlich erklärte sich niemand auf Anhieb für glücklich.
Wenn wir das Thema unserer Recherchen nannten, war die erste Reaktion oft: »Das Glück? Das existiert in diesem Land nicht!«
Wir mussten dann immer lange argumentieren und ihnen klar-
machen, dass sie das Glück nicht mit dem Maß ihrer Zufriedenheit mit dem Regime verwechseln dürften. Zu unserer großen
Erleichterung riefen uns manche Gesprächspartner am nächsten Tag an und sagten: »Ich habe über Ihre Vorstellung über ein
speziell iranisches Glück lange nachgedacht... Jetzt gebe ich Ihnen sogar recht.« Danach zählten sie die Gründe auf, warum sie
sich in Harmonie mit ihrem Land befanden, das sie auch niemals zu verlassen wünschten: die Wärme der persönlichen und
familiären Beziehungen, der Respekt für solche im Westen inzwischen altmodischen Werte wie Religion, Schönheit und Poesie, vor allem aber die persische Küche, die ihrer Ansicht nach
unersetzlich war.

Ohne Zweifel fiel einem Iraner aufgrund seines Schiitentums
das Eingeständnis schwer, glücklich zu sein, da es die Tränen,
das Leiden und die Niederlage höher schätzt als jede ausge-
lassene Freude. Andererseits ist diese historisch für Persien
maßgeschneiderte Religion in Wahrheit selbst eine Quelle des
Glücks. Ist der Schmerz denn nicht der Bruder der Ekstase? In
der Imamsadeh-Saleh-Moschee im Norden Teherans machten
wir uns um einen Mann Sorgen, der hemmungslos weinte. »Was
quält Sie denn so?«, fragten wir ihn.

»Mich quält gar nichts«, antwortete er. »Ich danke Gott, dass
er mich erhört hat. Darf ich Sie zu mir einladen, damit Sie meine Freude mit mir teilen können?«

Um unsere Untersuchung der Verbindung zwischen Glück und Islam zu vertiefen, flogen wir nach Maschhad. Die zweitgrößte Stadt des Iran mit ihren drei Millionen Einwohnern sollte sich eigentlich durch ein einziges Geschluchze und eine riesige Tränenflut auszeichnen. Ihr Name bedeutet immerhin »Ort des Märtyrers«. Dort soll Reza, der achte Imam der Schiiten, der den Iranern wahrscheinlich am nächsten steht, im Jahr 818 unserer Zeitrechnung auf Geheiß des Kalifen al-Mamun durch eine vergiftete Weintraube ermordet worden sein. Damals hieß die Siedlung noch Sanabad. Sie bekam ihren neuen Namen nicht nur wegen des schändlichen Verbrechens, das in ihren Mauern vollführt wurde, sondern vor allem, weil seitdem genau in ihrer Mitte Rezas sterbliche Überreste begraben liegen. Alle ihre Straßen sind so angelegt, dass sie direkt auf die vergoldeten Kuppeln des Grabmals zuführen.

Man begegnet hier einer anscheinend grenzenlosen Buße und Demut. So wird berichtet, dass Schah Abbas der Große (1571–1629) nach einem bedeutenden militärischen Sieg die 1400 Kilometer von seiner Hauptstadt Isfahan nach Maschhad zu Fuß zurücklegte, um sein Leiden möglichst zu vergrößern. Als er vor den Toren der Stadt ankam, ließ er sich ein Seil um den Hals legen und von einem Sklaven zu Rezas Mausoleum ziehen, vor dem er sich dann in den Staub warf.

Trotzdem ähnelt dieser Ort der Trauer heute eher einem riesigen schiitischen Disneyland, das jedes Jahr von 20 Millionen Pilgern besucht wird. (Paris besuchen dagegen jährlich nur zwölf Millionen Touristen.) Tatsächlich ist Maschhad die Hauptstadt der kleinen iranischen Freuden. Man isst hier in Shandiz die beste Hammelschulter, kauft die kitschigsten Andenken und lässt sich im ausgefallensten Dekor fotografieren. Vor allem gibt man sich dort ohne Hemmungen der käuflichen Liebe hin. Man bedient sich dabei eines schiitischen Rechtsbegriffs, dem *Sigheh*, einer zeitlich begrenzten Ehe, deren Dauer im Vorhinein festgelegt wird und zwischen einer Viertelstunde und 99 Jahren betragen kann. Eigentlich sollte der *Sigheh* von einem Mullah bestätigt werden, indem er seine Unterschrift unter den betreffenden Vertrag setzt. Man kommt allerdings auch ohne diesen Mullah aus. Es genügt, wenn die Frau den arabischen Ausdruck *ankahtoka li* (»ich bin bereit, mit dir zu schlafen«) ausspricht und dann noch die Dauer und die zu entrichtende Gebühr hinzufügt. Nach deren Bezahlung ist der *Sigheh* gültig. Die Aufgabe, die Pilger mit ihren zeitweisen Frauen in Verbindung zu bringen, obliegt sogenannten »Vermittlern«, von denen es in dieser Stadt nur so wimmelt. Meist sind sie gleichzeitig auch Taxifahrer und können einen mit Alkohol und Drogen versorgen. Im Übrigen haben wir uns von ihnen durch die Stadt führen lassen. Eine ganze Woche lang sind wir diesen Chauffeuren und Zuhältern in Personalunion gefolgt, die in dieser Zeit tausend Sünden begingen und dabei doch Gott wie niemand sonst fürchteten (vgl. S. 200). Das Ganze wird mir als die auf seltsame Weise komischste Zeit meines gesamten Aufenthalts im Iran im Gedächtnis bleiben.

Für diese Reise hatten wir ein zehntägiges Visum bekommen. Das Ministerium für islamische Führung, das uns inzwischen abnahm, dass das Glück tatsächlich Thema unseres Buches war, hatte uns eine nachträgliche Verlängerung auf wenigstens das Doppelte versprochen. Auf diese Weise konnten wir uns Zeit lassen und entschlossen uns, von Maschhad nicht mit dem Flugzeug, sondern mit dem Auto nach Teheran zurückzukehren. Außerdem wollten wir nicht den direkten Weg, sondern den Umweg durch die Wüste nehmen. In der Mitte übernachteten wir dann in Tabas. Die Welt hatte von der Existenz dieser Stadt erfahren, als sie im September 1978 durch ein Erdbeben vollständig zerstört wurde. Zwei Jahre später ging sie dann endgültig in die Geschichtsbücher ein, als im April 1980 zwei amerikanische

Hubschrauber in ihrer Nähe abstürzten. Sie waren zuvor von einem vor Karatschi kreuzenden Flugzeugträger gestartet und danach möglichst unauffällig die pakistanische Grenze entlanggeflogen. Sie wollten versuchen, die Geiseln in der amerikanischen Botschaft in Teheran zu befreien. Es handelte sich dabei um eine tollkühne Operation, die auch prompt scheiterte, als sie in einen gewaltigen Sandsturm gerieten, den Ayatollah Khomeini danach als göttlichen Eingriff bezeichnete. Am nächsten Morgen nahmen wir in Tabas am Freitagsgebet teil. Der Ayatollah, der an diesem Tag predigte, schien von den nackten Knöcheln der jungen Mädchen besessen zu sein. Fast seine gesamte Rede widmete er deren Pflicht, mitten in der Wüste Strümpfe zu tragen, um die Lust der jungen Männer nicht anzustacheln, die die Islamische Republik für ganz andere Aufgaben benötigte.

Ein befreundeter Ingenieur hatte uns geraten, in der nächsten Stadt Khur eine große Kaliproduktionsanlage zu besuchen, in der das Kalisalz im Tagebau gefördert wurde. Sie zeugte von den iranischen Bemühungen, die eigene Wirtschaft zu diversifizieren. Da die Abbaustätte direkt an der Straße lag, stellten wir uns im Büro der Bergbaugesellschaft vor. Ein Angestellter kopierte unsere Ausweispapiere und erkundigte sich in Teheran, was er mit uns anfangen solle. Er servierte uns Tee. Während wir auf die Antwort warteten, plauderte er über eine Stunde lang freundlich mit uns. Als dann der Rückruf kam, änderte sich schlagartig sein Gesichtsausdruck. Er legte auf und befahl uns, sofort zu verschwinden.

Dieser gescheiterte Besuch verdarb uns gründlich die Stimmung. Wir wussten nicht recht, was wir tun sollten, und setzten uns in dieser kleinen Stadt in ein Teehaus. Unser Dolmetscher Farid hielt es für richtig, uns noch weiter die Laune zu vermiesen. Er war ein gutaussehender Kerl, der ständig am Telefon hing, um mit seinen vielen weiblichen Eroberungen ein Rendezvous auszumachen. Er hatte sich deshalb gefreut, nach Teheran zurückzukommen. Ihm passte unser Umweg durch die Wüste überhaupt nicht. »Und, was hat es euch jetzt gebracht, hierherzukommen?«, fragte er uns. »Ihr sucht im Iran das Glück, aber das gibt es hier einfach nicht, und schon gar nicht in diesem Kaff, in dem sich jeder nur langweilt. Schaut sie euch doch an! Sie haben angeblich die beste Kaliproduktionsstätte im ganzen Land, aber sie ziehen sich wie die Ratten in ihr Loch zurück.« Schon aus Trotz begannen wir jetzt ein Gespräch mit dem Kellner.

»Wer ist der glücklichste Mensch von Khur?«, fragten wir ihn.

»Das ist Mohsen X«, antwortete er wie aus der Pistole geschossen. »Er ist reich, und er ist ein Dichter!«

Einige Minuten später waren wir bereits daheim bei Mohsen X. Er besaß ein Tiefbauunternehmen, das sich lange Zeit mühselig mit dem Asphaltieren einiger Landstraßen über Wasser gehalten hatte. Wohlhabend wurde er, als er den Auftrag erhielt, die sieben jeweils fünf Kilometer langen Bassins zu graben, in denen das Wasser durch Verdunstung das darin gelöste Kali freigab. Glücklicherweise hatte er von unserem unfreundlichen Empfang bei der Bergbaugesellschaft nichts gehört. Zuerst zeigte er uns stolz seine 15 nagelneuen Bulldozer. Danach lud er uns zu einer kleinen Privatlesung aus seinen Werken ein. Mohsen X hatte die Statur eines Riesen und mit seinen buschigen Augenbrauen und seinem weißen Kinnbart das Gesicht eines antiken persischen Helden. Seine ebenfalls weißen Haare waren nach hinten gekämmt. Er fing an, eine Opiumpfeife vorzubereiten, ein Vergnügen, das weder Paolo noch ich bisher genossen hatten. Danach ließ er sich im Schneidersitz mitten auf einem großen Teppich nieder, während sein Neffe das Feuer am Brennen hielt und die Pfeife herumgehen ließ.

Die Deklamation seines ersten Versgedichts dauerte mehr als

eine Stunde. In fein ziselierten Versen und Strophen erzählte er die Geschichte eines Iraners, der sich im Ausland niedergelassen und dabei Gott und die Imame vergessen hatte. Er beging so viele fleischliche Sünden, dass er nach seinem Tod und Begräbnis in seinem Sarg eine Stimme hörte. Voller Angst bepisste er sich selbst.

»Wer ist gekommen, um meinen ewigen Schlaf zu stören?«

»Du Hurensohn, glaubst du wirklich, dass du einfach so schlafen kannst? Du wolltest mir entkommen, indem du den Iran verlassen hast, aber du hast es mit den irdischen Freuden einfach übertrieben. Jetzt gehörst du mir, und ich nehme dich mit.«

In der Hölle angekommen wurde der Mann dazu verurteilt, sich kochenden Asphalt in den Hintern gießen zu lassen. Eines Tages konnte er diese schreckliche Strafe einfach nicht mehr ertragen, während gleichzeitig seine iranischen Landsleute in der Hölle wilde Feste feierten. Er beschloss also, ihnen endlich die Frage zu stellen, die ihn seit langem quälte.

»Ihr seid doch wie ich bestraft worden. Wie kommt es, dass euch dieser Asphalt nicht die Eingeweide verbrannt hat? Hassan, Hussein, wie schafft ihr es, hier so glücklich zu sein, was ist euer Geheimnis?«

»Das ist ganz einfach, Bruder. Ich werde dir die Geschichte des Iran und der Iraner erzählen. Als der Asphalt endlich kochte, war kein Trichter da. Als sie den Trichter fanden, war der Asphalt bereits hart geworden. Und als es dann gleichzeitig geschmolzenen Asphalt und einen Trichter gab, war der Mann, der ihn uns in den Hintern gießen sollte, weggegangen, um seine Gebete zu verrichten. Dies, Bruder, ist die Geschichte unseres Landes. Wer dort stirbt, ohne den verderblichen Sirenen des Auslands nachgegeben zu haben, steigt frei von all den Schmerzen in die Hölle hinab, unter denen du zu leiden hast.«

Sein zweites Langgedicht, das in Wahrheit sein Hauptwerk

war, dauerte bis nach Mitternacht. Inzwischen hatte das Opium seine Wirkung getan, und ich lag leicht wie eine Feder auf den Kissen. Die Notizen, die ich mir dabei machte, sind kaum leserlich und sehr lückenhaft. Ich weiß deshalb nicht mehr, ob der Titel des Gedichts *Ali sans souci* (»Der sorglose Ali«) oder *Ali sans zizi* (»Der pimmellose Ali«) lautete. Es war die Geschichte eines Mannes, der unaufhörlich sündigte und Unzucht beging, bis zu dem Tag, als seine eigene Ehefrau schwer erkrankte. Um sie zu retten, musste er sein Glied amputieren lassen. In diesem Augenblick entdeckte er das Glück.

»Das ist es«, schloss Mohsen X. »Wenn man glücklich leben will, muss man ohne Pimmel leben!«

Unser Dolmetscher Farid war jedoch vom Gegenteil überzeugt und wollte unbedingt nach Teheran aufbrechen. Wir riefen ein Taxi. Bis in die Hauptstadt waren es 600 Kilometer. Wir würden also erst gegen Morgen dort ankommen. Ich fühlte mich immer noch ganz leicht und kicherte ununterbrochen, als ich mich auf den Rücksitz des Paykan setzte. Unter diesen ganz speziellen Umständen kam er mir wie ein Himmelsfahrzeug vor. Danach wechselte ich einige Worte mit dem Chauffeur. Bevor er sich hinter das Lenkrad setzte, hatte er sich zwei Schachteln Zigaretten in die Tasche gesteckt, einen kochend heißen, stark gezuckerten Tee heruntergekippt und dreimal »Im Namen Gottes« wiederholt.

»Anscheinend geht es den Leuten in Khur wirklich besser, seit es hier diese Kaliproduktionsanlage gibt«, sagte ich.

»Welche Kaliproduktionsanlage denn?

»Aber sehen Sie doch. Ich meine da drüben diese großen Wasserverdunstungsbecken!

»Ach so, Sie meinen die Atomfabrik. Diese Becken an der Oberfläche sollen nur all das tarnen, was sie darunter gebaut haben, um dort Yellowcake zu produzieren.«

Ich nahm mir noch vor nachzuprüfen, ob die Anlage in Khur von der Internationalen Atomenergiebehörde oder den westlichen Geheimdiensten als verdächtig eingestuft wurde.[9] Dann versank ich in einen tiefen Schlaf. Der pimmellose Ali tauchte in meinen Träumen auf. Er tanzte und spielte Flöte inmitten eines Kreises von Bulldozern.

Das Aufwachen in der Hauptstadt war dann brutal. Das Ministerium für islamische Führung hatte in der Frage unserer Visa seine Meinung geändert. Die Verlängerung war abgelehnt worden, und wir hatten unsere ursprüngliche Aufenthaltsdauer bereits überschritten. Um einer Verhaftung durch die Fremdenpolizei zu entgehen, mussten wir noch am selben Abend vor Mitternacht den Flughafenzoll passieren. Es lässt sich unmöglich sagen, ob das der Preis war, den wir für unseren Umgang mit den Zuhältern von Maschhad oder unser Interesse für diese Kaliproduktionsanlage zu zahlen hatten. Auf jeden Fall war es für unsere Untersuchung über den glücklichen Iran eine Katastrophe. Wir hatten erst die Hälfte des Materials für unser Buch gesammelt, das wir jetzt für unbestimmte Zeit beiseitelegen mussten.

Mehr als zwei Jahre verstrichen, ohne dass wir irgendetwas vom Ministerium für islamische Führung gehört hätten. Paolo und ich trösteten uns damit, dass wir zusammen mit Michel Beuret auf der Suche nach den chinesischen Neusiedlern in Afrika diesen Kontinent durchquerten.[10] Trotzdem hofften wir weiterhin, dass sich dieses Missverständnis aufklären würde, und schickten mehrere neue Versionen des Exposees unseres Buches über das Glück im Iran nach Teheran. Endlich erhielten wir kurz vor Weihnachten 2008 die folgende Mitteilung:

Ehrenwerte Herren Michel und Woods!
Mit großer Freude haben wir Ihre Schreiben empfangen. Wir ha-
ben einen neuen Generaldirektor, dem wir mitgeteilt haben, dass
Sie den Iran sehr lieben. Sie sollten ein Visum für den Jahrestag des
Triumphes der Revolution beantragen.
Ihr Opferlamm, usw.

Dieses Mal würde es keine Anzüglichkeiten in Maschhad und
kein Kali in der Wüste mehr geben. Wir brachten dem neuen Direktor der islamischen Führung das vollständige Sortiment an
Schweizer Schokolade mit, das auf den Flughäfen erhältlich war.
Dann nahmen wir gewissenhaft an den Feierlichkeiten zum
dreißigsten Jahrestag der Revolution am 11. Februar 2009 teil.
Einige Tage später reisten wir nach Ghom zum Arba'in, dem religiösen Fest, das alljährlich 40 Tage nach dem Jahrestag der Enthauptung des Imams Hussein durch die Sunniten im Jahr 680
n. Chr. begangen wird (vgl. S. 230). Wir verbrachten auch eine beträchtliche Zeit im südlich von Teheran liegenden Mausoleum
Imam Khomeinis und statteten darüber hinaus den Märtyrergrä-
bern im benachbarten Behesht-e Zahra-Friedhof einen Respekts-
besuch ab (vgl. S. 254).

Die Atmosphäre war noch schlechter als Ende 2006. Das politische Interesse der jungen Leute, denen wir begegneten, ging
gegen null (vgl. S. 322). Es schien ein allgemeiner Individualis-
mus zu herrschen, der den erneuten Sieg Mahmud Ahmadinedschads bei den für Juni vorgesehenen Präsidentschaftswahlen
bestimmt sehr erleichtern würde. Allerdings bestätigte das Ganze zumindest unsere These, dass niemand von einer zweiten Revolution träumte. Der Artikel, den wir nach unserer Rückkehr
unter dem Titel »Ruhige Tage in der Islamischen Republik« veröffentlichten, gab unsere ehrliche Meinung wieder, wenngleich
ich ihn heute beim erneuten Lesen peinlich finde: »Die Mehrheit

der Iranerinnen und Iraner scheint sich mit dem Regime abgefunden zu haben, entweder weil sie von ihm profitieren, oder weil sie sich ihren eigenen kleinen Freiraum geschaffen haben [...]. Die Reformwelle, die den Präsidenten Chatami emportrug, scheint ganz sanft im Sande verlaufen zu sein.«

Dem Ministerium für islamische Führung scheint er auf jeden Fall gefallen zu haben, denn wir erhielten drei Monate später die Erlaubnis, uns erneut in den Iran zu begeben, um über die Präsidentschaftswahl zu berichten. Gepriesen sei dieses Visum. Und gepriesen sei der neue Direktor des Ministeriums, der uns sehr herzlich empfing und uns erklärte, er würde sich freuen, wenn er nach der Veröffentlichung unseres Buches über das iranische Glück ein Widmungsexemplar erhalten könnte. Dies sollte der wichtigste aller Aufenthalte seit 1998 werden. Die folgenden Ereignisse widerlegten einige unserer Hypothesen und zwangen uns zu einer Änderung des Buchtitels. Angesichts der Breite und Vitalität der Protestwelle und der politischen Reife der Iraner, denen ich in den Reihen der grünen Opposition begegnete, wurde mir klar, dass ich unbewusst seit zehn Jahren auf diesen Augenblick der Wahrheit gewartet hatte. Ich hatte mir offensichtlich ganz bestimmte Überzeugungen zurechtgelegt, weil ich eigentlich nicht verstehen konnte, wie ein solch feinsinniges Volk sich von einem solch ungehobelten und brutalen System durch den Kakao ziehen ließ. Ich hatte manchmal sogar gedacht, dass die Iraner ihr Regime verdient hätten. Möge Gott mir dies verzeihen.

Es folgt das Tagebuch, das ich in diesen historischen Tagen geführt habe:

Teheran, 3. Juni. Wir besuchen wieder einmal Ayatollah Bagher Khosrowshahi in seinem religiösen Seminar im Basar (vgl. S. 271). Er weigert sich, uns zu sagen, für wen er stimmen wird, hat aber seine Meinung über Ahmadinedschad geändert, den er jetzt schwer kritisiert. Er führt dabei dessen inkonsistente Wirtschaftspolitik, den Inflationsdruck und die fehlenden ernsthaften Investitionen in die Infrastruktur an. Danach schickt uns K. in den Basar, wo wir nach Teppichen suchen sollen, auf denen nackte Frauen dargestellt sind. Tatsächlich finden wir eine ganze Menge, die zwischen 1000 und 3000 Dollar kosten. Allerdings erlaubt uns nur ein einziger Händler, sie zu fotografieren, und dann auch nicht in seinem Laden. In den überdachten Basargassen kleben an zahlreichen Schaufenstern Plakate Mussawis. Ich führe ein Interview mit Ahmadinedschads Wahlkampfleiter im Basar, einem Teppichhändler. Er ist nervös und meint, dass seine Basari-Kollegen, die die Opposition unterstützen, Opfer der zionistischen Propaganda seien.

Am Abend schauen wir uns bei Freunden die Fernsehdebatte zwischen Mussawi und Ahmadinedschad an. Es ist das erste Mal in der dreißigjährigen Geschichte der Islamischen Republik, dass sich zwei Kandidaten vor 50 Millionen Fernsehzuschauern direkt gegenübertreten. Im Zimmer halten sich etwa 20 Leute auf, die alle gespannt auf den Fernseher schauen. Die Debatte geht hin und her. Ahmadinedschad zeigt sich sehr aggressiv. In der Wohnung ist ein allgemeines empörtes Schreien zu hören, als er ein unleserliches Dokument in die Kamera hält, das angeblich beweist, dass Mussawis Frau, eine Politologieprofessorin, nicht über die nötigen Qualifikationen verfüge und ihr Professorentitel eine Fälschung sei. Dann beschuldigt er alle seine Vorgänger der Korruption und fordert Mussawi auf, endlich die Herkunft seines Wahlkampfgelds offenzulegen – dabei bedient er sich selbst, ohne mit der Wimper zu zucken, aus der Staatskasse, die in den letzten Jahren durch die hohen Rohölpreise zur rechten Zeit gut gefüllt wurde. Mussawis Gesicht verrät eine leichte Überraschung. Er antwortet: »Mit Ihrer Außenpolitik haben Sie die Würde der Iraner beschädigt.« Danach prangert er das »Abenteurertum, die Labilität, den Extremismus, den Exhibitionismus und den Aberglauben« des bisherigen Präsidenten an. Tatsächlich hätte ich das auch nicht besser als mit diesen fünf Wörtern ausdrücken können.

Danach gehen wir zur Waliasr-Allee hinüber. Vor dem Haupteingang des staatlichen Fernsehens warten einige hundert Leute darauf, dass ihr Held Ahmadinedschad nach der Fernsehdebatte zu ihnen herauskommt (tatsächlich hat er einen anderen Ausgang benutzt). Sie singen wie Fußballfans, schlagen sich dabei jedoch auch wie bei den Aschura-Feiern an die Brust. Sie stammen aus dem Süden der Hauptstadt, ihre Motorräder haben sie ein Stück die Straße hinunter abgestellt. Sie sind gut organisiert und ausgerüstet. Sie verfügen über die allerneuesten Videokameras, auf einem Pickup-Truck ist ein Lautsprecher montiert, und sie tragen große Fahnen. Bereits eine Woche vor der Wahl bejubeln sie ihren Sieg. Vor allem scheinen sie ihre Anwesenheit hier im Norden Teherans zu genießen, dem Reservat der Mittel- und Oberschicht, die Mussawi unterstützt. Da es in den besseren Vierteln in den letzten Nächten spontane Unterstützungsdemos für den Oppositionskandidaten gegeben hat, wurden diese Jungs aus dem Süden, die »wahren Gläubigen«, dorthin geschickt, um den »Feinden« nicht das Feld zu überlassen. Diese stehen tatsächlich mit ihren grünen Bändern auf der anderen Seite der Straße, wo sie ständig von der Polizei zerstreut und von den Anhängern des Amtsinhabers aufs Übelste beschimpft werden.

Buschir, 4. Juni. Da es keinen Platz in den Flugzeugen nach Schiras mehr gibt, fliegen wir in die Hafenstadt Buschir und nehmen uns dort für die vierstündige Fahrt ein Taxi. Das ist die schönste Straße des Iran, die bereits Gobineau und Loti beschrieben haben. Auf dieser Strecke begannen einst die ausländischen Gesandtschaften ihre Reise nach Teheran, wenn sie vorher nicht die Türkei durchqueren wollten. Man fährt dabei vom Persischen Golf auf das 1200 Meter hoch gelegene Iranische Hochland empor. Dabei kommt man an reißenden Sturzbächen und den Ruinen von Karawansereien vorbei. Unser Fahrer wird für Ahmadinedschad stimmen, aber er bedauert die Spannungen mit dem Rest der Welt. Er selbst sieht keinen Sinn darin, Israel von der Landkarte zu tilgen. Er ist Chef und Eigentümer seines Taxiunternehmens: Seine besten Kunden sind die Revolutionsgarden, die in Buschir stationiert sind, um das Kernkraftwerk zu bewachen.

Schiras, 5. Juni. Ausflug in das zwei Fahrtstunden entfernte Behest-e Gomshode, wohin die Einwohner von Schiras am Freitag zum Picknick fahren. Wir teilen uns auf einem Holzsteg über dem Wasser eine Melone mit einer Familie. Der Vater wird Ahmadinedschad wählen, aber seine Frau und seine Töchter machen sich über ihn lustig und zeigen uns die grünen Bänder, die sie am Handgelenk tragen. Alle Familien um uns herum sind für Mussawi. Auf der Rückfahrt essen wir in einem libanesischen Restaurant, das wegen des zehn Kilometer langen Staus auf der riesigen Ausfallstraße von Schiras in Richtung Nordwesten schwer zu erreichen ist. Dieser Stau ist tatsächlich eher eine Demonstration. Die meisten sind Anhänger von Mussawi. Sie demonstrieren in ihrem Auto, so als ob sie Angst vor ihrer eigenen Courage hätten. Wenigstens sind sie in ihrem eigenen Wagen geschützt und können gleichzeitig doch ihren politischen Willen zum Ausdruck bringen. Sie halten Plakate aus dem Fenster, hupen und haben manchmal sogar die Kühnheit, ihre Stereoanlage ganz aufzudrehen. Immerhin, sagte unser Kellner, hat es so etwas in Schiras seit 30 Jahren nicht gegeben! Bis jetzt glaubte ich, Ahmadinedschad werde problemlos gewinnen. Inzwischen beginne ich, daran zu zweifeln.

Schiras, 6. Juni. Wir interviewen einen Pasar (Revolutionsgardisten) in einem Park. Dabei essen wir das Safraneis, das er uns unbedingt spendieren wollte (vgl. S. 282). Er singt ein Loblied auf Ahmadinedschad, den Helden, auf den alle Unterdrückten dieser Welt warten würden und der die Holocaust-Lüge aufgedeckt habe. Er fährt uns in seinem Jeep voller Plakate des Präsidenten ins Hotel zurück. Wir kommen an einem Geschäft vorbei, das westliche Filme auf DVD verkauft. »Sofort nach den Wahlen werden wir diesen Laden schließen«, sagt er. »Genau auf diesem Weg schleicht sich der Feind bei uns ein.«

Teheran, 8. Juni. Gestern sind wir nach einem Kurzausflug nach Persepolis von Schiras nach Teheran zurückgeflogen. Das Flugzeug hatte Verspätung. Das ließ uns Zeit, das aus vielen Leuchtbildern zusammengesetzte riesenhafte Mosaik im Wartesaal genau zu betrachten, auf dem etliche Weltwunder dargestellt sind: die Hochhäuser von Kuala Lumpur, die ägyptischen Pyramiden, der Mont-Saint-Michel, das Tadsch Mahal und die internationale Messe von Kanton. Das ganze Werk ist schizophren. Einerseits zeugt es vom iranischen Wunsch, sich der Welt zu öffnen: Das Foto einer einfachen Avenue in Schiras steht neben dem der Champs-Élysées. Andererseits ist es auch ein Zeichen der Abgeschlossenheit. So gibt es kein einziges Bild aus den Vereinigten Staaten. Außerdem zeigen absurde Irrtümer auf den Bildbeschriftungen, dass die Auftraggeber des Werks die Welt überhaupt nicht kennen, deren Teil sie zu sein vorgeben. Ein Flusshafen am Fuß hoher Berge ist mit »Strand von Amsterdam« gekennzeichnet. Ein vor Singapur ankerndes Schiff ist angeblich die *Titanic*.

Als wir endlich weit nach Mitternacht in Teheran ankommen, hört der Taxichauffeur, der uns vom Flughafen ins Hotel bringt, iranischen Rap. Ich kann nicht alle Worte verstehen. Es geht dabei um die Bastarde an der Macht, die Versprechen machen und sie dann nicht halten. Auf Höhe des Palästina-Platzes geraten wir in eine nächtliche Demonstration von Mussawi-Anhängern, die »Tod dem Diktator« rufen. Überall in der Umgebung stehen Polizisten, greifen aber nicht ein. Das Taxi steckt fest. Wir steigen aus, um uns unter die Menge zu mischen. Es sind Studenten aus den Amir-Abad-Wohnheimen, die 1999 von den Bassidschi angegriffen wurden, wobei es mehrere Tote gab. Dies hatte einen Aufstand ausgelöst, der eine Woche andauerte. Sicher ist das hier bereits die nächste Generation, aber ich kann in ihren Gesichtern die gleiche Entschlossenheit lesen. Die Demo endet gegen vier Uhr morgens, als die Studenten in ihre Wohnheime zurückkehren.

Teheran, 9. Juni. Am Nachmittag findet in der Nähe des Waliasr-Platzes eine große Kundgebung für Mussawi statt. Überall sieht man die grüne Farbe, auf T-Shirts, Kopftüchern, Motorradhelmen, Fahnen und Bändern. Die Menge ruft: »Eine Kartoffelregierung, die will ich nicht, die will ich nicht.« Ahmadinedschad hat tatsächlich in einigen Armenvierteln Kartoffeln verteilen lassen, um Wähler zu gewinnen. Von Zeit zu Zeit fahren Anhänger Ahmadinedschads auf ihren Motorrädern vorbei. Die Menge buht sie jedes Mal aus. Am Abend lädt der Bürgermeister von Teheran, Mohsen Ghalibaf, ein gemäßigter Konservativer, die internationale Presse zu einem Diner zu Ehren seines neuen Projekts, der Straße der Künste, ein. In einer Allee des Mellat (Volks)-Parks lässt er jetzt etwa 50 »Künstler« auftreten. Es gibt dort einen etwas ungeschickten Pantomimen, der einen Zylinder auf dem Kopf trägt, Frauen, die Hafis-Gedichte mit Miniaturen illustrieren, webende Pseudo-Nomaden, mehrere Kalligraphen und Schmuckmacher, sowie einen Maler, der einem riesigen Porträt Khomeinis vor einem Sonnenuntergang den letzten Schliff verleiht. In einer Ecke in der Nähe des Sees betreiben fünf Frauen im Tschador ein kleines Marionettentheater (wobei die Haare der Fadenpuppen jedoch unbedeckt sind). Sie verkünsteln sich regelrecht beim Versuch, Kinder- und Tierstimmen nachzuahmen, was dem Ganzen eine gewisse Komik verleiht, derer sie sich offensichtlich nicht bewusst sind. Mohsen Ghalibaf lässt sich im letzten Moment von seinem Stellvertreter vertreten, der eine absolut fade Rede abliest. Aber es ist hier die Geste, die zählt. Ghalibaf distanziert sich ganz leicht von Ahmadinedschad und stellt sich der internationalen Presse. Sollte er also seine präsidentiellen Ambitionen doch noch nicht ganz aufgegeben haben? Nach dem Essen treffen wir F. auf der Waliasr-Allee. Wie jeden Tag sind die Straßen Teherans voller Anhänger der Grünen Bewegung. Das Ganze ähnelt einem Fest inmitten eines riesigen Verkehrsstaus. Der Hauptslogan lautet heute: »Ahmadi bye-bye.« Wir gehen zwei Stunden durch die Straßen und treffen dabei ständig auf begeisterte Oppositionsanhänger.

Teheran, 10. Juni. Offiziell soll der Wahlkampf um Mitternacht enden. Aber wie könnte man diese grüne Masse von jungen und alten Mussawi-Unterstützern zerstreuen, die die Straßen der Hauptstadt in Besitz genommen haben? Man glaubt sich in einem Karneval. In diesem immer wieder stockenden fröhlichen Autokorso, durch den ständig dauerhupende Motorräder huschen und dabei manchmal sogar auf den Hinterrädern balancieren, öffnen ab und zu Einzelne rasch den Kofferraum ihres Wagens, drehen ihre Stereoanlage voll auf und tanzen einige Minuten lang, während ihnen die Schaulustigen auf den Gehsteigen Beifall klatschen. Pärchen gehen Hand in Hand, einige Kopftücher sind inzwischen gefährlich weit ins Genick gerutscht, und Jugendliche verbrüdern sich mit Senioren. Ganze Familien schließen sich der Menge an. Überall sieht man grüne Ballons, Mussawi-Plakate, grüne Bänder, grüne T-Shirts und sogar grüne

Tschadore. In dieser Nacht hat sich wie in allen vorhergehenden Nächten die gesellschaftliche Frustration in eine grüne Welle verwandelt, die den Oppositionskandidaten trägt. Aus dem Fenster eines Paykan singen zwei kleine Mädchen: »Eine Woche, zwei Wochen hat Mahmud [Ahmadinedschad] nicht geduscht.« Das in den wohlhabenden Vierteln des Nordens entstandene Phänomen scheint sich inzwischen fast über die ganze Hauptstadt ausgedehnt zu haben.

Teheran, 12. Juni. Wir verbringen den Wahltag im Garten von Reza und Fereschte, die heute ein *Open House* haben. Die Freunde treffen im Laufe des Nachmittags ein. Sie schauen siegesgewiss und strecken uns den Zeigefinger entgegen, der wie bei allen, die bereits gewählt haben, mit Tinte gekennzeichnet wurde. Alle erzählen uns, dass sie stundenlang vor dem Wahllokal anstehen mussten. Alle haben Mir-Hussein Mussawi gewählt. Man bekommt den Eindruck, dass gerade ein neuer Iran geboren wird und man diesen feiert, indem man sich mit Granatapfelsaft zuprostet. Am Abend setzt jedoch ein Anruf von F. der Euphorie in diesem Garten ein jähes Ende. Sie weint. »Ich bin in Mussawis Hauptquartier«, erzählt sie zwischen zwei Schluchzern. »Wir sind von den Bassidschi überfallen worden. Sie haben mit ihren Knüppeln die Computer zerschlagen und unsere Verantwortlichen festgenommen. Die Polizei hat das Hauptquartier amtlich versiegelt. Da passiert etwas Schlimmes, das ist ein Staatsstreich.« Minuten später versuchen wir, F. in der Redaktion von Mussawis Zeitung *Kalam-e Sabz* in der Zartoscht-Straße zu treffen. Zu spät. Die Bassidschi haben auch diesen Ort einige Minuten später überfallen. Man riecht immer noch das Tränengas. F. versteckt sich in einer Nebenstraße. Sie ist völlig außer sich. Schließlich findet sie ihr Auto und wir fahren los, ohne zu wissen, wohin. Unterwegs begegnen uns Militärkonvois und Motorradfahrer, die Ahmadinedschads Sieg feiern. F. versteht jetzt gar nichts mehr. »Mussawi hat um 23 Uhr eine Pressekonferenz gegeben. Dabei sagte er, er habe am Spätnachmittag einen Anruf vom Innenministerium bekommen, in dem man ihm mitteilte, er habe die Wahl gewonnen, dürfe dies allerdings erst am nächsten Tag verkünden. War das etwa nur ein übler Trick?«

Teheran, 13. Juni. Wir erleben ein Rätsel unter so vielen anderen an diesem Tag der Fassungslosigkeit und geplatzten Hoffnungen. Ein Mann steht hoch oben im 16. oder 17. Stock außen vor der Fassade des Innenministeriums. Er muss aus einem Fenster dieses riesigen, ungeschlachten Gebäudes im kubistisch-sowjetischen Stil herausgeklettert sein. Jetzt lehnt er mit ausgebreiteten Armen an der Wand wie ein Gekreuzigter. Ist dies etwa ein Selbstmordversuch in diesem Ministerium, in dem gerade die so strittige »Auszählung« der Stimmzettel stattgefunden hat? Oder ist das bloß ein Elektriker, der die ausgefallene Klimaanlage reparieren will? Ich mache ein Foto, aber ein Oberst der Bereitschaftspolizei reißt mir sofort meine Kamera aus der Hand und zerschlägt sie. Dazu meint er nur: »Das ist ein Irrer.« Die Ordnungskräfte zeigen massive Präsenz, nachdem sie bereits an diesem Morgen eine Demonstration aufgelöst und dabei etwa 20 Personen festgenommen haben. Weinende Frauen flehen die Polizisten – vergeblich – an, ihnen doch zu sagen, auf welchem Kommissariat oder in welchem Gefängnis ihre Brüder oder Ehemänner festgehalten werden. Aber diese Beamten sind viel zu sehr damit beschäftigt, sich in regelmäßigen Abständen auf die Passanten zu stürzen und all denen, die nicht schnell genug weglaufen, Schläge zu versetzen. Auch für uns ist es deswegen schwierig, in aller Ruhe nachzuzählen, in welchem Stock dieser Mann in seinem weißen Hemd steht, der immer noch die Arme ausgebreitet hat, als werde er jeden Moment von dem Gebäude herunterspringen, das die Stimmzettel und die Hoffnungen Hunderttausender Teheraner vernichtet hat. »Das ist ein Anhänger Mussawis, der wird sich umbringen«, haben vorhin flüchtende Demonstranten gerufen, von denen einige blutüberströmte Gesichter hatten. Kurz bevor ich dann selbst die Beine in die Hand nehme, kann ich gerade noch beobachten, wie plötzlich aus den umgebenden Fenstern Arme gestreckt werden, die den Mann ins Innere ziehen.

Am Spätnachmittag soll in der Redaktion der Zeitung *Etelaat* eine Pressekonferenz der Oppositionskandidaten stattfinden. Dutzende iranische und ausländische Journalisten machen sich dorthin auf den Weg. Sie scheint jedoch abgesagt worden zu sein, und die anwesenden Polizisten zerstreuen im Sturmschritt die Journalisten. In diesem Iran nach der Wahl muss man wirklich ganz schön viel laufen. Etwas später ist eine Demonstration auf dem Wanak-Platz geplant. Paolo wird darüber berichten. Ich werde dagegen zu einem seit langem vereinbarten Treffen mit einem Schönheitschirurgen gehen, das heute natürlich etwas ungelegen kommt (vgl. S. 337).

Niemand glaubt an Ahmadinedschads Sieg. Mussawi ist von der Bildfläche verschwunden. Gerüchte gehen um, er stehe unter Hausarrest. Als ich Paolo auf dem Wanak-Platz wieder treffe, finden dort heftige gewaltsame Auseinandersetzungen statt. Ein Mann in der Menge trägt in der einen Hand seinen Aktenkoffer, während er mit der anderen Steine auf die Polizei wirft. Als diese schließlich Tränengas einsetzt, stolpert er über einen verletzten Demonstranten und fällt zu Boden. Es ist eben gar nicht so einfach, mit einem Aktenkoffer davonzurennen. Wir finden ihn in einer kleinen Seitenstraße wieder, wo er an einem Auto lehnt. Er verbrennt dicht unter seiner Nase ein wenig Zeitungspapier. Dies ist die örtliche Methode, der Wirkung des Gases entgegenzuwirken. Er ist Börsenmakler und Vater von zwei kleinen Mädchen. »Das Regime zeigt endlich sein wahres Gesicht«, sagt er. »Es ist eine brutale Diktatur, die dem Iran seine Reichtümer und seine Zukunft raubt. Sie haben das Erdölgeld verschleudert, um ihre Bassidschi zu mästen, die uns heute gnadenlos verprügeln, um ihre Privilegien zu behalten.«

Am Abend gehen wir durch die Stadt. Überall treffen wir auf kleine Widerstandsnester. Wir sehen drei lichterloh brennende Busse. Wir kommen an Scharen von Demonstranten vorbei, die ihr Gesicht mit einem grünen Schal verhüllt haben und »Mussawi, Mussawi!« rufen. Wir begegnen einem Konvoi von mindestens 30 Lastwagen voller Aufstandsbekämpfungstruppen, die in ihrer Ausrüstung wie RoboCops aussehen. Schließlich finden wir Zuflucht bei Afschin, einem befreundeten Grafiker aus dem Abbas-Abad-Viertel. Er ist äußerst erregt. »Ich habe gerade meine Mutter nach Hause gebracht. Sie ist 71 Jahre alt. Ich habe sie zwei Straßen von hier gefunden, als sie gerade Mülleimer angezündet hat.« Vom Dach des Nachbargebäudes herab schreien die Bewohner »Tod der Diktatur« oder »Allahu Akbar« wie in den großen Zeiten der Revolution. »Ah, der Gestank von brennenden Mülleimern ist wirklich das Parfum der Freiheit!«, sagt Afschin noch. Dann erzählt er uns Witze. »Warum trägt Ahmadinedschad einen Scheitel? Um die männlichen von den weiblichen Läusen zu trennen.«

Teheran, 14. Juni. Ahmadinedschad hält auf dem Waliasr-Platz seine erste Siegesversammlung ab. Er bezeichnet seine Gegner als »Unrat« und schlechte Verlierer und vergleicht sie mit den Hooligans nach einem Fußballspiel. Als sich die Menge auflöst, nähern wir uns einer Gruppe von Bassidschi weiter unten auf dem Platz, um mit ihnen zu reden. Entlang des *Djub*, eines offenen Wasserkanals, haben sie ihre Motorräder abgestellt. Diese sind alle mit speziellen Halterungen für die Schlagstöcke ausgerüstet, mit denen sie die Demonstranten zusammenprügeln. Einer fängt sofort an, uns zu beleidigen. Er nennt uns Spione und Gefolgsleute des »Großen Satans«. Ein anderer geht dazwischen, beruhigt die Gemüter und gibt uns seine Telefonnummer. Er heißt Sadschad (vgl. S. 212).

Teheran, 15. Juni. Ich habe auf den Straßen Teherans noch nie so viele Menschen gesehen. Sind es eine Million, zwei Millionen? Der Protestmarsch begann am Enkelab (Revolutions)-Platz und bewegt sich jetzt in Richtung Asadi (Freiheits)-Platz. Dahinter steckt also ein ganz bestimmtes Programm. Ich erinnere mich, dass während der Studentendemonstrationen auf der Enkelab-Avenue im Juli 1999 Anwohner dem Zug dieser 20 000 jungen Menschen von ihrem Fenster aus regungslos zugeschaut hatten. Warum kommen sie nicht herunter und schließen sich ihnen an?, fragte ich mich damals. Weil sie Angst haben oder weil sie dieses System, an das sie sich gewöhnt haben, gar nicht ändern wollen? Heute steht niemand am Fenster, alle sind auf der Straße. Mütter, Hausfrauen, Studenten, Eltern und Großeltern, junge Akademiker, Angestellte, die direkt aus dem Büro kommen, Paare, die sich an den Händen halten, Ingenieure, Ärzte, Basarhändler, Kriegsversehrte in ihren Rollstühlen, junge Mädchen mit blond gefärbten Haaren und großen Sonnenbrillen, vollschlanke Großmütter im Tschador, Buchhalter, Bankangestellte ...
Die politischen Parolen im Iran verdienten eigentlich eine eigene Anthologie. Sie sind manchmal so fein gedrechselt wie ein Vers von Rumi, sie entstehen über Nacht, um auf die aktuelle Lage zu reagieren, und sie scheinen sofort von der Menge aufgegriffen zu werden, die sie unisono ruft oder singt. An diesem Montag habe ich mir etwa 30 notiert. Es folgt eine kleine Blütenlese. Zugebenermaßen lässt sich ihr ganzer Witz in der Übersetzung oft nicht adäquat wiedergeben.

Hör mal, du kleiner Diktator, wo sind eigentlich deine
    24 Millionen Wähler?
He, du Atomathlet, geh schlafen, du bist müde!
Ahmadi, du hast unsere Stimme gestohlen, du bist ein
    Landesfeind!
Bassidschi, Schande über euch, wo seid ihr, wo ist euer Knüppel?
Ahmadi, an diesem Wochenende schicken wir dich nach Hause!
Bassidschi, Schande über euch, gebt uns das Ölgeld zurück!
Kleiner Diktator, du bist erledigt!
Ahmadi, du hast vielleicht das grüne Licht[11] gesehen, aber
    unseren Stimmzettel hast du nicht gesehen!
Wer hat eigentlich für diesen Affen gestimmt?

Zurück im Hotel entdecken wir, dass unser Zimmer durchsucht wurde. Eine Festplatte mit Paolos Fotos ist verschwunden. Wird er seine Bilder im Internet, in einem Geheimdienstbüro oder überhaupt nicht mehr wiederfinden? Kürzlich hat mir ein befreundeter Journalist erzählt, dass dieses direkt unterhalb des Firdausi-Platzes gelegene Hotel, das Marmar, Hauptquartier der Gruppe von Said Emami war, dem stellvertretenden Geheimdienstminister, der die berüchtigten Todesschwadronen anführte. Ich erinnere mich, damals in den Presseenthüllungen über die »Kettenmord«-Affäre gelesen zu haben, dass einige Intellektuelle in einem Hotel gefoltert worden seien, bevor man sie mit einer Kugel im Kopf in einen *Djub* geworfen habe. Said Emami und der künftige Präsident Mahmud Ahmadinedschad sollen außerdem in die Ermordung des Kurdenführers Ghassemlu im Juli 1989 in Wien verwickelt gewesen sein.

Teheran, 16. Juni. Wir essen ein Hähnchen in einer Schnellgaststätte in der Nähe des Stadttheaters. Auf der Straße versammeln sich die Anhänger Ahmadinedschads zu ihrer zweiten Demonstration in dieser Woche. Plötzlich platzt ein junges Mädchen herein. Sie ist immer noch ganz außer Atem, da sie gerade knapp einer Razzia entkommen ist. Sie wechselt ihr grünes Kopftuch gegen ein schwarzes aus, um ihre möglichen Verfolger zu täuschen. »Ich habe in der Nähe der Amir-Kabir-Universität Flugblätter mit einem Aufruf zur Teilnahme an der Pro-Mussawi-Demonstration am heutigen Nachmittag verteilt, sie haben mich geschnappt, Studenten kamen, um mir zu helfen, ich konnte mich losreißen und flüchten.« Sie verschlingt ihr Grillhähnchen, das sie dann mit einem 5000 Toman-Schein (3,65 Euro) bezahlt, der mit grünen Buchstaben vollgekritzelt ist. »Das? Das ist unsere neue Kommunikationsmethode. Da sie die SMS verboten und unsere Blogs geschlossen haben, schreiben wir unsere Botschaften jetzt auf Banknoten.« In dieser Hauptstadt, in der jeder den Atem anhält, sind das Geld und die Demonstranten die einzigen frei zirkulierenden Elemente. Auf dem Geldschein stand das folgende Gedicht:

> *Der Unrat, das bist du,*
> *Die Leidenschaft, das bin ich,*
> *Der verzweifelte Liebhaber, das bin ich,*
> *Die Grausamkeit, das bist du,*
> *Die Blindheit, das bist du.*
> *Ich bin kühn und ich bin ungestüm,*
> *Der Iran gehört mir.*

Heute ist der Tag der zwei Demonstrationen. Mussawis Anhänger treffen sich um 17 Uhr auf dem Wanak-Platz, Ahmadinedschads strömen bereits um 15 Uhr auf dem Waliasr-Platz zusammen. Im Gegensatz zu dem, was man in bestimmten westlichen Reportagen lesen konnte, hat der amtierende Präsident immer noch viele Getreue, die nicht alle Bassidschi sind. Es gibt Patrioten, die glauben, dass sein energisches Auftreten in der Atom-frage, seine Drohungen gegen Israel und die Unruhe, die er im Westen stiftet, einem Iran endlich Gerechtigkeit widerfahren lässt, der bereits viel zu lange auf der internationalen Bühne ge-demütigt wurde. Da gibt es die Beamten, die von ihrer Gehalts-erhöhung verführt wurden (und dabei vergessen haben, dass die-se von der Inflation mehr als aufgefressen wurde). Da gibt es die Provinzbewohner, die miterleben konnten, wie er in seinen vier Amtsjahren von Dorf zu Dorf reiste, Geld verteilte und Verspre-chungen machte. Es steht also nicht wie im Jahr 1979 der Tyrann gegen sein Volk. Diesmal stehen sich zwei Teile desselben Volkes gegenüber, wenngleich die beiden sich sehr unterscheiden. Der Teil, der auf Ahmadinedschads Seite steht, wurde in Teheran seit seinem »Sieg« zweimal von oben her mobilisiert, durch wieder-holte Aufrufe im Fernsehen an einen bestimmten Ort dirigiert und dann in Regierungsbussen hingefahren. Die Volksmenge hinter Mussawi erscheint dagegen ganz spontan, wird dabei aber jedes Mal größer. Vor allem aber repräsentiert sie die lebendigen Kräfte des Landes: Intellektuelle, Ingenieure, Studenten, Künst-ler, Industrielle sowie einen großen Teil der Händler. Wie wird diese Mittel- und Oberschicht, die das Land für seine Entwick-lung so dringend braucht, auf die Unterdrückung reagieren, die Tag für Tag unerbittlicher wird?

Während wir auf dem Rücksitz von Motorradtaxis versuchen, von der einen Demonstration zur anderen zu gelangen, werden wir von einer Gruppe von Bassidschi auf der Waliasr-Allee an der Ecke zur Zartoscht-Straße festgenommen. Zuerst wollen sie uns schlagen, liefern uns dann aber schließlich bei einem Polizeibe-amten ab. Unsere Akkreditierungen wurden heute Morgen wi-derrufen. Wir verbringen zwei Stunden unter Aufsicht auf der Wache. Unsere Fotoapparate werden konfisziert. Jämmerliche Rückkehr ins Hotel. Dort erwartet uns jedoch eine schöne Überraschung. Sadschad, der Bassidsch, den wir am Sonntag kennengelernt haben, stattet uns endlich einen Besuch ab. Um sich für die Aggressivität seiner Kameraden zu entschuldigen, überreicht er uns einen großen Blumenstrauß und eine Flasche Parfum. Ich bin mir nicht sicher, ob ein chinesischer Soldat, der 1989 an der Zerschlagung der Tiananmen-Bewegung beteiligt war, ein ähnliches Geschenk gemacht hätte. Wir erfahren, dass sein eigener Bruder Mussawi-Anhänger ist. Wir bestehen darauf, sie einmal beide zusammen zu treffen. Am Ende willigt er ein... Wir verabreden uns für Donnerstagabend.

Teheran, 17. Juni. Wir bekommen auf einer Polizeiwache unser Material zurück. Nachdem der zuständige Beamte uns mit Gefängnis gedroht hat, wenn wir unsere Arbeit fortsetzen, möchte er den Preis des iPhones in Europa und den Vereinigten Staaten wissen. Er ist erleichtert, als er erfährt, dass das neueste Modell eine Videofunktion hat. Er fragt sich jedoch, wann Apple ein »Multitasking-Smartphone« herausbringen wird, mit dem man dann mehrere Anwendungen zur gleichen Zeit starten kann. Zum Schluss gibt es noch einen gezuckerten Tee. »Der Iran hat im Ausland ein schlechtes Image«, bedauert er. »Ich hoffe, dass Sie die Wahrheit berichten werden.«

Neue grüne Demonstration zwischen dem Haft-e-Tir-Platz und der Universität. Wir halten uns immer schön in der Menge auf, um nicht allzu sehr aufzufallen. Das Ministerium für islamische Führung hat uns nämlich verboten, das Hotel zu verlassen. Da wir aber die einzigen Journalisten im Marmar sind, hat es dorthin nicht eine Wache geschickt, wie in die großen Hotels, wo sich die meisten Reporter aufhalten. Da die Demonstranten um uns herum geglaubt hatten, dass alle ausländischen Journalisten das Land bereits verlassen hätten, sind sie von unserer Gegenwart höchst erfreut, füttern uns mit Keksen und lassen uns von ihren Fruchtsäften probieren. Der Zeitpunkt der Demonstration ist leicht zu erraten: Dreißig Minuten, nachdem das Handynetz abgeschaltet wurde. Den Ort kennt die ganze Stadt. Allerdings nicht dank Twitter, Facebook und anderen kalifornischen Technologien, deren Gründer sich seitdem brüsten, sie könnten eine Diktatur zu Fall bringen, sondern dank der ältesten und orientalischsten aller Methoden: der Mundpropaganda. Die Geschichte wird später darüber urteilen, aber vielleicht hat das Regime tatsächlich seine Gegner durch die Kappung der Telefonverbindungen geeinigt. Die Iraner müssen jetzt persönlich miteinander sprechen, während sie sich bisher in die Suche nach etwas persönlichem Glück geflüchtet hatten. In den Sammeltaxis und lokalen Lebensmittelläden, auf der Demo am Tag zuvor und durch abendliche Zurufe von einem Hausdach zum anderen informiert sich die Bevölkerung, spricht sich gegenseitig Mut zu und entdeckt das Ausmaß ihrer Stärke.

Wie viele Menschen nehmen eigentlich an diesem dritten »grünen Marsch« teil? Ich habe auf einem Abschnitt von zehn Metern auf der ziemlich breiten Karimkhan-e-Zand-Allee etwa 200 Leute gezählt. Rechnet man dies auf die gesamten vier Kilometer hoch, die der Zug lang war, ergibt das fast 80 000 Demonstranten. Als wir ein Motorradtaxi suchen, das uns ins Hotel zurückbringen soll, erblicken wir eine Frau, deren Plakat größer ist als das der anderen. Im Iran ist die Dichtkunst eine Waffe. Auf dem Schild steht ein Gedicht Hamid Mossadeghs (1939–1998):

> *Wenn ich nicht wir werde,*
> *wenn du nicht uns wirst,*
> *wirst du du sein.*
> *Vielleicht könnten wir*
> *die Flamme der Solidarität im Orient*
> *erneut anfachen.*

Vielleicht könnten wir
die Unredlichen anprangern!
Wenn ich mich erhebe,
wenn du dich erhebst,
wird sich die ganze Welt erheben.
Wenn ich mich setze,
wenn du dich setzt,
wer wird sich dann erheben?

Wie in jeder Nacht schreibe ich in der Hotellobby meinen täglichen Artikel für *Le Monde*, den ich nicht signieren werde, um die Nachforschungen des Ministeriums für islamische Führung zu erschweren. Die anderen Hotelgäste liegen längst im Bett. Es handelt sich dabei vor allem um ukrainische Piloten, die für iranische Inlandsfluglinien arbeiten, und um Kriegsversehrte, die zur iranischen Tischtennisnationalmannschaft der Behinderten gehören. Der Nachtportier bringt mir kulanterweise Tee, Pistazien und *Schirini* (Gebäck). Er möchte wohl etwas dazu beitragen, dass die ganze Welt erfährt, was in seinem Land vor sich geht. Es gibt wirklich schlechtere Arbeitsbedingungen.

Teheran, 18. Juni. Tatsächlich hat die Grüne Bewegung uns noch nicht dazu gebracht, unsere Untersuchung über das iranische Glück völlig aufzugeben. Wir möchten noch ein kleines Kapitel über die hiesigen Hochzeiten verfassen. In der Hauptstadt, die mit ihren leeren Straßen und ihren unzähligen Militärkonvois aussieht, als wäre sie im Belagerungszustand, haben wir im Osten ein Hochzeitszentrum gefunden, in dem alles noch auf vollen Touren läuft (vgl. S. 182). Die iranischen Hochzeiten sind viel zu teuer, als dass man sie wegen der erstbesten Revolution einfach absagen könnte. Und da der Direktor auch auf die Demo wollte, konnten wir uns selbst ebenfalls rechtzeitig aufmachen.

Das ist wahrscheinlich der größte grüne Marsch nach dem vom Montag. Er beginnt am Khomeini-Platz und zieht dann die vier Kilometer hoch zum Firdausi-Platz. Dort erkenne ich die Haare und den weißen Bart Mussawis, dem zugejubelt wird wie einem Rockstar.

Sadschad, der Bassidsch, hat sein Versprechen gehalten. Er erwartet uns am Abend an der Metrostation Shar-e Rey. Bevor wir mit seinem Bruder und seinem Vater Abendessen gehen (vgl. S. 360), führt er uns zu einem Händler im Shar-e-Rey-Basar, einem Weisen, der für seine Fähigkeiten auf dem Gebiet des *Fall*, der auf Hafis' Gedichten beruhenden Wahrsagekunst, bekannt ist. Sadschad will uns die Pluralität der iranischen Gesellschaft und seine eigene geistige Offenheit beweisen. Er hat dann aber Mühe, die Ruhe zu bewahren, während der Basari spricht. »Die Islamische Republik ist ein schreckliches Fehlschlag«, sagt der Alte. »Wir hinken Europa ein Jahrhundert hinterher. Wenn das überhaupt reicht. Bei Ihnen haben Sie nach der Sache mit Galilei Kirche und Staat getrennt und konnten dadurch Fortschritte machen. Wir dagegen fangen damit gerade erst an. Unsere schöne Religion wird immer noch auf faschistische Weise ausgelegt. Aber immer mehr von uns sind der Ansicht, dass die Mullahs die Macht abgeben müssen. Sie sollten beiseitetreten und sich damit begnügen, uns zu sagen, was richtig und falsch, was rein und unrein ist. Ahmadinedschad ist dabei, unsere Gesellschaft zu spalten wie noch nie zuvor. Das könnte sich für ihn noch verhängnisvoll auswirken. Es war der große Fehler des Schahs, die beiden damaligen Widersacher des Regimes, die Roten und die Schwarzen, die Kommunisten und die Religiösen, zu demütigen. Ahmadinedschad hat gerade dasselbe getan, als er seine Gegner als ›Unrat‹ bezeichnet hat. Ich habe an der Revolution an vorderster Front teilgenommen. Ich wurde verhaftet und mein Körper war danach von den Schlägen, die auf mich einprasselten, ganz schwarz. Heute tut es mir wirklich leid, dass ich das getan habe. Ich entschuldige mich bei den jungen Leuten in diesem Land dafür, dass ich geholfen habe, ein solch abscheuliches Regime an die Macht zu bringen.« Beim Hinausgehen zieht Sadschad die Schultern hoch. »Was man sich nicht alles anhören muss«, sagt er.

Teheran, 19. Juni. Polizeikordons sperren im Umkreis von einem Kilometer die Straßen ab, ganze Busladungen von Getreuen des Regimes treffen ein und Tausende von Mikrofonen psalmodieren irgendwelche Suren, die immer wieder von ohrenbetäubenden Pfeifgeräuschen unterbrochen werden, wenn jemand am Lautstärkeregler dreht. So geht es bei jedem Freitagsgebet in Teheran zu. Trotzdem gibt es einige Hinweise, dass dieses heute etwas ganz Besonderes sein wird. In der Umgebung der Universität stehen so viele Busse, dass man sie kaum zählen kann. Dazu ist eine Atmosphäre allgemeiner Inbrunst zu verspüren. Heute wird der Rahbar (Oberste geistliche Führer) höchstselbst Vorbeter sein. Man sieht, dass er hier nach einer völlig verrückten Woche dringend erwartet wird.

Einige Gläubige erscheinen als geschlossene Gruppe und rufen »Rahbar Chamenei«. Dabei schlagen sich wie sonst bei den Aschura-Feiern mit der flachen Hand gegen die Brust. Einige Dutzend Meter vom Universitätseingang entfernt verkaufen Händler alles Mögliche in den Landesfarben Rot, Weiß und Grün. Ihre Kunden haben jedoch ein schlechtes Geschäft gemacht: Die gerade eben gekauften Sachen werden am Eingang sofort wieder von einem unerbittlichen Ordnungsdienst beschlagnahmt, der speziell nach allem Grünen, der Farbe der Opposition, Ausschau hält. Da kommt ein braver Gläubiger, der seinen Gebetsteppich in einen grünen Plastikbeutel gesteckt hat: Konfisziert! Ein Sympathisant der palästinensischen Sache trägt eine grün-weiße Kefije. Konfisziert! Da die Opposition jede Auseinandersetzung mit den massenhaft anwesenden Bassidschi vermeiden möchte, hat sie auf die ursprünglich nach dem Ende des Freitagsgebets geplante Demonstration verzichtet.

Am bemerkenswertesten ist an diesem Tag die Voraussicht der Anhänger Ayatollah Chameneis. Während die ganze Welt an den Lippen des Obersten Religionsführers hängt, um zu erfahren, welcher Seite sich diese mysteriöse wichtigste Persönlichkeit des Staates zuneigen wird, wissen sie das bereits: »Er wird Ahmadinedschad unterstützen und die grünen Märsche für ungesetzlich erklären«, versichert ein Händler des Tadschrisch-Basars, ohne von seinem Rosenkranz aufzublicken. Alles deutet darauf hin, dass einige Moscheen bereits im Voraus darüber informiert wurden, dass der Rahbar Großbritannien als erstes westliches Land angreifen werde, damit sie ihre antibritischen Spruchbänder und Plakate vorbereiten konnten.

Besser noch: In der Umgebung der Universität werden Gratiszeitungen verteilt, deren Redaktionen einen direkten Draht zum »Haus des Obersten Führers« zu haben scheinen. Sie greifen alle Themen seiner Predigt auf und vertreten dieselben Vorstellungen, wenngleich sie diese eher noch zuspitzen. Sie sind alle stolz, eine Verschwörung aufgedeckt zu haben, die »von den Feinden des Iran von langer Hand vorbereitet wurde«. Diese planten seit geraumer Zeit, die Leute nach der Verkündung der Wahlergebnisse auf die Straße zu schicken, um das Regime zu stürzen. Sie schreiben auch, dass der ehemalige Präsident Chatami in dieser Woche eine Geheimreise nach Ägypten unternommen habe, um sich dort mit amerikanischen Offiziellen zu treffen, die ihm angeblich verschlüsselte Kommunikationsmittel übergeben hätten. Außerdem hätten sie ihm Ratschläge erteilt, wie man am besten einen städtischen Aufstand durchführen könne. Man erfährt darin auch, dass die Leiter des Wahlkampfs von Mir-Hussein Mussawi glücklicherweise noch am Wahltag in ihrem »Schlupfwinkel« (das entsprechende persische Wort, das hier ganz bewusst benutzt wird, bedeutet auch »Bordell«) verhaftet wurden. Dabei habe man bei ihnen solche Dinge, wie Satelliten, mit denen sie die Aufstände koordinieren wollten, Hieb- und Stichwaffen sowie weitere Werkzeuge für den Straßenkampf gefunden.

Entsprechend waren die Gläubigen überhaupt nicht überrascht, als Ayatollah Chamenei seine Meinungen darlegte. Sie schienen jedoch die Nervosität des Obersten Führers, seine säuerliche Miene während der gesamten Zeremonie und seine ungewohnt abrupte Gestik überhaupt nicht zu bemerken. Nur sein letzter Satz schien einem zuvor bereits bekannten Szenario zu entstammen: »Alles, was mir noch bleibt, dieses wertlose Leben, dieser unvollständige Körper[12] und das bisschen Ansehen, das ich in diesem Land gewonnen habe, bin ich bereit, für die Revolution und den Islam zu opfern.« Eine solche Bescheidenheit beantworteten die Zuhörer mit einem langen Schluchzen. Aber sie fingen sich schon bald wieder. Mahmud Ahmadinedschad, ihr Held, verließ den Ort in einem großen Geländewagen. Das Dach öffnete sich, er stand einen kurzen Augenblick auf und winkte. Es erhob sich donnernder Beifall. Einige seiner Anhänger warfen sich vor sein Fahrzeug und wollten die Reifen umarmen.

Genf, 20. Juni. Ich musste in der Nacht Teheran verlassen, da mein Visum abgelaufen war. Paolo kann noch zwei Tage bleiben. Er ist einer der letzten ausländischen Berichterstatter vor Ort und arbeitet für *Newsweek*. Die Telefone blieben den ganzen Tag abgeschaltet. Am Schluss traf ich ihn noch einmal im Hotel. Er war von einer Demonstration zur nächsten gelaufen und hatte die Methode mit dem brennenden Zeitungspapier ausprobiert, um die Wirkungen des Tränengases zu mildern. Die Bassidschi und die Revolutionsgardisten hatten scharf geschossen. Das

Fernsehen berichtete von zehn Toten, das Radio von 19. Das wird die Studenten vorsichtiger machen, wenn auch nicht alle, und es wird vielleicht den Schwung der grünen Märsche brechen. Mich ergreift ein Gefühl der Trauer und Ohnmacht bei der Vorstellung, meine iranischen Freunde ihrem Schicksal überlassen zu müssen. Heute Morgen konnte ich bei einem Zwischenaufenthalt in Amsterdam F. einige Sekunden erreichen. »Ich kann nicht sprechen«, flüsterte sie. »Ich stehe unter Arrest.« Ich tröste mich mit dem Gedanken, dass nichts mehr so sein wird wie zuvor.

***

Es sieht so aus, als ob das Regime einen stillschweigenden und gegenseitigen Nichtangriffspakt mit der Bevölkerung gebrochen hat. Bis zum 12. Juni regierte die Regierung, und die Bevölkerung wurstelte sich durch. Jeder kümmerte sich um seine eigenen Angelegenheiten. Durch die Gewalttätigkeit seines Wahlkampfs und den höchstwahrscheinlich riesigen Betrug hat Ahmadinedschad jedoch jetzt das fragile Gleichgewicht zerstört, das das Leben im Iran seit dem Tod Ayatollah Khomeinis beherrschte. Dann geschah zwischen dem 13. und 18. Juni etwas Unerhörtes. Ein ganzes Volk merkte, dass es existierte, und gleichzeitig haben auch wir das entdeckt. Es hat sein Disziplinvermögen und seine Organisationsfähigkeiten bewiesen. Und es hat gezeigt, mit welchen Humor- und Glücksressourcen es Macht und Gewalt die Stirn zu bieten vermag, auch wenn es seine Märtyrer beklagen musste, wie Neda Agha-Soltan, diese junge Frau von 26 Jahren, deren Tod man im Internet in Echtzeit verfolgen konnte. Die Menge hat ihre Kraft begriffen und kennt jetzt auch die Bedrohung, die sie für die Machthaber darstellt. Vor die Wahl gestellt zwischen einer zögerlichen Zustimmung zu einem theokratischen System, das vorgibt, sich auf Wahlen zu stützen, und einer freimütigen Opposition, hat es sich entschieden und wartet nun auf seine Stunde.

Erstaunlicher als der Wutausbruch direkt nach den Wahlen waren die Ausdauer und der Mut der Grünen Bewegung in den folgenden Monaten. Zwischen dem Sommer 2009 und dem Frühjahr 2010 nutzten die Grünen auch noch die kleinste Gelegenheit, um erneut auf die Straße zu gehen. Der Kalender der Islamischen Republik ist so aufgebaut, dass immer irgendetwas los ist, seien es nun Revolutionsfeiern oder religiöse Feste der Schiiten oder der Gesamtheit der Muslime, ja sogar solche zoroastrischen Ursprungs. Der 28. Juni 2009 (der 7. Tir) war der Jahrestag des Attentats im Jahr 1981, das mehr als 80 Führungspersonen der Islamischen Republik das Leben kostete. Aliresa Beheschti, der Sohn eines der großen Revolutionäre, die an diesem Tag den Tod fanden, leitete eine Feier, auf der auch der Opfer der Unruhen nach den Präsidentschaftswahlen gedacht wurde. Er war gerade erst aus dem Gefängnis entlassen worden und würde auch bald dorthin zurückkehren. Zu dieser Gelegenheit versammelten sich unter intensiver Polizeiüberwachung 5000 Menschen in einer Teheraner Moschee. Drei Wochen später fand dann der »Jerusalemtag« statt, an dem das Regime jedes Jahr die Bevölkerung gegen die »zionistische Entität« (Israel) mobilisiert. Die Grünen nutzten diesen Tag für ihre größte Demonstration seit dem 17. Juli. Präsident Ahmadinedschad musste auf seine geplante Rede in der Universität von Teheran verzichten, da es der Polizei nicht gelang, die Tausenden von studentischen Regimegegnern zu zerstreuen. Zur selben Zeit machten sich die Bassidschi in der ganzen Stadt vollends unbeliebt, indem sie all denen die Reifen durchstachen und die Windschutzscheibe zerschlugen, die ihrer Meinung nach für Mussawi gehupt hatten.

An jedem 4. November trommelt das Regime gewöhnlich seine Anhänger zusammen, um gegen die Vereinigten Staaten zu demonstrieren. An diesem Tag begann 1979 die Geiselnahme der Mitarbeiter der US-amerikanischen Botschaft. 2009 funktionierten die Grünen den Gedenktag im ihrem Sinn um, indem sie massenhaft in Teheran, aber auch in den anderen großen Städten wie Schiras, Rascht, Maschhad, Täbris und Isfahan auf die Straße gingen. Aber das war nichts im Vergleich zum 7. Dezember, dem Nationalen Studententag, an dem man eines Massakers in der Universität gedachte, das 1953 der Schah befohlen hatte. Hunderttausende Studenten besetzten im ganzen Land ihre Universitäten. Es gab gewaltsame Zusammenstöße mit den Bassidschi und den Ordnungskräften. Man zählte mehr als 200 Verhaftungen.

Das einzige nicht im Kalender vorgesehene Ereignis war der Tod (an Altersschwäche) Großayatollah Montaseris am 19. Dezember. Diese Persönlichkeit, die nach der Revolution die höchsten Funktionen ausgeübt hatte, bevor sie unter Hausarrest gestellt wurde (vgl. S. 288), hatte die Grüne Bewegung von Anfang an unterstützt. Am Tag seines Begräbnisses, dem 21. Dezember 2009, versammelte sich eine riesige Menge in Ghom und seiner Geburtsstadt Nadschafabad. Es wäre natürlich für das Regime gänzlich unangebracht gewesen, eine trauernde Menge auseinanderzutreiben, wenn selbst der Oberste Führer sich ein paar Gedenkworte abzwang. Immerhin erlaubte es diese Begräbnisfeier der Grünen Bewegung, zu zeigen, dass auch sie in der Religion wurzelte, wenngleich sie eine tolerantere Auslegung des Islam vertrat. Zumal schon eine Woche später Aschura stattfand, an dem man wie jedes Jahr der Ermordung des Imams Hussein durch die Sunniten im Jahr 680 unserer Zeitrechnung gedachte. An diesem Tag wird von den Gläubigen erwartet, dass sie überall im Land Prozessionszüge abhalten. Die Grünen nahmen mit Begeisterung diese Gelegenheit wahr, schon deshalb, weil sie ihnen die Möglichkeit bot, den Vornamen ihres Führers, *Mir-Hussein* (Mussawi) zu skandieren, der sich auf den traditionellen Ruf des Aschura-Fests *Ya-Hussein* (Es lebe Hussein) reimte. Die Bassidschi mussten also quasi notgedrungen trotz der Heiligkeit des Ereignisses über die Menge herfallen. Mindestens 300 Personen wurden verhaftet. Insgesamt zählte man zwischen zehn und fünfzehn Tote, darunter Ali, den Neffen des Oppositionsführers, der kaltblütig umgebracht wurde, als er sein Haus verließ, um an den Feiern teilzunehmen. Gläubige am Trauertag Aschura zu töten, hatte natürlich für das Regime eine katastrophale Symbolik. Dies hatte bereits der Schah Ende 1978 erfahren müssen, als an Aschura die revolutionäre Bewegung zu einem neuen Höhepunkt gelangte, der einige Wochen später zu seinem Sturz führte.

Jedes Mal hatte die Volksbewegung also die Gelegenheit beim Schopf gepackt und ihre Stärke demonstriert, als ob sie nur darauf gewartet hätte. Da kein Journalist dies mehr tun durfte, hatte sie ganz spontan auch die Medienberichterstattung über das jeweilige Ereignis übernommen und ihre Texte, Fotos und Videos innerhalb von Minuten ins Internet gestellt. Ein Demonstrant trug im November dieses Plakat mit sich herum: »Ihr könnt vielleicht die Auslandspresse mundtot machen, aber unsere Telefone könnt ihr uns nicht nehmen. Ab jetzt werden wir alle Reporter sein!« Um auch zwischen diesen Großereignissen den gegenseitigen Kontakt und den Druck auf das Regime aufrechtzuerhalten, stiegen die Leute fast jeden Abend auf die Dächer und riefen: »Tod dem Diktator« und »Gott ist groß«, zwei Slogans, die sie von der Islamischen Revolution übernommen hatten. Die Grüne Bewegung, die die gegenwärtige diktatorische Regierungsform, aber nicht das revolutionäre Erbe ablehnte, griff auch sonst auf den Diskurs und die Ikonographie des Jahres 1979 zurück. Dies führte dazu, dass das staatliche Fernsehen am 11. Februar 2010, dem Jahrestag der Revolution, die Weisung erhielt, nicht die gewohnten Archivbilder der gegen den Schah wütenden Menschenmassen auszustrahlen, da diese allzu sehr den erst kürzlich aufgenommenen Videoaufnahmen der Grünen ähnelten, die überall im Internet abrufbar waren.

Angesichts dieser Entwicklungen, die das Regime nicht vorausgesehen hatte, griff es zu immer brutaler werdenden Unterdrückungsmaßnahmen, die sich meist jedoch am Ende gegen die Urheber selbst kehrten. Ein Teil der im Juni verhafteten Demonstranten war nach Kahrisak, einem Sondergefängnis im Süden Teherans in der Nähe des Khomeini-Mausoleums, überführt worden. Dort starben mindestens drei Gefangene an Schlägen und Folter. Zahlreiche andere wurden vergewaltigt. Die ersten Informationen darüber sickerten im Juli durch und veranlassten Mir-Hussein Mussawi zur Abgabe einer Erklärung, die in ihrer scharfen Kritik für ihn recht ungewöhnlich war: »Wie kommt es, dass die Führer unseres Landes angesichts dieser Tragödien [der Gefangenenmisshandlungen] nicht weinen und keine einzige Träne vergießen? Können sie es denn nicht sehen? Nicht spüren? Diese Dinge verdunkeln unser Land, verdunkeln unsere Sitten. Wenn wir darüber schweigen, wird uns das zerstören und in die Hölle führen.« Tatsächlich konnte sein Oppositionskollege Mehdi Karrubi einige Tage später die ersten Beweise für die Schreckenstaten von Kahrisak liefern. Beiden half dabei die Tatsache, dass sich unter den in der Haft Gestorbenen Mohsen Ruholamini befand, der Sohn eines konservativen Politikers, der nun Gerechtigkeit forderte.

Ein junger 26-jähriger Arzt namens Ramin Purandardschani scheint dabei eine wichtige Rolle gespielt zu haben. Die von ihm durchgeführte Obduktion der Leichen von Kahrisak bewies, dass ihr Tod auf ein Übermaß von Schlägen zurückzuführen war, die schwere Verletzungen hinterlassen hatten. Die Behörden des Regimes hatten bisher behauptet, die Gefangenen seien im Schlaf gestorben. Jetzt mussten sie eine Untersuchung durchführen und Ende Juni das Kahrisak-Gefängnis schließen und drei Wärter verhaften. Die Affäre drohte jedoch immer weitere Kreise zu ziehen. Aus diesem Grund wurde der Arzt, der zu viel wusste, daheim vergiftet. Zuerst ließ man jedoch verlauten, es habe sich um einen Autounfall gehandelt. Später gab man an, es sei Selbstmord gewesen. Am Schluss war er angeblich an einem Herzanfall gestorben. Das Parlament, das eine Untersuchungskommission gebildet hatte, konnte jedoch die Verantwortung bis hinauf zum Generalstaatsanwalt von Teheran, Said Mortasawi, verfolgen, der als Verantwortlicher für die Presse unter anderem zahlreiche Zeitungen schließen ließ. Einige Tage vor der Veröffentlichung des Untersuchungsberichts ernannte Ahmadinedschad den Generalstaatsanwalt zum Sonderberater für die Bekämpfung des Rauschgifthandels, um ihn vor möglichen Anklagen zu schützen. Dies erschütterte seine Legitimität noch weiter.

Tatsächlich vermittelt das Regime seit der Wahl den Eindruck, nicht mehr recht zu wissen, wie es seine Macht wieder endgültig sichern könnte. Die alten Rezepte funktionierten nicht mehr, wie etwa dieser im August 2009 begonnene Massenprozess gegen 120 Angeklagte, deren offensichtlich unter Folter erzwungene Geständnisse jeden Abend im Fernsehen gesendet wurden. Ebenso wenig nahm irgendjemand die Bekenntnisse der beiden angeblichen Monarchisten ernst, die im Januar 2010 gehängt wurden, weil man hoffte, dadurch die Opposition während der Feier des 31. Jahrestags der Revolution am 11. Februar von der Straße fernzuhalten.

In all diesen Monaten versuchte das Lager des Präsidenten, die beiden Oppositionsführer einzuschüchtern, indem man Mitglieder ihrer Familien umbrachte, mehrmals ihre Autos mit Steinen und Knüppeln angriff und ihnen ständig mit Verhaftung drohte. Auch hier erreichte man jedoch den entgegengesetzten Effekt. Tatsächlich gewannen Karrubi und Mussawi jeden Tag an Format. Letzterer erklärte am 1. Januar auf seiner Facebook-Seite sogar, dass er bereit sei, für seine gerechte Sache zu sterben. Selbst Mohammed Chatami, der während seiner zwei Mandatszeiten als machtloser Präsident die Gunst seiner Wähler verloren hatte, schien dank der Ungeschicklichkeit des Regimes seinen Mut und seine Popularität wiederzugewinnen. Am 26. Dezember, am Tag vor Aschura, hielt er in der ehemaligen Residenz Ayatollah Khomeinis im Norden Teherans eine Rede. Dabei wurde er von einer Gruppe von Bassidschi angegriffen, die die Türen und Fenster dieses heiligen Anwesens zerschlugen.

Natürlich sind die Ordnungskräfte nicht dumm. Im Lauf der Monate entwickelten sie wirksame Methoden, um Demonstrationen zu verhindern. So galt der 11. Februar 2010, der Jahrestag der Revolution, als ein Erfolg des Regimes, da es den Grünen nicht gelang, sich in größerer Zahl zu mobilisieren. Mussawi, Karrubi und ihre Ehefrauen wurden, zum Teil mit Gewalt, zur Umkehr gezwungen, während ihre Anhänger schon weit vor den Sammelpunkten aufgehalten wurden. Die Behörden konnten auch den Teufelskreis der Begräbnisfeiern durchbrechen. Da jeder Tod nach drei, sieben und 40 Tagen gefeiert wurde, bot dies genauso viele Versammlungsmöglichkeiten. Wenn es dabei jedes Mal weitere Tote gab, führte das zu einer Kettenreaktion, die in den Jahren 1978 und 1979 mit der Revolution geendet hatte. Aus diesem Grund waren die Familien der Toten des Monats Juni einem ungeheuren Druck ausgesetzt, keine weiteren Begräbnisfeiern zu veranstalten, wenn sie denn überhaupt die Leichname ihres Sohns oder Bruders im Leichenschauhaus abholen konnten. Dutzende von Leichen wurden nämlich mitten in der Nacht in anonymen Gräbern auf dem großen Behesht-e-Zahra-Friedhof beerdigt (vgl. S. 254).

Trotzdem haben die mit der Brechstange durchgesetzte Wahl des Präsidenten, die Gewalttätigkeiten und die politische Sackgasse, in die das alles geführt hat, die Spaltungen innerhalb des konservativen Lagers verstärkt. Am 24. Juni 2009 weigerten sich 185 der 290 Parlamentsabgeordneten, an der Amtseinführungszeremonie Mahmud Ahmadinedschads teilzunehmen. Zwei Tage später wurde ein General der Revolutionsgarde, Ali Fazli, verhaftet, weil er den Befehl verweigert hatte, mit Gewalt gegen die Demonstranten vorzugehen. Einige Bassidschi und sogar einige Leibwächter des Obersten Religionsführers desertierten und boten den Medien ihre Zeugenaussagen an. Zwei iranische Diplomaten traten von ihrem Amt zurück und baten in ihrem Gastland um Asyl, der eine in Norwegen, der andere in Japan. Als Begründung gaben sie an, sie könnten ein solch gewalttätiges Land nicht länger vertreten. Allerdings ist das Ganze noch keine Massenbewegung. Diese isolierten Fälle stellen für die Machthaber keine Bedrohung dar. Dagegen geht seit Herbst 2009 das Gerücht um, es gebe Verhandlungen zwischen einigen führenden Konservativen und den Anführern der Grünen Bewegung. Wenn diese die Autorität des Obersten Führers anerkennen würden, würden Erstere Ahmadinedschad angeblich fallenlassen. Darüber hinaus haben gemäßigte Konservative ihre Angriffe gegen einzelne enge Mitarbeiter des Präsidenten verstärkt. Hier wäre vor allem sein Sonderberater Esfandiar Rahim Maschai zu nennen, gegen den eine Untersuchung wegen illegaler Interessensnahme und Vorteilsbeschaffung laufen soll. Wenn tatsächlich im Juni 2009 eine kleine politische, religiöse und militärische Clique im Umkreis des Präsidenten einen Staatsstreich durchgeführt hat, haben die traditionellen Konservativen dadurch genauso viel zu verlieren wie die Opposition.

Selbst wenn sich Mahmud Ahmadinedschad die gesamten vier Jahre seiner Amtszeit auf seinem Posten halten sollte, fällt schon jetzt die Nachwahlbilanz für das Regime verheerend aus. Zunächst einmal hat es eine kraftvolle Opposition geschaffen, wie es sie so seit den Enttäuschungen durch den vorhergehenden Präsidenten Mohammed Chatami nicht mehr gegeben hat. Außerdem verfügt diese jetzt über zwei glaubhafte Anführer, während das Regime selbst durch seine exzessive Gewaltanwendung jede Glaubwürdigkeit verlor und tiefe Spaltungen innerhalb des Machtclans hervorrief. Schließlich steht das Regime jetzt an der Spitze eines Landes, das weit schwieriger zu führen ist, dessen Wirtschaft in einigen Sektoren aufgrund der politischen Krise stagniert oder sogar vollkommen gelähmt ist, und in dem die Intellektuellen, Ingenieure, Mediziner niemals zuvor so wenig Grund hatten, das Regime zu unterstützen.

Trotzdem muss es sich zumindest kurzfristig keine Sorgen um seinen Machterhalt machen. Es hat ja deutlich bewiesen, dass es vorerst über die notwendigen Repressionsinstrumente verfügt. Außerdem hat der andauernde Druck die Führer der grünen Opposition bisher daran gehindert, tragbare Strukturen aufzubauen, mit ihren Anhängern auf geeignete Weise zu kommunizieren und neue Aktionsformen zu finden, die über simple Straßendemonstrationen hinausgehen. Das ist vor allem deswegen unerlässlich, weil diese politische Kampfform seit der Niederlage vom 11. Februar 2010 weitgehend erschöpft zu sein scheint.

Alle Überlegungen über die mittelfristige Entwicklung dürfen sich jedoch nicht auf die gegenwärtige Machtverteilung beschränken, sondern müssen auch die vorherrschende geistige Befindlichkeit beider Seiten in Rechnung ziehen. Auf diesem Gebiet haben die Grünen einen eindeutigen Vorteil, da bei den Regimeanhängern inzwischen eine Belagerungsmentalität herrscht, die überall nur noch Verschwörungen zu erkennen meint. Dies können besonders alle bestätigen, die, wie der Dokumentarfilmer und Korrespondent der amerikanischen Wochenzeitschrift *Newsweek*, Maziar Bahari[13], die iranischen Haftanstalten von innen kennenlernen durften. Der Journalist wurde am 21. Juni 2009 verhaftet und danach im Ewin-Gefängnis unendlichen Verhören unterzogen. Er wurde sich dabei mehr und mehr der Psychose bewusst, die das Hirn seiner Befrager, die zugleich seine Folterer waren, in einen geistigen Käfig gesperrt zu haben schien. Tatsächlich wurden Maziar Bahari und alle anderen im Juni Festgenommenen nicht von Angehörigen des Geheimdienstministeriums verhaftet und verhört, die diese Arbeit bereits seit 1979 erledigten und darin entsprechend geübt waren. Stattdessen waren es Angehörige eines Geheimdienstes, den die Revolutionsgarde, die Elitetruppe der Armee, neu gegründet hatte. Sie alle waren offensichtlich von Verschwörungstheorien besessen.

Für sie war jeder Ausländer ein Spion. Maziar war einmal Gast in der berühmten US-amerikanischen Satiresendung *The Daily Show* von Jon Stewart gewesen. Dabei hatte ihm ein auf lächerliche Weise als Spion verkleideter Pseudo-Reporter absurde Fragen gestellt. Maziars Befrager waren die Einzigen, die den Witz nicht verstanden hatten. Sie glaubten tatsächlich, mit dieser Sendung über einen schlagenden Beweis zu verfügen. Sie waren gleichfalls davon überzeugt, dass jede westliche Beziehung zwischen Mann und Frau sexueller Natur sei, dass jede Party, zu der Angehörige der beiden Geschlechter erschienen, zu einer Orgie ausarte, und dass ihr Gefangener mit allen Frauen geschlafen habe, die auf seiner Facebook-Seite als »Freund« ausgewiesen waren.

Der Mann, der Maziar verhörte, schien auch auf eigentümliche Weise auf New Jersey fixiert zu sein, so als ob dieser von seinen New Yorker Nachbarn ein klein wenig verachtete US-Bundesstaat das Zentrum alles Bösen auf dieser Welt sei.

»Sie sind doch auch nach New Jersey gefahren, nicht wahr, Herr Bahari?«

»Das ist aber kein besonders schöner Ort.«

»Das ist mir egal. Es ist ein gottloser Ort, wie der, den Sie in unserem Land errichten wollten. [...] Sie hatten geplant, Mohammeds reine Religion in diesem Land auszutilgen und durch einen amerikanischen Islam zu ersetzen. Einen New-Jersey-Islam. [...] Erzählen Sie mir ja nicht, dass Sie nicht Teil eines geheimen amerikanischen Netzwerks waren. Eines New-Jersey-Netzwerks.«

Auf der anderen Seite beziehen die Grünen ihre Stärke aus ihrer Verwurzelung in der iranischen Seele und Identität. Sie verfügen über einen ungeheuren Reichtum an Phantasie, Poesie und Humor und machen sich gleichzeitig das Internet und seine sozialen Netzwerke auf ganze neue Weise zunutze. Als die Ordnungskräfte am 7. Dezember 2009 zum dritten Mal in diesem Jahr den Studentenführer Madschid Tavakoli verhafteten, nachdem dieser in der Amir-Kabir-Universität eine flammende Rede gegen die Unterdrückung gehalten hatte, veröffentlichten die offiziellen Medien sein Foto, auf dem er als Frau mit Kopftuch verkleidet war. Sie behaupteten, er habe auf diese Weise der Polizei entkommen wollen. Dieser Versuch, ihn lächerlich zu machen, kehrte sich sofort gegen das Regime selbst. Hunderte iranische Männer änderten ihr Facebook-Profil und stellten Fotos ins Internet, auf denen auch sie ein Kopftuch oder einen Tschador trugen. Dazu verkündeten sie: »Wir sind alle Madschid Tavakolis.«

Zwei Tage später ergriff eine sehr schöne junge Frau, Hila Sedighi, vor einer Versammlung von Eltern und Großeltern eingekerkerter Studenten das Wort. Mit einem unglaublichen Feuer, mit der Hand auf dem Herzen und von Zeit zu Zeit die Augen schließend, trug sie ein Gedicht vor, das sie selbst für ihre Kameraden im Gefängnis verfasst hatte. Ihre Zuhörer dankten ihr mit donnerndem Applaus. Die ins Internet gestellte Videoaufnahme ihres Vortrags haben inzwischen Hunderttausende von Menschen in aller Welt gesehen.

In diesem regnerischen Herbst
behalte ich meine Sorgen für mich,
und so sind es die Wolken, die weinen.
In der Schule bestraft der durchdringende Ton der Glocke
  das Lachen
unserer unschuldigen Jugend, die Hass und Verleumdung
  zerstörte.
O Klassenkamerad, dein Stuhl ist jetzt leer.
Es gibt nur noch mich und all diese welkenden Blumen.
Es ist Herbst und meine Tränen beginnen zu regnen.
Was ist mit unseren Träumen geschehen? Sind sie alle
  verloren?
Wir haben das Licht gesucht und sind jetzt,
du und ich, die Generation des Kummers.
Unsere Flügel wurden gebrochen,
nun sind wir in der Gewalt dieses Raubvogels,
der dich vor meinen eigenen Augen getötet hat.

Die Einschätzung, wie diese Auseinandersetzung zwischen den dunklen und paranoiden Agenten einer überholten islamisch-militärischen Ordnung und einer einfallsreichen und weltoffenen Zivilgesellschaft ausgehen wird, bleibt jedem einzelnen Beobachter überlassen. Man kann diese Gleichung sogar noch komplizierter machen, indem man die unbekannten Auswirkungen eventueller israelischer Angriffe auf die iranischen Nuklearanlagen oder einer amerikanischen Intervention einbezieht. Persönlich würde ich darauf wetten, dass ein Volk, das im Laufe seiner langen Geschichte so viele Wirren, Umschwünge und Invasionen erlebt hat, ohne seine ganz besondere Eigenart zu verlieren, am Ende auch dieses Mal den Sieg davontragen wird.

Genau diesen ganz besonderen iranischen Geist wollten wir mit unseren Fotos, Erzählungen und Begegnungen einfangen, die den zweiten Teil dieses Buches füllen, ein Geist, der auf raffinierte Weise Sein und Schein zu vermischen vermag. Schon Oscar Wilde meinte ja, dass das wahre Geheimnis der Welt das Sichtbare und nicht das Unsichtbare sei. Bei unserer Suche nach dem iranischen Geheimnis haben wir versucht, die Leute so zu nehmen, wie sie waren, und haben uns angehört, was sie uns zu sagen hatten. Unsere Galerie von etwa 50 Porträts und Situationsberichten haben wir über mehrere Jahre im Verlaufe mehrerer Reisen erstellt. Zwischen den reichen Kaufleuten und den jungen Rebellen, den Bassidschi und den Reformanhängern, den Leuten an der Macht und den anderen wird man natürlich nur schwer eine einheitliche Meinung finden, selbst wenn einige unter demselben Dach schlafen (vgl. S. 356). Jede dieser ganz spezifischen Ansichten bildet jedoch einen Teil des großen iranischen Puzzles, das in seiner Gesamtheit das gegenwärtige Land und vielleicht auch sein künftiges Schicksal erhellt.

Grange Gaby, März 2010

Nachtrag

Einige Tage nach Fertigstellung dieses Prologs habe ich endlich eine Nachricht von F. erhalten:

Mein lieber Serge, man hat mir zwar verboten, dir zu schreiben, aber das ist mir jetzt egal. Ich muss dir einfach schreiben. Und ich muss dir unbedingt mitteilen, dass ich jetzt seit 61 Tagen wieder frei bin, frei! Ewin wird jedoch von jetzt an mein Leben überschatten [...]. Ich kann mich einfach nicht entscheiden. Ich kann die Vorstellung nicht ertragen, wegzugehen und mein Land niemals wiederzusehen. Ich glaube, du kannst mich verstehen. [...] Serge, ich wünsche niemandem etwas Schlechtes, selbst den Leuten nicht, die mich in Ewin verhört haben. Ich hätte nur gerne, dass sie endlich verstehen, dass die Welt viel größer ist, als sie denken, und dass sie ihre Brillen wechseln. Das habe ich ihnen auch gesagt, aber ... Vielleicht hältst du mich für verrückt und vielleicht bin ich das auch [...]. Ich bin meiner Tränen müde. Ich hasse meine Tränen. Aber sie achten nicht auf mich und fangen völlig unvermittelt an zu fließen. [...] Ich kann mit niemandem sprechen. Ich war ganz allein mit Gott in meiner Zelle, ich habe ständig mit ihm gesprochen. Serge, ich brauche Hilfe. Ich habe nicht den Mut, dem Iran Wiedersehen zu sagen. [...] Ich warte auf meinen Prozess. Vielleicht sagen sie zu mir: Es ist alles okay, du bist frei! Vielleicht auch nicht, wir werden sehen. Ich gehe regelmäßig zum Arzt. Er hat meine Medikamente reduziert. Ich nehme jetzt am Tag nur noch vier Tabletten. Im Gefängnis haben sie mir noch zehn gegeben. Ich habe jetzt auch Herzbeschwerden. Mein armes Herz, es tut mir so leid, es ist meiner müde. [...] Mach dir keine Sorgen, mir geht es gut. Ich wollte nur auf meine gewohnte Art einmal wieder mit dir reden.

TAROUF

Als wir heute Morgen zu einem Skiausflug aufbrachen, hatte eine schmutzige Schneelawine über Nacht die Straße in das Skigebiet von Dizin oberhalb von Teheran verschüttet. Wir mussten eine Stunde im Auto warten, bis die Bulldozer der Straßenarbeiter den Weg endlich wieder freigeräumt hatten. Sie hatten bereits bei Sonnenaufgang mit der Arbeit begonnen. Als sie fertig waren, opferten sie als Dank an Allah einen Hammel. Ich hatte bereits zuvor das Tier bemerkt, das an den Jeep des zuständigen Straßenwarts angebunden war, und hatte mich gefragt, was es denn hier so allein mitten im Schnee machte. Als ich den Hammel in seinem Blut auf der Fahrbahn liegen sah, erinnerte ich mich plötzlich an eine alte Geschichte. Als ich acht Jahre zuvor in Teheran wohnte, wünschte ich mir ganz fest, dass die Pariser Jury eines Journalistenpreises meine Arbeit auszeichnen möge. Ich stellte daraufhin einem befreundeten Mullah eine Frage.

»Was machen eigentlich die Iraner, um das Schicksal zu beeinflussen?«

»Das ist ganz einfach. Versprich für den Fall, dass Allah (sein Name sei gepriesen) dich erhört, zugunsten der Armen des Viertels in meiner Moschee einen Hammel zu opfern.«

Einige Wochen später war mir das Schicksal tatsächlich gnädig. Am nächsten Freitag brach ich deshalb in aller Frühe auf, um meine Schulden beim Allmächtigen zu begleichen. Der Mullah erwartete mich bereits in voller Montur vor seiner Moschee. Diese lag im Süden Teherans, da, wo die Zwölf-Millionen-Metropole sich allmählich in der trockenen Wüstenhitze auflöste.

Tatsächlich war die Moschee eher eine Art Garage ohne Kuppel und Minarett. Damit passte sie gut in das arme Viertel, das von Familien bewohnt wurde, die erst kürzlich aus weit entfernten Provinzen der Islamischen Republik zugezogen waren. Inzwischen war jedoch ein größerer Umbau geplant. Im Untergeschoss sollte eine Sporthalle entstehen, im Erdgeschoss würde die Moschee liegen und in der ersten Etage würde es Räume für den Englisch- und Computerunterricht geben. Das Ganze würden nagelneue, blitzende Geschäfte umgeben. »Man muss die Moschee mitten ins Leben setzen, wenn man möchte, dass die Leute zum Beten kommen«, meinte der befreundete Mullah, der davon träumte, die Leitung dieses großen Sport-, Handels- und Religionskomplexes übernehmen zu können. Ich hatte bereits ein paar Monate zuvor durch eine kleine Spende meinen Teil zum Gelingen dieses Projekts beigetragen. Damals wollte ich mich beim lieben Gott dafür bedanken, dass der Plan meiner Zensoren im Ministerium für islamische Führung, mich auszuweisen, gescheitert war.

Aber jetzt war es Zeit, den Hammel zu besorgen. Wir quetschten uns in ein Taxi und machten uns auf die Suche. »Wie viel willst du dafür ausgeben?«, fragte der Typ, der etwa dreißig Tiere ganz hinten in einem Lager voller Gemüsekisten, Kühler und Heizgeräte züchtete, in dem auch eine etwa gleich große Zahl von ausgemergelten Afghanen schwarz arbeitete. Ich holte ein Bündel »Khomeinis« aus der Tasche, wie man die grünlichen Geldscheine nennt, von denen jeder etwa 80 Eurocent wert ist. Er zählte das Geld, betrachtete seine Tiere mit fachmännischem Auge und schnappte sich dann einen nicht gar so hässlichen Hammel, der mich stark beunruhigt ansah. Seine insgesamt

Zur Feier der Räumung der Straße nach Dizin nach einem Lawinen-
abgang wurde ein Hammel geschlachtet.

50 Kilogramm wurden sofort in den Kofferraum des Taxis verfrachtet.

Danach kehrten wir in die Moschee zurück. Dort bot man ihm Wasser an. Damit wollte man sich weniger grausam zeigen als die Sunniten, die 680 nach Christus den Imam Hussein und seine 70 Kampfgefährten auf der Ebene von Kerbela enthauptet hatten, ohne ihnen zuvor nach zehn Tagen Belagerung und Durst etwas zum Trinken zu gewähren. Als der Metzger mit seinen beiden in der Sonne blinkenden Messern endlich eintraf, stellte er das Tier in Richtung Mekka und schnitt ihm dann mit einer einzigen kurzen Bewegung die Kehle durch. Nach einigen letzten Zuckungen segnete mein Hammel das Zeitliche. Der Metzger schnitt blitzschnell in einen Hinterfuß des Tieres ein Loch, in das er dann mit aller Macht hineinblies, um den ganzen Hammel wie einen Ballon aufzupumpen. Haut und Fell lösten sich ab, und die Verteilung konnte beginnen.

Die Füße und der Kopf gingen an den Pförtner der Moschee, der daraus wahrscheinlich *Kalé-Patsché* machte, ein Gericht, das im Iran zum Fastenbrechen im Ramadan sehr beliebt ist. Mit dem Fell wurde der Metzger bezahlt. Herz und Leber waren für mich und wurden in einen schwarzen Plastikbeutel gesteckt, aus dem bald das Blut heraustropfte. Die Rippenstücke und die Keulen wurden in 40 Portionen aufgeteilt: zehn für die freiwilligen Helfer der Moschee und dreißig für die ärmsten Familien des Viertels, die daraus *Abguscht* machten, eine Art sehr fetten Eintopf aus Fleisch, Kichererbsen und anderem Gemüse. Wenn er gar ist, wird die Suppe vom festen Inhalt getrennt. Letzterer wird dann mit einem Stampfer zu einem Brei zerdrückt. Aus diesem rollt dann jeder kleine Klößchen, die zusammen mit einem Stück Fladenbrot verzehrt werden. Die Suppe wird getrennt serviert.

Meine Schuld bei Allah war jetzt endgültig beglichen. Bevor ich nach Hause fuhr, war jetzt nur noch eine Übung in gewohnter persischer Höflichkeit fällig. Diese wurde durch eine blumige Sprache ausgedrückt, die die Iraner *Tarouf* nennen und die aus uralten feudalen Zeiten stammt.

»*Khasté nabaschi* (Ich hoffe, du bist nicht müde)«, sagte ich zum Metzger.

»*Kahesch mikonam* (Danke der Nachfrage)«, antwortete er.

»*Dastet tala* (Möge deine Hand aus Gold sein)«, erwiderte ich.

»*Mokhlasset am* (Ich bin dein Diener)«, sagte er.

»*Dastetun dard nakoné* (Möge deine Hand niemals schmerzen)«, antwortete ich.

»*Saretun dard nakoné* (Möge auch dein Kopf niemals schmerzen)«, sagte er.

»*Ruyé mahetan ra miboosim* (Ich küsse dein Mondgesicht)«, sagte ich.

»*Ekhtiar darin* (Du hast die Macht über mich)«, sagte er.

»*Pahtun ra mibossam* (Ich küsse deine Füße)«, versicherte ich.

»*Nokaret am* (Ich bin dein Sklave)«, sagte er.

»*Qadamet ro cheschm* (Gehe auf meinen Augen)«, antwortete ich.

»*Savarin* (Du erhebst dich über meinen Kopf)«, erwiderte er.

»*Tschamanet am* (Und ich bin deine Wiese)«, sagte ich.

»*Qhorbané shoma* (Ich opfere mich für dich)«, sagte ich zum Schluss.

»Danke, der Hammel wird genügen.«

DIE LACHSCHULE

D urch genaue Untersuchung habe ich herausgefunden, dass ein Säugling dreihundertmal am Tag lacht!«, erzählt mir Hamid-Reza Mohtashemi, der Direktor der Teheraner Lachschule. »Wenn er dann als Erwachsener in Ihren entwickelten Ländern lebt, lacht er nur noch zwölf- bis dreizehnmal am Tag. Bei uns im Iran ist der Koeffizient mit sechs- bis siebenmal täglich noch geringer. Das lässt sich aus unserer Geschichte erklären, wie etwa den Invasionen, die wir erdulden mussten. Auch die Angst vor unvorhergesehenen Ereignissen, wie etwa Erdbeben, spielt dabei eine Rolle. Außerdem rechne ich auch keinen jährlichen Durchschnitt aus, weil ich dann die religiösen Feste und auch die zwei Trauermonate für unseren Imam Hussein (gesegnet sei sein Name) mit einbeziehen müsste, in denen man auf keinen Fall lachen darf.

Dank meiner gründlichen Recherchen habe ich entdeckt, dass die Iraner, deren Wurzeln weit in die Vergangenheit zurückreichen, nicht von Natur aus dem Lachen feindlich gesinnt waren. In der Achämeniden- und Sassanidenzeit[14] lachten sie noch viel.

Ich hatte also verstanden, dass es da ein echtes Potential gab, aber ich musste noch die geeignete Technik finden. Ich habe mich von den Schriften des indischen Arztes Madan Kataria[15] inspirieren lassen. Außerdem habe ich die Bücher von Paolo Coelho und Tony Robbins[16] genau studiert. Jetzt verfüge ich über eine einzigartige Methode, die sich in jeder Hinsicht bewährt hat.

114

Vor allem darf man sich nicht über jemand Bestimmten lustig machen, wie etwa die Leute von Isfahan, die als geizig gelten, oder die von Rascht, die als gehörnte Ehemänner bekannt sind, oder die von Täbris, denen man einen schlichten Geist nachsagt. Ich lehre meine Schüler, ohne jeden Grund zu lachen, denn ich möchte eine Einheit zwischen allen Erdbewohnern herstellen, damit wir unser Lachen und Glück teilen können.

Meine Methode funktioniert bei Iranern, da sie einen gewissen kulturellen Background benötigt. Ich werde sie jedoch auch den Kurden, den Türken und vielleicht sogar den Thailändern anpassen, um dort internationale Filialen meiner Schule gründen zu können. Tatsächlich haben mir schon zahlreiche Universitäten aus der ganzen Welt ein Diplom angeboten, als sie die außerordentlichen Ergebnisse entdeckt haben, die ich bisher erzielen konnte. Ich habe jedoch immer abgelehnt, weil meine besondere Methode in keine ihrer akademischen Kategorien hineinpasst. Ich würde höchstens einen Doktortitel in Lebenstechnik annehmen. Für mich zeigt das Lachen den Menschen auf dem Gipfel seiner Fähigkeiten. Um gut lachen zu können, muss man alles studiert haben, Marketing und Wirtschaft, Religion sowie die Kunst, die eigenen Familienbeziehungen richtig zu gestalten.

Natürlich mache ich das alles nicht wegen des Geldes. Mein Ziel ist es, die Iraner glücklich zu machen. Ich möchte ihnen bewusst machen, dass sie glücklich sind, denn wir sind bereits ein Volk mit einem natürlichen Hang zum Glück, ein liebenswertes und freundschaftlich gesinntes Volk, das den Rest der Welt mittels seiner Liebe zur Religion betrachtet.

In Frankreich haben Sie schöne Gebäude, die besten Parfums der Welt und gute Hotels. Sie sehen, ich weiß alles. Aber der Iran hat auch viel zu bieten. Wir haben Avicenna, und wir haben vor 2500 Jahren die Menschenrechte (vgl. S. 154) und die Homöopathie erfunden.

In meiner Schule ist die Ausbildung in vierzehn Etappen gegliedert, die in insgesamt 40 Wochen absolviert werden. Pro Woche trifft man sich dabei drei Stunden. Aus Platzgründen nehme ich höchstens 35 Schüler in eine Klasse auf. Ich erteile jedoch auch halbprivate Kurse und führe Massenseminare durch, zu denen sich manchmal mehrere tausend Personen in einem Stadion versammeln. Der Grundkurs kostet 250 000 Toman [188 Euro], aber natürlich sollte man darüber hinaus zur Ergänzung meine Zeitschrift *Wie soll man leben?* abonnieren, die in einer Auflage von 40 000 Exemplaren erscheint, und meine DVDs und Bücher kaufen. Kürzlich habe ich Tony Robbins ins Persische übersetzt. Zugegeben, ich habe mir dabei helfen lassen, da ich selbst kein Englisch spreche. Ich konnte ihn zwar nicht persönlich um Erlaubnis fragen, aber ich bin mir sicher, dass er damit einverstanden ist, zum Glück der Iraner beizutragen.

Jede Sitzung beginnt mit einer Ausführung über die Quellen des Glücks und des Lachens. Danach gehen wir zu praktischen Übungen über. Nach einigen Wochen können meine Schüler zwei oder drei Minuten lang lachen, ohne sich über irgendetwas oder irgendjemanden lustig zu machen. Ich gebe ihnen auch praktische Ratschläge. So sollten sie etwa die Vorhänge ihrer Wohnungen aufmachen, um das Licht hereinzulassen. Ich lasse sie immer wieder drei Sätze wiederholen: »Gott ist allzeit bei mir«, »Jeder Tag ist besser als der vorherige« und »Heute wird ein Supertag werden«.

Am Ende unserer Sitzungen unterziehen wir unsere Schüler einigen psychologischen Tests. Die Ergebnisse sind vertraulich, da auch ich an das Arztgeheimnis gebunden bin. Ich kann Ihnen jedoch die großen Linien verraten. Das Selbstvertrauen wird jede Woche stärker. Die Schüler genießen nach kurzer Zeit einen friedlicheren Schlaf, und ihr Stoffwechsel verbessert sich. Im Ergebnis steigt ihr allgemeines Glücksniveau. Wir haben auch

Eine Klasse der Teheraner Lachschule bei praktischen Übungen.

100 Prozent Erfolg, was die Rettung von Ehen angeht. Die Eltern kennen ihre Kinder am besten und sind deswegen am ehesten geeignet, für sie einen Ehemann oder eine Ehefrau zu finden. Einige verheiraten sie jedoch zu früh, noch bevor ihre Kinder einige Dinge des Lebens verstanden haben. Wenn sie dann jedoch in meiner Schule das Lachen lernen, lassen sie sich nicht scheiden.

Sehen Sie, die Religion ist für unser Glück außerordentlich wichtig. Um glücklich zu sein, muss man den Weg zu Gott kennen. So verschafft einem auch die Einhaltung des Ramadan ein einzigartiges Glücksgefühl, etwa wenn *Azzam* (die Dämmerung) anbricht und man das Fasten brechen darf. Der Islam ist eine glückliche Religion. Der Prophet (geheiligt sei sein Name) hat uns gelehrt, die fröhlichen und sympathischen Menschen zu lieben und die deprimierten oder wütenden zurückzuweisen. Wir Iraner haben noch ein paar zusätzliche Gründe, glücklich zu sein. Das haben wir unseren Imamen zu verdanken, die wir so sehr lieben, vor allem unserem geliebten Reza (Friede sei mit ihm) und seinem Grabmal in Maschhad.

Während der Aschura-Trauer verzichten wir wegen unserer großen Verehrung für Imam Hussein (gesegnet sei sein Name) auf jedes Lachen. Das ist zwar bereits 1150 Jahre her, aber wenn ich an ihn und sein erhabenes Martyrium denke, schießen mir die Tränen in die Augen. Mir fällt gerade ein, dass ich vergessen habe, Ihnen zu erzählen, dass ich meine Schüler auch zum Weinen bringen kann. Das ist derselbe Mechanismus. Andererseits brauchen sie zum Weinen ganz bestimmt keinen Unterricht.«

DER BASAR

Ah, welch unergründliches Mysterium ist doch die iranische Politik, mit ihren Ayatollahs, deren mächtigste das
Licht der Öffentlichkeit scheuen, ihren Revolutionshel-
den, die von der Revolution selbst eingekerkert werden, ihren
reumütigen Geiselnehmern, ihren Opportunisten, ihren ausländischen Liebedienern, ihren Ruheständlern, ihren zu reform-
freundlichen Ministern, die hinter Gittern landen, ihren unzähligen Räten und Versammlungen, deren Vollmachten so flie-
ßend wie maßgeblich sind, ihren Richtern, die ihre Angeklagten
verspotten, bevor sie sie dann an den Galgen schicken, ihren Todesschwadronen, Gerüchten und Verschwörungstheorien und
ihrer Phrasendrescherei bei den Freitagspredigten. All das war
für mich während meiner Jahre als Pressekorrespondent in Teheran ein hübsches persisches Schattenspiel. Man sah zwar, wie
sich einige Silhouetten über die Leinwand bewegten, erkannte
aber weder die Farbe ihres Turbans (schwarz für die Abkömmlin-
ge des Propheten, weiß für die anderen) noch die genaue Identität derer, denen es gelang, bis zum Thron des Obersten Führers
vorzudringen.

Um das Stück kommentieren und die nächsten Folgen voraus-
sagen zu können, entstand eine ganze Schicht von Beratern und
Experten, die sich ihre unsicheren Auslegungen von den ausländischen Diplomaten und Investoren teuer bezahlen ließen. Ich
erinnere mich an einen von ihnen, nennen wir ihn Siawosch,

dessen einziger Trick und alleiniges Talent darin bestand, jedes Mal, wenn sich ein neuer Politiktrend abzuzeichnen begann, den Kopf zu schütteln und zu murmeln: »Nein, nein, der Basar wird das niemals zulassen.« Dann ließ er einige Namen wie »Khamushi«, »Asgaroladi« oder »Rafighdoust« fallen und erzählte über deren gegenseitige Treffen, von denen er natürlich als Einziger wusste, und am Ende auch über deren angebliche Begegnungen mit dem Rahbar, dem »Obersten Religionsführer«. Seine Gesprächspartner gingen dann so verwirrt wie noch nie nach Hause und schauten dort alle diese Namen im »Who's Who« der Islamischen Republik nach, der gerade von einer dieser Politauskunfteien zu exorbitantem Preis herausgegeben worden war.

Ali Nagih Khamushi war Präsident der mächtigen Iranischen Handelskammer. Er hatte offenbar aus rein geschäftlichen Interessen den Obersten Führer davon überzeugen können, die diplomatischen Beziehungen zu Ägypten, Saudi-Arabien und Großbritannien wiederaufzunehmen. Assadolah Asgaroladi, der Bruder des ehemaligen Handelsministers Habibollah Asgaroladi, exportierte Pistazien und Kaviar ins Ausland und soll sich angeblich mit Hilfe von Einfuhrlizenzen für Zucker und Haushaltseinrichtungen beträchtlich bereichert haben. Mohsen Rafighdoust war ein Basarhändler für Obst und Gemüse, der die unmittelbaren Jahre vor der Revolution abwechselnd in den Gefängnissen des Schahs, den Hinterhöfen der Moscheen und auf Geheimtreffen der Vereinigung der islamischen Koalition verbracht hatte. Sein Geniestreich war es dann, sich am 1. Februar 1979 ans Steuer der großen amerikanischen Limousine zu setzen, die Ayatollah Khomeini vom Teheraner Flughafen, wo er gerade erst eingetroffen war, zum Behesht-e-Zahra-Friedhof brachte, wo er seine erste große Rede hielt. Voller Dankbarkeit ernannte der Ayatollah seinen vom Himmel gesandten Fahrer später zum Chef seiner Leibgarde, danach zum Minister der Revolutionsgarden, um

Hassan, 59 Jahre, Teppichhändler, dekoriert zur Feier der Geburt Imam Mahdis im Jahr 869 unserer Zeitrechnung eine überdachte Gasse des Teheraner Basars.

ihm schließlich die riesige »Stiftung der Unterdrückten« anzu-
vertrauen, die man mit einem Großteil der in der Revolution
konfiszierten Vermögen ausgestattet hatte und die dadurch 40
bis 45 Prozent der Nicht-Erdölwirtschaft des Landes kontrollierte. Mohsen Rafighdoust führte jedoch die Stiftung so katastro-
phal, dass bei seinem Abgang 1999 80 Prozent der Stiftungs-
unternehmen Defizite erwirtschafteten. Sein Bruder Morteza Rafighdoust war 1995 zusammen mit einem Geschäftspartner in
den Skandal der Saderat-Bank verwickelt, bei dem 400 Millionen
Dollar unterschlagen wurden. Der Geschäftspartner wurde zum
Tode verurteilt, während Morteza mit einer Haftstrafe davon-
kam. Sobald er in Ewin eintraf, wurde er zum Versorgungsleiter
der Strafanstalt ernannt. Seitdem konnte man ihn jeden Tag dabei beobachten, wie er in den Basarläden seine Einkäufe erle-
digte.

Um die Tragfähigkeit der Analysen unseres Experten Siawosch nachprüfen zu können, musste ich schließlich selbst eine
kleine Erkundungstour ins Herz der iranischen Wirtschaft unternehmen. Auf dem Stadtplan von Teheran ist der Basar ein In-
nenstadtviertel zwischen Bahnhof und Parlament, dessen Fläche
einen Quadratkilometer nicht übersteigt. Hinter seinen von
Fruchtsaftverkäufern blockierten Eingängen öffnet sich ein ganzes Geflecht von überdachten Gassen, in deren Dämmerlicht
sich neben den Kunden die Lastenträger drängen, die zu den
Tausenden funkelnden oder verstaubten Ladengeschäften unterwegs sind. Geht man durch die Gassen, trifft man immer wieder
auf Moscheen. Augenscheinlich kamen Registrierkassen und
Turbane schon immer gut miteinander aus. Die einzelnen Abtei-
lungen sind nicht klar voneinander abgegrenzt und vermischen
sich in letzter Zeit immer weiter. Trotzdem gibt es immer noch
die unterschiedlichen Bereiche der Teppichhändler, Juweliere,
Kupferschmiede, Schuhmacher, Geschirrverkäufer, Gewürz-,

Obst- und Tuchhändler. Dem Ganzen fehlt zwar der ästhetische Reiz der Fayencekuppeln der Basare von Isfahan oder Istanbul. Dafür verkörpert der Teheraner Basar die nüchterne Macht der Umsätze. Angeblich ist er der wichtigste Handelsplatz des gesamten Mittleren Ostens. Trotzdem handelt es sich dabei nur um den *sichtbaren* Basar, der wie bei einem Eisberg den viel kleineren Teil ausmacht.

Der *unsichtbare* Basar besteht dagegen aus kommerziellen, politischen und religiösen Netzwerken, die bereits seit zwei Jahrhunderten einen tiefgreifenden Einfluss auf das Land ausüben. Im Februar 1829 wurden bei einem von den Basarhändlern angeführten Aufstand der russische Botschafter, der Schriftsteller Alexander Gribojedow und 43 weitere Botschaftsangehörige getötet. Ihnen wurde vorgeworfen, einen armenischen Eunuchen und zwei Konkubinen beherbergt zu haben, die aus dem Harem des Schahs geflohen waren. 1906 spielte der Basar eine entscheidende Rolle innerhalb der konstitutionalistischen Bewegung, da die persischen Konzessionen an die westlichen Mächte die Basaris einer ungleichen Konkurrenz durch die ausländischen Händler aussetzten: So hatten sich die Briten das Tabakmonopol gesichert, die Belgier leiteten die Zollbehörde des Reichs usw. Als der Premierminister Mohammad Mossadegh 1951 die Ölindustrie verstaatlichte, unterstützte ihn der Basar zunächst, um dann jedoch während des vom CIA angezettelten Staatsstreichs vom August 1953 zu seinem Sturz beizutragen. In den 1960er Jahren hängte der Basar dann erneut sein Mäntelchen nach dem Wind und schloss mit den Geistlichen der Khomeini-Bewegung ein entscheidendes Bündnis gegen den Schah und seine »Weiße Revolution«, die neben der Einführung des Frauenwahlrechts und einer Agrarreform auch den Bau von immer neuen Supermärkten veranlasste und dadurch den traditionellen Handel zunehmend schwächte. So waren es auch am 1. Februar 1979 die Basarhändler, die den Sonderflug einer Air-France-Boeing finanzierten, die Ayatollah Khomeini nach Teheran brachte.

Ihr Engagement auf der »guten« Seite der Geschichte ließ sie die Islamische Revolution als günstige Investition betrachten, aus der sie in den kommenden Jahrhunderten astronomische Gewinne zu ziehen hofften. Tatsächlich fing das Ganze außerordentlich gut für sie an. Khomeini erklärte: »Die Islamische Republik muss den Basar mit aller Macht schützen. Im Gegenzug muss der Basar die Regierung unterstützen.« In den Kriegsjahren erlaubten es ihnen die Sanktionen und die Wirtschaftsblockade, die Preise der Importgüter festzusetzen und jede Konkurrenz und jeden Versuch einer lokalen Produktion im Keim zu ersticken. Ihrem Verband, der Vereinigung der islamischen Revolution, gelang es, die großen Linien der Wirtschaftspolitik der Islamischen Republik zu bestimmen.

Ich habe Siawosch schon lange nicht mehr gesehen. Ich habe das Gerücht gehört, dass er sich mit seinem Vermögen irgendwo an die französische Atlantikküste zurückgezogen hat. Vor allem weiß ich nicht, ob er inzwischen seine politischen Bewertungskriterien nicht doch etwas ausgeweitet hat oder ob er immer noch die Allmacht der Basarhändler vertritt. Einige Indizien weisen tatsächlich darauf hin, dass die Einheit des Basars seit dem Amtsantritt Präsident Mahmud Ahmadinedschads Risse bekommen hat und dass er das Regime nicht länger unverbrüchlich unterstützt. Zunächst gilt es festzustellen, dass der Basar im Jahr 2005 mit Ali Laridschani einen eigenen Kandidaten gegen Ahmadinedschad aufgestellt hatte, der dann allerdings mit nur 6 Prozent der Wählerstimmen eine schreckliche Niederlage erlitt. Darüber hinaus wirkte sich die inflationistische (30 Prozent jährlich) und chaotische Politik der neuen, äußerst verschwenderischen Regierung höchst negativ auf die Kaufkraft der Iraner und den Umsatz der Kaufleute aus.

Tatsächlich ging aufgrund des Geschäftsrückgangs der Quadratmeterpreis der Basarläden während Ahmadinedschads erster Amtszeit ständig zurück, was die Stimmung der Händler nicht gerade beflügelte. Dem Präsidenten war das offensichtlich egal, er hatte andere Freunde: Seine Revolutionsgarden stattete er mit wichtigen Wirtschaftskompetenzen vor allem im Einfuhr- und großflächigen Einzelhandelssektor aus. Auf dem Gebiet der Außenpolitik stieß Mahmud Ahmadinedschad mit seinem Abenteurertum eine ganze Zahl von Handelspartnern vor den Kopf. Im Herbst 2005 wollte er tatsächlich Wirtschaftssanktionen gegen Südkorea, China und Großbritannien verhängen, um sie dafür zu bestrafen, dass sie für die Anrufung des UN-Sicherheitsrats wegen des iranischen Nuklearprogramms gestimmt hatten. Die Basaris mussten all ihre Kräfte aufbieten, um diese Sanktionen abzuwenden, die ihnen bedeutend mehr geschadet hätten als den drei Wirtschaftsmächten. Im Oktober 2008 ließ die geplante Einführung der Mehrwertsteuer das Fass endgültig überlaufen. Die Basaris in Teheran, Täbris, Maschhad und Isfahan traten in den Streik. Dies erinnerte manche an das Jahr 1979, als die Schließung der Basare zum Sturz der Monarchie beigetragen hatte.

Neun Monate später hingen in einem guten Drittel der Teheraner Basarläden die Plakate des Oppositionskandidaten Mir-Hussein Mussawi. Die Strafe dafür folgte drei Tage nach der Wahl. Am Morgen des 15. Juni 2009 stürmte eine Bassidschi-Meute durch die überdachten Gassen des Basars, um alle grünen Geschäftsschilder zu zerschlagen. Am Nachmittag schloss der ganze Basar aus Protest die Tore. Allerdings wurde diese Maßnahme in einer Hauptstadt kaum beachtet, in der gerade die größten Demonstrationen seit der Islamischen Revolution von 1979 stattfanden. Trotzdem steht fest, dass sich einige Kaufleute inzwischen der Grünen Bewegung angeschlossen haben. Andere unterstützen die traditionelle Rechte, die Ahmadinedschad loswerden möchte, ohne dabei die Autorität des Obersten Religionsführers in Frage zu stellen. Wenngleich also der Basar in seiner Gesamtheit auf der iranischen Bühne an Bedeutung verloren hat, steht die eigentliche Kraftprobe doch noch bevor.

SANAZ UND MARYAM

Sanaz hatte immer schon davon geträumt, Zahnärztin zu werden, und ist es dank der Förderung durch ihre Eltern auch geworden. Sie ist 32 Jahre alt, verheiratet, hat aber noch keine Kinder, weil sie sich erst einmal ihrer Karriere widmen und ein wenig reisen möchte. Ihre Einkünfte erlauben es ihr tatsächlich, jedes Jahr in Spanien oder Thailand Urlaub zu machen. Jedes Mal kehrt sie jedoch freudig nach Hause zurück, da sie das Leben im Iran, vor allem die Harmonie und Sanftheit in den zwischenmenschlichen und familiären Beziehungen, über alle Maßen schätzt.

Maryam ist Malerin. Daneben unterrichtet sie in einem Teheraner Gymnasium Kunst und Kunstgeschichte. Mit 32 Jahren ist sie geschieden, Mutter eines kleinen Mädchens und lebt allein. »Wir sind sechs Geschwister. Nach dem Tod meines Vaters haben zwei meiner Brüder dessen Elektrohandel übernommen. Seitdem treffen wir uns alle fast jeden Tag hier bei meiner Mutter. Wir sind eine Familie, die ganz fest zusammenhält.«

Sanaz besitzt seit sechs Jahren ihre eigene Zahnarztpraxis in einem Haus im Stadtteil Dschalalije, westlich des Laleh-Parks, wo sich auch andere Ärzte und vor allem Dermatologen niedergelassen haben, mit denen sie ihr Sekretariat teilt. Sie behandelt dort Patienten beiderlei Geschlechts. Ihre Einrichtung und ihre Geräte sind modern, aber sie wird in nächster Zeit etwa 100 000 Dollar investieren, um sich das Allerneueste an deutscher Zahntechnik zuzulegen. Sie versteht überhaupt nicht, warum wir uns für sie interessieren. »Ich bin doch nicht die Einzige, und ich bin nichts Besonderes«, wehrt sie ab. »An der medizinischen Fakultät der Universität Teheran gibt es mehr Frauen als Männer.«

Maryam unterrichtet nur Schülerinnen im Alter zwischen 14 und 18 Jahren. »Die heutigen Mädchen sind heller als meine Generation«, sagt sie. »Sie wissen, was sie wollen, und machen ihre Rechte geltend.« Sie erlaubt ihren Schülerinnen, während des Unterrichts das Kopftuch abzulegen, und lässt die Modelle in T-Shirt und Hosen statt des üblichen Mantels posieren.

Sanaz erkennt zwar an, dass der Staat das Leben der Frauen nicht gerade erleichtert, ist jedoch der Ansicht, dass die Familien diese Schwierigkeiten weitgehend ausgleichen können, indem sie ihre Töchter ermuntern, zu studieren und die Welt kennenzulernen, und ihnen den nötigen Freiraum bieten. »Das islamische Recht ist zwar nicht gerade zu unseren Gunsten«, sagt sie, »aber die Frauen haben doch hier viele Möglichkeiten – schauen Sie mich an!«

Es folgen einige Bestimmungen des iranischen Bürgerlichen Gesetzbuchs, die sich mit dem Leben der Frauen befassen:

- *Paragraph 907:* Wenn eine Person stirbt und nur ein Kind hinterlässt, erhält dieses das gesamte Erbe, ob es sich dabei um einen Sohn oder eine Tochter handelt [...]. Gibt es mehrere Kinder, Söhne sowie Töchter, erhält jeder Sohn doppelt so viel wie jede Tochter.
- *Paragraph 1041:* Eheschließungen vor der Geschlechtsreife sind verboten, außer sie werden vom Vater oder dem Vormund bestimmt und den Interessen der unmündigen Personen wird dabei Rechnung getragen.
- *Paragraph 1105:* In den ehelichen Beziehungen steht der Status des Familienoberhaupts nur dem Ehemann zu.

128

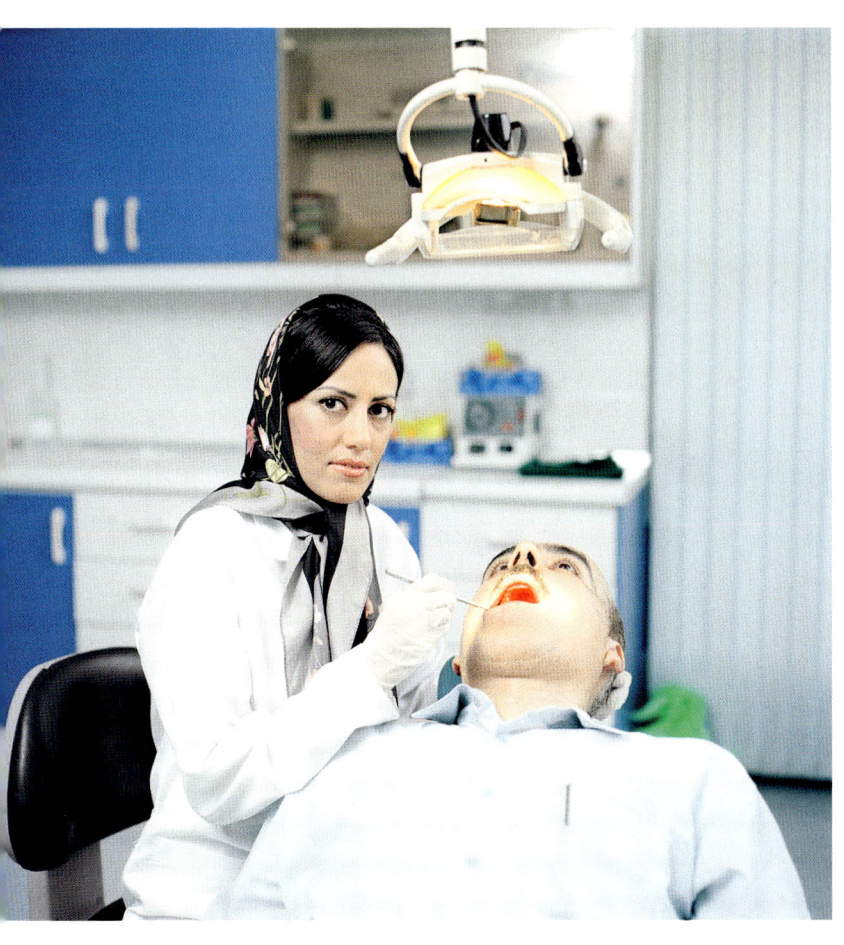

Sanaz, 32 Jahre, ist Zahnärztin im Teheraner Stadtteil Dschalalije.

- *Paragraph 1106:* In Dauerehen sind die Unterhaltskosten der Frau vom Ehemann zu tragen.
- *Paragraph 1107:* Die Unterhaltspflichten umfassen die Wohnung, die Kleidung, die Ernährung, die Wohnungseinrichtung in vernünftigem Maßstab und die Bereitstellung von Dienstpersonal, wenn die Frau ein solches gewohnt war oder benötigt.
- *Paragraph 1108:* Wenn sich eine Frau ohne triftigen Grund weigert, ihren ehelichen Pflichten nachzukommen, verliert sie ihr Unterhaltsrecht.
- *Paragraph 1117:* Der Ehemann kann seiner Ehefrau jede Berufsausübung und Beschäftigung verbieten, die den Interessen der Familie oder seiner Würde oder der Würde der Ehefrau zuwiderläuft.
- *Paragraph 1122:* Die folgenden Mängel bei einem Mann geben der Frau das Recht, die Ehe aufzulösen: 1. Kastration. 2. Impotenz. 3. Eine Amputation des Geschlechtsorgans, die es dem Ehemann unmöglich macht, seinen ehelichen Pflichten nachzukommen.
- *Paragraph 1123:* Die folgenden Mängel bei einer Frau geben dem Mann das Recht, die Ehe aufzulösen: 1. Gebärmuttervorfall. 2. Schwarze Krankheit (Leishmaniose). 3. Lepra. 4. Verbindung zwischen dem Vaginal- und Analtrakt, 5. Paralyse. 6. Blindheit auf beiden Augen.
- *Paragraph 1133:* Der Mann kann sich von seiner Frau scheiden lassen, wenn er das möchte.
- *Paragraph 1169:* Die Mutter übt über die Söhne bis zum Alter von zwei Jahren das Sorgerecht aus. Danach geht das Sorgerecht auf den Vater über. Mädchen bleiben dagegen bis zum Alter von sieben Jahren unter der Obhut der Mutter.
- *Paragraph 1170:* Wenn die Mutter verrückt wird oder einen anderen Mann heiratet, während sie über ihre Kinder das Sorgerecht ausübt, geht dieses auf den Vater über.

Maryam, 33 Jahre, hier in der Wohnung ihrer Mutter, unterrichtet in einem Teheraner Gymnasium Malerei.

- *Paragraph 1210:* Das Alter der Geschlechtsreife beträgt bei den Jungen 15 Mondjahre [14 Jahre und sechs Monate] und bei den Mädchen neun Mondjahre [8 Jahre und neun Monate].

Diese Bestimmungen werden von vielen anderen Paragraphen des Strafrechts sowie einer ganzen Reihe von Gesetzen ergänzt, die das Parlament zu Beginn der Revolution erlassen hat. So müssen Frauen zum Beispiel die Erlaubnis ihres Ehemanns einholen, wenn sie eine Reise unternehmen wollen. All das zwingt Frauen wie Sanaz und Maryam, ständig am Rand des Rechtssystems ihres Landes entlang zu balancieren. Dieses an Schizophrenie grenzende Verhalten ist nur in bestimmten homogenen soziokulturellen Milieus möglich, wenn auch die Eltern und Ehemänner dieses Parallelleben akzeptieren und die Beteiligten jedem Konflikt und unvorhergesehenen Ereignis aus dem Weg gehen, um sich nicht plötzlich auf unangenehme Weise der Justiz gegenüberzusehen. Anders ausgedrückt funktioniert das Ganze nur dann, wenn die Familie an die Stelle des Staates tritt. Für einige Juristinnen wie Schirin Ebadi oder Mehrangiz Kar ist diese Anpassungs- und Verschleierungslogik nicht akzeptabel. Sie sind der Ansicht, dass alle Anstrengung der Änderung gewisser Gesetzestexte gelten sollte, damit alle davon profitieren können. Nur so könnten die Rechte der Frauen befördert werden und es könnte gewährleistet werden, dass man sie nicht mehr wie politische Gegner behandelt und verfolgt. Allerdings konnten bisher nur kleinere Verbesserungen durchgesetzt werden. So wird bei einer Scheidung dem Vater nicht mehr automatisch das Sorgerecht über die Kinder zugesprochen. Auch die Strafen für nicht regelgerecht oder überhaupt nicht verschleierte Frauen wurden geändert: Anstelle der vorherigen 74 Peitschenhiebe sieht ein Gesetz von 1997 dafür nun eine Geldstrafe und eine Gefängnishaft zwischen zehn Tagen und zwei Monaten vor.

Die Kritik der fortschrittlichen Juristen und der Menschenrechtsorganisationen richtet sich vor allem gegen die islamisch inspirierten Gesetzesbestimmungen, die den Frauen nur die Hälfte des Wertes der Männer zubilligen. Dies gilt für das Erbe (vgl. oben Paragraph 907), aber auch für den Wert einer Zeugenaussage vor Gericht: Die Zeugenaussage eines Mannes gilt so viel wie die zweier Frauen. Der krasseste Ausdruck dieses eklatanten Wertunterschieds zwischen Mann und Frau findet sich sicherlich in den Regelungen, die das *Diyye*, das sogenannte »Blutgeld«, betreffen. Dies ist die Geldsumme, die der Verursacher zu bezahlen hat, um den durch ihn zu verantwortenden Verlust eines Menschen auszugleichen, ob es sich dabei um Mord oder um einen Unfall handelt. Das Blutgeld für einen Mann beträgt gegenwärtig ungefähr 20 000 Euro. Grundlage der Berechnung, bei der die jeweilige Inflationsrate berücksichtigt wird, sind die entsprechenden koranischen Kriterien: 100 Kamele, 200 Kühe oder 1000 Schafe. Im Paragraph 300 des iranischen Strafgesetzbuchs wird allerdings festgelegt, dass eine Frau auch hier nur die Hälfte wert ist. Dies kann zu den kompliziertesten Rechtssituationen führen, vor allem weil das Blutgeld auch beim Verlust einzelner Körperteile zu bezahlen ist, von denen jeder einen unterschiedlichen Wert hat. Verliert etwa ein Mann seine Genitalien, und sei es auch nur teilweise, muss laut Paragraph 478 des Strafgesetzbuches das volle Blutgeld entrichtet werden. Daraus könnte man schließen, dass ein einzelner Männerhoden genauso viel wert ist wie das Leben einer Frau.

Geht es um Mord, hat die Familie des Opfers die Wahl: Entweder sie begnügt sich mit dem Blutgeld, oder sie fordert eine Vergeltung nach dem Prinzip »Zahn um Zahn«, also das Leben des Täters. Ist der Mörder jedoch ein Mann und das Opfer eine Frau, kann die Familie der Ermordeten ihr Recht auf eine Bestrafung des Delinquenten nur dann in Anspruch nehmen, wenn sie zuvor einen Ausgleich leistet und der anderen Familie die Hälfte von dessen Blutgeld, also ungefähr 10 000 Euro, bezahlt. Arme Familien können eine solche Summe natürlich kaum aufbringen und müssen deshalb oft auf eine rechtliche Genugtuung verzichten. Ein anderes Beispiel: Wenn ein Autofahrer die Kontrolle über sein Fahrzeug verliert und sich dann, um nicht selbst gegen eine Mauer zu prallen, entscheiden muss, ob er einen Fußgänger oder eine Fußgängerin überfahren soll, wird er sich auf jeden Fall für die Frau entscheiden, weil ihn diese nur halb so viel kosten wird. Schirin Ebadi hat als Anwältin mehrere solcher Fälle aufgegriffen, um die Absurdität dieses Wertunterschieds (wenn auch bisher vergeblich) aufzuzeigen. Dabei weist sie vor allem darauf hin, dass dieser anderen iranischen Rechtsbestimmungen wie dem Wahlrecht widerspricht: Die Stimme einer Frau hat dort ja dasselbe Gewicht wie die eines Mannes. Außerdem wird auch im Iran allgemein anerkannt, dass die Arbeit einer Frau denselben Wert hat wie die eines Mannes. So sind auch die Rechnungen, die Sanaz für ihre Zahnbehandlungen ausstellt, nicht niedriger als die, die ein männlicher Zahnarzt für dieselben Dienste geschrieben hätte.

DER PAYKAN

D er westliche Reisende, der am Flughafen von Teheran an-
kommt und ein Taxi ruft, begegnet damit sofort, ohne
sich dessen bewusst zu sein, einem rollenden Lehrbuch
über den Zustand der iranischen Wirtschaft. Und tatsächlich:
Die verbeulte Karosserie, der kurzatmige Motor, die abgerisse-
nen Türgriffe und die zerschlissenen Sitzpolster des Paykans, der
einen ins Hotel bringt, beschreiben besser als Dutzende von Ex-
pertenberichten die Missstände eines während der Revolution
von 1979 verstaatlichten Systems.

Der Paykan, dessen Name »Bogen« bedeutet, was wiederum
von den Flachreliefs von Persepolis inspiriert wurde, ist das nationale Auto, der persische Trabant. Eigentlich ist er jedoch ein Au-
tomodell, das 1966 auf den Straßen Großbritanniens auftauchte.
Bereits im Jahr darauf begann seine Montage im Iran, zunächst
noch aus angelieferten Teilen. Über die Jahre wurden immer
mehr Teile im Iran selbst hergestellt. Am Anfang des neuen Jahr-
tausends erreichte die Marke dann mit 130 000 Fahrzeugen im
Jahr ihren Produktionshöhepunkt.

Als Erstes fällt einem dieser penetrante Benzingeruch auf, der
einem ständig in die Nase sticht. Aber das macht gar nichts: Mit
ganzen drei Euro kann man den Wagen einmal volltanken. Nir-
gendwo auf der Welt ist das Benzin wahrscheinlich so billig wie
hier. Dies ist ein Segen für den Paykan, der immerhin bis zu
30 Liter pro 100 Kilometer verbraucht, jedoch eine Katastrophe

für die Regierung, die mit einem Zehntel ihres Haushalts das Benzin subventioniert, um den sozialen Frieden aufrechtzuerhalten. Aufgrund der geringen nationalen Raffineriekapazitäten muss sie jährlich Kraftstoff im Wert von vier Milliarden Dollar importieren. Das macht aus dem Iran den zweitgrößten Benzinimporteur der Welt, obwohl er gleichzeitig über die zweitgrößten Erdölreserven auf unserem Planeten verfügt.

Durch diesen enormen Benzinverbrauch gehört Teheran zu den Städten mit der weltweit höchsten Luftverschmutzung. Für unseren Reisenden aus dem Westen, dessen Bronchien von nun an täglich ein halbes Gramm Blei schlucken müssen, ist dies der Augenblick, an dem er sich für den Preis dieser Klapperkiste zu interessieren beginnt, die jetzt vibriert, als werde sie jeden Moment auseinanderfallen, während sie sich in die nördlichen Stadtteile emporkämpft, in denen die Vermögenderen der zwölf Millionen Einwohner der Metropole leben. Ja, er hat die Antwort des Fahrers tatsächlich richtig verstanden: 86 Millionen Rial (6500 Euro), was etwa dem Vorsteuerpreis eines Renault Clio entspricht. Wie kann die Regierung einen solchen Preis rechtfertigen, wo doch die Produktionskosten hier zehnmal niedriger sind als in Europa? Vor allem stellt er sich jedoch die Frage, wie sich die Iraner bei einem durchschnittlichen Monatseinkommen von 150 Euro einen solchen Wagen leisten können.

Bis zur Einstellung seiner Produktion 2005 war der Paykan trotzdem gut angelegtes Geld. Er hatte allerdings eine Besonderheit: Je älter er war, desto teurer war er, da er dann aus mehr britischen als iranischen Einzelteilen bestand. In jeder »Dekade der Morgenröte«, der Gedenkfeier für die Islamische Revolution, die jedes Jahr vom 1. bis 11. Februar stattfindet, konnte man 40 Millionen Rial (3000 Euro) anzahlen. Danach musste man zwei Jahre warten. In dieser Zeit wurde das Geld jedoch mit 18 Prozent verzinst (wegen des Zinsverbots im Koran nannte man das Gan-

Jeden Freitag fährt die Familie von Vahid, 15 Jahre, mit ihrem Paykan zum Picknicken in die Berge. Sie nimmt dabei einen Teppich, Reis, *Khorescht* (eine Art Fleischschmortopf) und den Samowar mit.

ze eben »Inflationsausgleich«). Bei Erhalt des Autos zahlte man weitere 20 Millionen Rial (1500 Euro). Wenn man im gleichen Moment seinen neuen Paykan auf dem Schwarzmarkt verscherbelte, erzielte man bis zu 15 Millionen Rial Gewinn.

»Der Paykan ist kein Auto mehr«, seufzte einst ein hoher Beamter des Industrieministeriums, der anonym bleiben wollte. »Er ist eine Bank, er ist ein Wirtschaftsindikator wie der Goldpreis. Und er ist eine Katastrophe. Ein Fluch. Wir haben ausgerechnet, dass, wenn die Regierung allen Eigentümern eines Peykan ein neues Auto schenken würde, sie ihr Geld aufgrund des stark sinkenden Benzinverbrauchs bereits nach drei Jahren wieder hereingeholt hätte.« Der Groll des Ministerialbeamten gegen das Auto, das ihn jeden Tag durch den Teheraner Stau kutschierte, schien grenzenlos. »Der Iran ist seit 25 Jahren von der Welt abgeschlossen. Deswegen produzieren wir den Paykan. Aber wir sind nicht die Einzigen. In diesem Land funktionieren alle, die Banken, das Fernsehen, die Verwaltungskader, der Zoll, die Revolutionsstiftungen, wie unser Paykan.«

Angesichts einer Warteliste von zwei Jahren war es etwas gewagt, plötzlich die Produktion einzustellen. Allerdings traten dann die im Lande montierten Peugeot 405 und 206 allmählich die Nachfolge des Paykan an. Dazu kam noch der koreanische Kia Pride, nicht zu vergessen der Samand (»Hengst«), ein neues Auto, bei dem nur der Name und die Montage iranisch sind. Das Design ist britisch, das Chassis französisch, das Fließband koreanisch, und die Roboter sind deutsch. Die Regierung ist allerdings so stolz auf diese Marke, dass sie sie inzwischen ins Ausland, vor allem nach Zentralasien und Afrika, exportiert.

Glücklicherweise fahren auf den iranischen Straßen immer noch mehrere Millionen Paykan, sodass die Witze über dieses Auto so bald nicht aussterben werden. Hier einige Beispiele:

FRAGE: Was steht auf den letzten beiden Seiten des Paykan-Benutzerhandbuchs?
ANTWORT: Der Busfahrplan.

FRAGE: Wie kann man einen Paykan in weniger als 15 Sekunden von 0 auf 100 km/h beschleunigen?
ANTWORT: Indem man ihn eine Klippe hinunterstürzen lässt.

FRAGE: Warum ist das Rückfenster des Paykan beheizt?
ANTWORT: Damit die Hände beim Schieben nicht frieren.

FRAGE: Was sagt man, wenn man einen Paykan oben auf einer Steigung sieht?
ANTWORT: Das ist eine Fata Morgana!

FRAGE: Was sagt man, wenn man zwei Paykan oben auf einer Steigung sieht?
ANTWORT: Ein Wunder!

FRAGE: Wie kann man den Wert eines Paykan verdoppeln?
ANTWORT: Tank ihn voll.

FRAGE: Wie kann man den Paykan beim Bergabfahren beschleunigen?
ANTWORT: Mach den Motor aus.

DAS BÜRGERTUM

Bereits am Tag nach meiner Ankunft in Teheran im Dezember 1998 wurde ich von der Familie eines iranischen Freundes aus Genf zum Abendessen eingeladen. Man wunderte sich über mein Interesse am Iran und bat mich um eine vollständige Lagebeurteilung, obwohl ich noch keine 24 Stunden in der Stadt war. Am nächsten Tag lud mich dann ein Freund dieses Ehepaars ein. Ich lehnte natürlich nicht ab. Das Essen war ausgezeichnet, die Villa prächtig, und die iranische Gastfreundschaft setzte mich wirklich in Erstaunen. Ich hatte die beiden Jahre davor als Korrespondent in Zürich verbracht, wo ich nur ganz selten eingeladen worden war und meine Anwesenheit keinen Ortsansässigen interessiert hatte. Auch am dritten Abend wurde ich eingeladen, und so ging das in den ersten drei bis vier Wochen immer weiter. Inzwischen nahm mein Spaß an diesem intensiven gesellschaftlichen Leben doch etwas ab und ich begann, gewisse Abendeinladungen wegen angeblicher Arbeitsüberlastung abzulehnen.

Mehrmals bekam ich den Eindruck, nur schmückendes Beiwerk zu sein, das dem Prestige meiner Gastgeber dienen sollte, die immer auch andere Gäste einluden, um ihnen ihre Beziehungen zum Westen zu zeigen und ihre Modernität zu beweisen. Einige zählten mir auch den ganzen Abend die Gäste auf, die vor mir an ihrer Tafel gesessen hatten: die Nummer drei der deutschen Botschaft, ein französischer Botschaftsattaché – »Schatz, wie hieß er noch gleich?« –, die Nummer zwei der italienischen Botschaft und seine charmante Gattin, einmal sogar der Botschafter von Griechenland höchstpersönlich. Die meisten dieser bürgerlichen Ehepaare mussten nicht arbeiten, sondern lebten vom Ertrag ihrer Immobilien, die sie vor der Revolution gekauft hatten, als man mit seinem Gehalt noch etwas anfangen konnte, oder von Grundstücken, die seitdem stark im Wert gestiegen waren. Sie alle wollten mir jedoch beweisen, welch wunderbares Land der Iran doch war und dass er so gar nicht seinem terroristischen Ruf im Westen entsprach. Allerdings gingen diese Diskussionen niemals sehr weit, da diese besseren Familien nur ganz selten ihr eigenes Land bereist hatten und mich ständig davor warnten, jemals meinen Fuß in die südlichen Stadtteile Teherans zu setzen, diese schreckliche Gegend, in der es von armen Leuten und Fanatikern nur so wimmelte. Stattdessen sollte ich sie nach Dizin oder Schemschak zum Skifahren begleiten, wo sie natürlich schöne Chalets besaßen, oder Nouruz, die Neujahrsfeier am Tag der Frühjahrs-Tagundnachtgleiche, mit ihnen am Kaspischen Meer verbringen, wo sie in ihrer Villa eine Menge geschmuggelten Wodka gebunkert hatten.

Diese Familien, von denen es in den schicken Vierteln im Norden der Hauptstadt unzählige zu geben schien, lasen keine Zeitung und interessierten sich nicht für das öffentliche Leben. Sie fühlten sich zwar vom theokratischen Regime missachtet und etwas an den Rand gedrängt, genossen jedoch ihr Leben in dieser Luxusblase voller Wohlleben und Untätigkeit in vollen Zügen. Nur das Geld zählte, und davon hatten sie ja genug. Ich habe sie oft schwärmen hören, dass ihnen ihre Sparkonten bei den iranischen Banken 19 Prozent Zinsen im Jahr einbrächten und dass auch die Geschäfte an der Teheraner Börse schöne Gewinne abwerfen würden. Einige hatten zuvor in London, Los Angeles oder Paris als Arzt oder Ingenieur Karriere gemacht, waren dann jedoch trotz ihres Abscheus vor dem Regime zurückgekehrt, weil sie in Teheran mit ihrer westlichen Altersrente einen unvergleichlichen Lebensstandard genießen konnten: Zahlreiches Dienstpersonal, ein Privatchauffeur, teurere Teppiche als in Kalifornien, ein Abonnement im besten Fitnessclub, Schönheitsoperationen zu erschwinglichen Preisen, ein Indoor-Swimmingpool in ihrem von hohen Mauern geschützten Anwesen und ein reges gesellschaftliches Leben waren für sie eine Selbstverständlichkeit.

Ich begann allmählich auch, die Bedeutung des Ausdrucks *Gharbzadegi*, »Westernitis«, zu begreifen, mit dem die Propaganda des Regimes eine Krankheit bezeichnete, die junge Leute und gewisse Gesellschaftsschichten befiel, die alles, was aus dem Westen kam, übermäßig schätzten und gleichzeitig die Werte ihres eigenen Landes gering achteten. In ihrer Wohnung gab es oft nur einen iranischen Gegenstand: den Teppich. Das Geschirr stammte aus England, die Sofas kamen aus Amerika, die Wanddekoration hatte man den kitschigsten Montmartre-Malern übertragen, und im Fernsehen schaute man sich nur ausländische Sender an. Dabei konnte sich ein riesiger Minderwertigkeitskomplex (alles Iranische wurde verachtet) bereits ein paar Sekunden später in einen immensen Überlegenheitskomplex verwandeln (der Iran hat die Musik, die feine Küche, die Dichtkunst und das Kino erfunden). Diese doppelte Identitätskrise schien mir schließlich eine gute Definition des iranischen Bürgertums zu sein. Ich begann mehr und mehr mit anderen Gesellschaftsschichten zu verkehren, die nicht so gut Englisch sprachen und nicht unbedingt heimlich Schnaps in ihre Parsi-Cola-Flaschen füllten. In einfacheren Familien und gewissen Künstlerkreisen machte ich dann außergewöhnliche Bekanntschaften, aus denen später Freundschaften erwuchsen, die noch heute, zehn Jahre später, lebendig sind.

Shieda, 37 Jahre, geht im Winter fast jedes Wochenende Skifahren. Die Pisten liegen nur eine Stunde nördlich von Teheran.

VERSCHWÖRUNGSTHEORIEN

D as Unangenehmste an diesen Abenden in den guten Vierteln Teherans war, dass man dabei immer wieder mit den unterschiedlichsten Verschwörungstheorien konfrontiert wurde. Die meisten meiner Gastgeber hatten aktiv an der Revolution teilgenommen. Eine elegante Dame erzählte mir sogar, sie sei seitdem nie mehr in die Viertel der einfachen Leute in der Nähe des Basars zurückgekehrt. Da ihnen jedoch das Regime, das diese Revolution hervorgebracht hatte, nicht gefiel, wollten sie mir unbedingt erklären, dass diese Revolution in Wirklichkeit das Werk obskurer ausländischer Mächte war. Dabei waren das genau die Mächte, deren Lebensstil diese Bürger unbedingt nachahmen wollten und deren Diplomaten sie so gerne zu sich einluden. Bei Dutzenden von Abendgesellschaften durfte ich mir also immer wieder die gleichen so raffinierten wie verschrobenen Theorien anhören:

• Die Revolution war das Werk Großbritanniens, das die Vorherrschaft der Vereinigten Staaten in einem Land nicht länger ertragen konnte, auf dessen Beherrschung es niemals verzichtet hatte. Der Beweis dafür war das geheime, uralte Bündnis zwischen der schiitischen Geistlichkeit und dem britischen Geheimdienst, sowie die Berichterstattung der BBC über die Revolution, die vor allem Ayatollah Khomeini in den Mittelpunkt rückte, um ihm seine Aufgabe zu erleichtern. Es spielte dabei keine Rolle, dass die Beziehungen zwischen London und Teheran extrem schlecht waren. Dies war in Wirklichkeit nur ein Trick, um von ihrer geheimen Zusammenarbeit abzulenken.

- Die Revolution war das Werk der Vereinigten Staaten, die es nicht ertragen konnten, dass der Iran des Schahs auf dem Weg zu einer solch modernen und dynamischen Großmacht war, dass er eines Tages sogar die amerikanische Vormundschaft abschütteln könnte. Um das Land für seine Arroganz zu bestrafen, musste man es ins Mittelalter zurückführen und es unter das Joch einer Kaste von Mullahs stellen, die man zu diesem Zweck aus ihren schmutzigen Seminaren geholt hatte und die nicht einmal Auto fahren konnten.

- Die Reformer der Bewegung von Präsident Chatami waren nur eine Ablenkung, Marionetten, die vom Regime gesteuert wurden. Das Volk sollte glauben, es gebe eine Alternative, damit die eigentlichen Machthaber sich ihre Stellung sichern konnten. Der Beweis dafür war, dass einige der engsten Mitarbeiter Chatamis an der Geiselnahme in der amerikanischen Botschaft im November 1979 teilgenommen hatten.

- Die Anschläge vom 11. September 2001 wurden zur Gänze vom CIA inszeniert, um die Einkreisung des Iran vom Irak und Afghanistan aus zu rechtfertigen.

- Ahmadinedschad war zwar ein abscheulicher Mann, aber in der Frage des Holocaust hatte er recht. Mehr als einmal habe ich gehört: »Ich bin Ingenieur, ich weiß, wovon ich rede. Selbst für die Deutschen war es technisch unmöglich, in so kurzer Zeit mit solch rudimentären Einrichtungen sechs Millionen Menschen zu töten.«

Natürlich war es völlig sinnlos, diese »Wahrheiten« in Frage zu stellen. Wenn ich andere Interpretationen vorschlug, hielt man mich für naiv und unbedarft. Manchmal brachte man mir dann sogar ein gewisses Misstrauen entgegen, als ob ich selbst zu einem Teil dieser Verschwörung würde, indem ich zu beweisen versuchte, dass es sie nicht gab.

In den Sammeltaxis hörte ich oft den Chauffeur behaupten, dass die ständigen Verkehrsstaus nicht das Ergebnis einer unseligen Stadtplanung seien, sondern es sich dabei um ein raffiniertes Komplott des Mossad oder der CIA handle, deren eingeschleuste Agenten Staus provozierten, um die Moral der Iraner zu schwächen und ihren Weg zu Fortschritt und Unabhängigkeit zu verlangsamen.

Es handelte sich dabei um ein erstaunliches Phänomen: Trotz allem, was man über den Graben sagen und schreiben konnte, der die iranische Obrigkeit von ihrem Volk trennte, teilten sie doch dasselbe Verschwörungsdenken und waren sich sogar in der Frage der Schuldigen einig: Es waren die Zionisten, die Amerikaner und vor allem die Engländer. Diese Besessenheit war jedoch nicht auf die Abschließung des Iran seit der Revolution zurückzuführen. Als ich mich mit dem Thema näher beschäftigte[17], fand ich heraus, dass der Iran schon seit langem als die weltweite Hochburg der Verschwörungstheorien galt und dass bereits den Schah selbst diese Phobie in höchstem Maße auszeichnete. Als er 1949 beinahe einem Anschlag zum Opfer gefallen wäre, war er sich sicher, dass der britische Geheimdienst dahintersteckte, weil die Verlobte des Attentäters die Tochter eines Gärtners der britischen Botschaft war. Als Khomeini zum Führer der Opposition wurde, hielt es der Monarch für unmöglich, dass solch ein alter Mullah ohne die Hilfe des Mossad oder der CIA eine solche Bedeutung erlangen könne. Einmal glaubte er ernsthaft, dass die verschleierten Frauen, die auf der Straße gegen ihn demonstrierten, in Wahrheit verkleidete Männer und Mitglieder der Kommunistischen Partei seien. Er war ganz einfach unfähig, sich seine eigene Unbeliebtheit einzugestehen: Die riesigen De-

Reza und Amin haben ein Teppichgeschäft im Osten Teherans. Sie sind auf Bildteppiche spezialisiert, die man sich an die Wand hängt, anstatt sie als Bodenbelag zu benutzen.

monstrationen, die an die Pforten seines Palastes heranbrande-
ten, waren ganz bestimmt ein sowjetisches oder amerikanisches
Komplott oder das Werk der großen Ölunternehmen.

Ayatollah Khomeini wusste sicherlich, dass seine Popularität
und sein Erfolg nicht auf irgendwelche dunklen Machenschaften
des britischen Geheimdienstes zurückzuführen waren. Dies hinderte ihn jedoch nicht daran, sich sofort nach seinem Machtantritt
als genauso großer Anhänger aller möglicher Verschwörungstheorien zu erweisen wie sein Vorgänger, wenn so etwas überhaupt
möglich war. Er sah hinter jedem Hindernis auf seinem Weg »sa-
tanische Verschwörungen«, die seine sowjetischen, britischen
und vor allem amerikanischen Feinde ausgeheckt hatten (»Washington, diese blutrünstige Hyäne«, pflegte er zu sagen[18]).

Nicht zuletzt deswegen enthält das seit 30 Jahren in jeder
Rede und Freitagspredigt gebrauchte politische Vokabular Aus-
drücke, die in den westlichen politikwissenschaftlichen Lehrbü-
chern fast kaum noch auftauchen: *tuteah* (Verschwörung), *yasouj*
(Spion), *khianat* (Verrat), *vahasteh* (Abhängigkeit), *khatar-e kha-
redje* (ausländische Gefahr), *ummal-e kharedj* (ausländische Hände), *nafouz-e biganeh* (fremder Einfluss), *asrar* (Geheimnisse),
arosak (Marionette), *sotum-e panjom* (fünfte Kolonne), *nokaran-e
estemar* (Knecht des Imperialismus), *posht-e pardeh* (hinter dem
Vorhang), *posht-e sabneh* (hinter der Bühne).

Als die iranischen Wähler gegen das Ergebnis der Wahl vom
12. Juni 2009 zu demonstrieren begannen, erblickte das Regime
dahinter sofort die unsichtbare Hand der ausländischen Feinde.
In seiner ersten Rede vom 19. Juni bezeichnete der Oberste Führer Ali Chamenei die Westmächte als »hungrige Wölfe, die uns
aus dem Hinterhalt angreifen möchten und jetzt ihre diplomatische Maske fallen gelassen haben.«

Einige Tage später beschuldigte die Pro-Ahmadinedschad-Zei-
tung *Vatan-e Emrooz* den BBC-Korrespondenten Jon Leyne, der

am 21. Juni aus dem Iran ausgewiesen worden war, die Ermordung von Neda in Auftrag gegeben zu haben, der jungen Frau, deren von einem Demonstranten gefilmte Erschießung anschließend um die Welt ging. Das Motiv des englischen Journalisten lag klar auf der Hand: Er wollte ein großes Publikum erreichen und das iranische Regime diskreditieren. Im Januar 2010 strahlte *Press TV*, der iranische englischsprachige Fernsehsender, einen langen »Dokumentarfilm« aus, dessen Hypothese noch ausgeklügelter war. Danach wollte Neda ihren Tod nur vortäuschen, um damit den Ordnungskräften fälschlich einen Mord anzuhängen. Dazu habe sie sich falsches Blut ins Gesicht gespritzt. Ihre beiden Komplizen zogen es dann jedoch vor, sie zu erdrosseln, wobei sie so taten, als wollten sie sie retten. Damit wollten sie ihren Machenschaften eine noch größere Wirkung verleihen.

Die Auswirkungen all dieser Lügen und Manipulationen auf die öffentliche Meinung lassen sich nur schwer messen, da Meinungsumfragen ja gesetzlich verboten sind. Meiner Ansicht nach gehen sie kaum über die Kreise der Bassidschi und Revolutionsgarden hinaus. Die Anhänger der Grünen Bewegung wissen sehr wohl, dass sie nicht von irgendwelchen ausländischen Geheimdiensten manipuliert werden. Die anderen, die nicht mit der Opposition sympathisieren oder unpolitisch sind, haben schon immer ihre eigenen Verschwörungstheorien denen der jeweiligen Machthaber vorgezogen. Auf jeden Fall ist letztendlich die Ernsthaftigkeit jener entscheidend, denen man eine Verschwörung nachsagt. Wenn der Schah die Lage realistischer eingeschätzt hätte, hätte er vielleicht Mittel und Wege gefunden, die Revolution einzudämmen. Wenn das heutige Regime die authentischen Motivationen der Grünen Bewegung weiterhin unterschätzt, wird es ihm ebenfalls nicht gelingen, die Ruhe auf den Straßen wiederherzustellen und seine Legitimität zurückzugewinnen. In diesem Fall könnte es eines Tages teuer dafür bezahlen...

PERSEPOLIS UND DAS
IRANISCHE ERBE

n den Ruinen von Persepolis braucht es ganz schön viel Phantasie, wenn man sich den Glanz dieser Königsresidenz vorstellen will, die Alexander der Große im Jahr 330 vor Christus zerstörte. Einige Säulen wurden zwar eher hastig wiederaufgerichtet, und die gut erhaltenen Flachreliefs sind ein Wunder. Es ist nur schade, dass man über ihnen ein hässliches Blechdach errichtet hat. Im Übrigen ist die Landschaft eine riesige Stein- und Trümmerfläche, deren Umgebung eher einer Industriebrache gleicht. Der Parkplatz verschandelt den Ort noch weiter. Er liegt zwischen einem Touristendorf, das von der bulgarischen Architektur der Sowjetzeit beeinflusst wurde, und den verbogenen und verrosteten Überresten der Behelfsbauten, die der Schah für die protzige 2500-Jahrfeier des Persischen Reiches 1971 errichten ließ.[19]

Während der Revolution drückte Ayatollah Khomeini seine tief empfundene Verachtung für diese vorislamische Stätte aus, die er tatsächlich mit »Götzendienst« in Verbindung brachte (die Zerstörung von Götzenbildern ist ein Gebot des Propheten). Sein beflissener Diener Ayatollah Sadegh Chalkhali, der den schönen Beinamen »Schlächter der Revolution« trug, weil er in wenigen Monaten mehr als 400 Menschen hatte aufhängen lassen, schickte daraufhin eine Schlägerbande und einige Bulldozer nach Persepolis, die dieses Kunstdenkmal bestimmt vollkommen zerstört hätten, wenn sie nicht von den Einheimischen mit Steinwürfen vertrieben worden wären.[20] Als erster iranischer Präsident besuchte Mohammed Chatami 2001 Persepolis, um dort eine nationalistische Rede über das »Persertum« des Persischen Golfs zu halten.

Tatsächlich fällt es schwer, sich bei der Betrachtung des heutigen Iran die einstige Größe dieser Nation wirklich vorzustellen. Gegenwärtig haben wir es ja mit einem Land zu tun, das sich eher durch seine kulturellen Widersprüche, seine lethargische Wirtschaft und seine latente Feindschaft gegenüber dem Großteil der übrigen Welt auszeichnet. Der Iran leidet unter dem höchsten Braindrain weltweit. Jedes Jahr verlassen 150 000 junge Akademiker das Land,[21] um im Ausland Karriere zu machen. In den Vereinigten Staaten bilden sie inzwischen die wohlhabendste Diaspora. Das Regime unternimmt überhaupt nichts, um diesen Aderlass aufzuhalten, da es diesen jungen Leuten keine guten Arbeitsstellen anzubieten hat. Außerdem wird es auf diese Weise auch potentielle Protestler los.

Die meisten Iraner, selbst viele, die in der Regierung sitzen, sind sich durchaus bewusst, dass der Iran, den sie heute kennen, nur ein schwacher Abglanz dessen ist, was er sein könnte oder einst war. Trotzdem sind sie weiterhin ungeheuer stolz auf ihr Land und lassen sich gelegentlich sogar zu der Behauptung hinreißen, dass der Iran alles erfunden habe, die Literatur, die Musik, die Kochkunst und die Wissenschaft. Das ist natürlich weit übertrieben. Trotzdem muss man dem Iran (oder Persien, wie das Land bis 1935 genannt wurde) einen ganz besonderen Genius zugestehen. Im Folgenden möchte ich einige wichtige Beiträge des Iran zur Kulturentwicklung der Menschheit in einer kurzen Liste aufführen, die sich auf eine ausführlichere Darstellung des Briten Jason Elliot stützt.[22] Beginnen möchte ich mit einigen außerordentlichen Persönlichkeiten, Universalgelehrten mit einer weltweiten Ausstrahlung:

- Ibn Sina, der »Fürst der Gelehrten«, den man im Westen unter dem Namen Avicenna kennt und dessen *Kanon der Medizin* zum meistgelesenen medizinischen Lehrbuch der Welt wurde, war Autor der größten Enzyklopädie, die bis zum Ende des Mittelalters ein einzelner Mensch verfasste. Man schreibt ihm 450 Abhandlungen zu, von denen 230 erhalten sind. Sie befassen sich mit Linguistik, Grammatik, Phonetik, Mystik, Theologie, Dichtkunst, Logik, Mathematik, Metaphysik und Kosmologie.
- Nasreddin Tusi war einer der einflussreichsten Astronomen des Mittelalters, schrieb jedoch auch über Ethik, Psychologie und psychosomatische Medizin, auf Persisch, Arabisch und Türkisch.
- Al-Farabi, ein Philosoph, übersetzte und interpretierte die Schriften von Platon und Aristoteles.
- Abu Raihan Biruni, einer der größten muslimischen Philosophen, war auch Geograph, Geschichtsschreiber, Naturkundler und Physiker. Außerdem übersetzte er Abhandlungen über die indische Mystik.
- Omar Kayyam war nicht nur ein großer Dichter, sondern auch einer der größten Mathematiker aller Zeiten. Wir verdanken ihm den im Iran immer noch gültigen Sonnenkalender, der genauer ist als der Gregorianische Kalender, weil er dank seiner Synchronisierung über die Frühjahrs-Tagundnachtgleiche die Schaltjahre vermeidet. Darüber hinaus verfasste er Abhandlungen über Mechanik, Geographie und Musik.
- Dutzende andere weniger bekannte Denker leisteten bedeutende Beiträge auf dem Gebiet der Medizin, Anatomie, Landwirtschaft, Musiktheorie, Hydrologie, Botanik und Opthalmologie.[23]

Maziar, 25 Jahre, ist Buchhalter in der Verwaltung der Ruinenstätte von Persepolis. Hier spricht er mit einem Arbeiter, der sich um die Erhaltung der achämenidischen Flachreliefs aus dem 5. Jahrhundert v. Chr. kümmert.

Neben diesen herausragenden Persönlichkeiten hat die Welt dem Iran noch eine ganze Reihe von Erfindungen zu verdanken:

- Die ersten internationalen Verwaltungsmodelle,
- den Bankscheck,
- den ersten Postdienst.[24]
- den Text, den man als erste Menschenrechts-Charta ansieht, der auf dem berühmten Kyros-Zylinder eingraviert wurde und die Religionsfreiheit in dem Moment proklamiert, als die Perser gerade Babylon erobert und die jüdischen Sklaven befreit hatten,[25]
- das erste astronomische Observatorium,
- die erste Rechenmaschine,
- den Dezimalbruch, den Algorithmus, die Trigonometrie und die Algebra,
- den Sonnenkalender,
- das Astrolabium und den Theodolit,
- die Ilkhanischen Tafeln, die die Berechnung der Planetenpositionen erlaubten,
- das erste mechanische Uhrenmodell,
- die ersten elektrischen Batterien, spezielle Tongefäße aus dem Partherreich (247 v. Chr. bis 224 n. Chr.), die jeweils zwei Volt lieferten,
- Wind- und Wassermühlen,
- das Kettenhemd,
- die Freimaurerei, deren Urform der Orden der zoroastrischen Magier gewesen sein soll,
- Teppiche und Miniaturen,
- glasierte Fliesen, Porzellan und Fayencen,
- die Zuchtrose und die Tulpe,
- die Karotte und die Traube von Schiras,
- die Tradition der Königskrone,

- das Kaschmirmotiv,
- die Architektur des Tadsch Mahal,
- die phrygische Mütze,
- die christliche Eschatologie, die Vorstellung von einem Paradies und einer Hölle, sowie der Gebrauch von Wein bei Gottesdiensten,
- die Heiligen Drei Könige, das Datum des Weihnachtsfests und die Tradition des Tannenbaums.
- die Erzählungen aus *Tausendundeiner Nacht.*
- Schach und Polo, manche meinen sogar das Tennisspiel...

TEHERAN, DIE STADT OHNE EIGENSCHAFTEN

In Teheran leidet man unter der Luftverschmutzung: Jährlich sterben an ihr wenigstens 4600 Menschen. Kein Wunder, werden doch täglich fünf Tonnen Blei in die Luft abgegeben. Und man leidet unter Verkehrsstaus: Zwei Millionen Fahrzeuge benutzen ein Straßennetz, das nur für ein Zehntel davon ausgelegt ist. Man leidet unter Platzmangel: Man müsste jeden einzelnen Monat 60 000 neue Wohnungen bauen, um die Wohnungskrise zu beheben. Der Wohnraummangel ist für zehn Millionen junge Leute, die gezwungen sind, immer noch bei ihren Eltern zu leben, das wichtigste Heiratshindernis. Man leidet unter Lärm: Aufgrund der ständigen Verkehrsstaus können die Baustellen nur nachts betrieben werden. Man leidet unter Lichtmangel: Die Bodenspekulanten errichten Wolkenkratzer zwei Meter neben Einfamilienhäusern, und man leidet unter der Drogensucht: Jeden Tag werden dort fünf Tonnen Opium oder Opiumderivate konsumiert.

Trotzdem wären die unglücklichen Teheraner sicher froh, zu erfahren, dass sie Teil eines Avantgardephänomens sind: Der »Generic City«, der »Stadt ohne Eigenschaften«. Der Begriff stammt von Rem Koolhaas, dem niederländischen Stararchitekten. Er selbst war zwar noch nie in Teheran, aber er sollte das unbedingt einmal nachholen. Immerhin unternehmen immer mehr seiner Amsterdamer und New Yorker Studenten Studienreisen in die iranische Hauptstadt.

Das wichtigste Merkmal einer solchen eigenschaftslosen Stadt besteht darin, dass »sie sich vom Würgegriff des Zentrums befreit hat«.[26] Das Teheraner Stadtzentrum hat sich im Verlaufe eines Jahrhunderts dermaßen verlagert, dass es inzwischen überhaupt nicht mehr zu finden ist. Vor dem Ersten Weltkrieg lag es direkt vor dem Basar. Dann stieg es unter Reza Schah, einem autoritären Modernisten, der 1921 die Macht übernahm, schnell zum Kanonen-Platz (dem heutigen Khomeini-Platz) hinauf. Als sein Sohn Mohammed Reza, der in der teuersten Schweizer Privatschule ausgebildet worden war, 1941 die Herrschaft antrat, befand sich das Zentrum 500 Meter weiter nördlich am Firdausi-Platz in der Nähe der russischen und der britischen Botschaft und verschiedener Literatencafés. Nach dem Staatsstreich gegen Mossadegh im Jahr 1953 rutschte das Zentrum noch einmal 500 Meter nach Norden und ließ sich während der ganzen verrückten Petrodollar-Periode im Umfeld der amerikanischen Botschaft nieder (die heute als »Spionagenest« verteufelt wird). Als Bekräftigung entstanden entlang der Persepolis-Avenue (der heutigen Ayatollah-Taleghani-Avenue) eine Reihe von Hochhäusern aus Glas und Stahl. Hier blieb das Zentrum bis zur Revolution von 1979. Danach kam gar nichts mehr: Die Macht zerstreute sich, und so vervielfachten sich auch die Zentren.

Als wolle die Metropole Kohlhaas' Definitionen noch weiter bestätigen, hat Teheran sich auch der »Zwangsjacke der Identität« entledigt, was zu eigenartigen Entwicklungen geführt hat. Ursprünglich eine orientalische Stadt, wurde sie in kurzer Zeit durch die Faszination der Pahlavi-Dynastie für alles Westliche und durch das in den 1970er Jahren auf Land und Stadt herabregnende Ölgeld verschandelt. Eigentlich hätte man annehmen sollen, dass die Islamische Revolution und ihre Slogans über die westliche Kulturverschmutzung diese Entwicklung gestoppt hätten. Das Gegenteil war jedoch der Fall. Als ob die Architektur nicht so viel Kontrolle verdiene wie der Frauenschleier oder die Satellitenschüsseln, wurden immer mehr Stadtautobahnen gebaut, was die iranische Hauptstadt bald wie ein zweites Los Angeles aussehen ließ. Es zeigt sich darin ein gewisser Pragmatismus, aber auch Stolz. Noch bevor Dubai seinen 828 Meter hohen Chalifa-Turm fertigstellen konnte, wollte Teheran unbedingt seinen 435 Meter hohen Milad-Turm zu Ende bauen, was dann auch tatsächlich gelang. Dabei nahm man sich gar nicht erst die Zeit zu fragen, wozu der überhaupt gut sei, außer dass er eine große Fernsehantenne trägt.

Wie konnte es so weit kommen? Für Darab Diba, Architekturprofessor an der Universität Teheran, ist die Erklärung ein starker Hass auf die Vergangenheit. »Die traditionelle iranische Wohnstatt zeichnete sich durch ihre Abgeschlossenheit aus«, erklärt er. »Die Anwesen bestanden aus verschiedenen Höfen. Es gab den *Biruni* (Außen)-Hof für die Männer, den auch die Besucher manchmal betreten durften. Und dann gab es den *Andaruni* (Innen)-Hof für die Frauen. Über alles zusammen herrschte der Patriarch. War er alt, reich und angesehen, konnte er zu einem *Risch-e sefid* (›Weißbart‹) werden und seine Autorität über das gesamte Viertel ausdehnen.« In diesen altorientalischen Städten gab es also keinerlei Romantik, sondern nur Unfreiheit und mangelnden Komfort. »In den besseren Familien«, fährt Diba fort, »wurde die Entwicklung der Kinder von der riesigen Dienerschaft regelrecht erstickt. Ihnen fehlte jede Information über die Außenwelt, die Demokratie oder die Regeln der Hygiene.«

Dagegen ist angesichts der zahlreichen Verbote und Tabus auf der Straße und im öffentlichen Raum, wo Tradition und Religion das Spiel bestimmen, der private Bereich heute der Ort der Freiheit, in dem allerdings der Grad der Verwestlichung vom gesellschaftlichen Status abhängt. Dabei herrscht in der Stadt eine unerbittliche Hierarchie. Im Teheraner Süden, am Rand der Wüste,

Die Silhouette des 435 Meter hohen Milad-Turms beherrscht heute den gesamten Nordwesten Teherans. Manche halten ihn bereits für das neue Wahrzeichen der Hauptstadt.

verfügen die Familien der Geringverdiener nur über einen einzigen Raum, in dem sie auf dem Boden schlafen und essen. Im Norden hat die revolutionäre Elite, die sich durch Konfiszierungen und Korruption bereichern konnte, den überkitschigen Geschmack des traditionellen Bürgertums und des letzten Schahs in jeder Hinsicht übernommen: ein Übermaß an Säulen, Kuppeln und Giebeln, überall Marmor, selbst in der Garage, und in den Zimmern französische Stilmöbel von irgendeinem Ludwig und kostbare Perserteppiche.

In beiden Fällen wird das Innere der Wohnung gepflegt und in Ordnung gehalten. Dies steht in einem absoluten Gegensatz zum öffentlichen Raum, in dem das Chaos herrscht. Hier begegnen wir einem weiteren Teheraner Mysterium: Wie kann eine solche Ansammlung von privater Schönheit zu einer solchen kollektiven Hässlichkeit führen? Darauf gibt es eine doppelte Antwort. Einmal haben die Stadtplaner den Krieg gegen die Massenwucherung schon im Vorhinein verloren. Zum anderen wäre hier das Misstrauen zu nennen, das in Persien schon immer zwischen Regierenden und Regierten geherrscht hat. Niemals gab es auch nur die geringste Zusammenarbeit zwischen diesen beiden Bereichen, nur ein ständiges Kräftemessen. Während die Regierten auf dem Feld der Politik gerade hart bedrängt werden, konnten sie sich doch zwei Bereiche sichern: den Verkehr und das Bauen.

Ihre fehlende Vergangenheit macht Teheran zu einer freien Stadt. Andere als Koolhaas würden sie sogar wild nennen. Die auf einem sanften Abhang der Elburs-Kette gelegene alte Hauptstadt der Gärten hat sich aufgrund ihrer Bevölkerungsexplosion (von 3,5 Millionen Einwohnern im Jahr 1979 auf zwölf Millionen heute), der Bauspekulation und dem Fehlen eines Entwicklungsplans in eine aggressive Metropole verwandelt. In einer weitgehend vom Staat kontrollierten Wirtschaft flüchtet das Kapital aus der Industrie in den Bau von Luxusimmobilien.

Zwei Arbeiter aus der westiranischen Provinz Aserbaidschan arbeiten an der Fertigstellung des Teheraner Milad-Turms.

Die Schäden dieser Entwicklung waren bis zum Ende der 1980er Jahre noch begrenzt. Aus Gründen der Ästhetik und des Erdbebenschutzes war es verboten, mehr als vier Stockwerke hoch zu bauen. Am Ende des Kriegs gegen den Irak war die Stadt jedoch pleite und brauchte dringend Geld, um ihre Angestellten zu bezahlen, Autobahntrassen quer durch das urbane Chaos zu schlagen und die Müllabfuhr aufrechterhalten zu können. Sie begann deshalb, »Luft zu verkaufen«. Für jedes weitere Stockwerk reichte es, wenn man eine bestimmte Gebühr bezahlte. Für Darab Diba verkaufte die Stadt damit das Recht ihrer Bürger, das Licht zu sehen und frei zu atmen. »Die Inkohärenz, das allgemeine Unbehagen, der Verkehr und die ganze Verschmutzung sind so nicht mehr tragbar«, sagt er. »Alle Konzepte einer räumlichen Qualität und einer menschlichen Umwelt haben sich einfach aufgelöst.«

Rem Koolhaas fügt noch eine weitere Eigenschaft der Städte ohne Eigenschaften an: »Den Stadtplanern geht es dort wie Schachspielern, die gegen einen Computer verlieren.«[27] In Teheran hatten die Stadtplaner noch nie etwas zu sagen. Am seltsamsten ist jedoch, dass auch die Architekten kaum gehört werden: Tatsächlich stammen nur 15 Prozent der Pläne der in Teheran errichteten Bauten von ihnen. Der Rest ist das Werk von Bauunternehmern, die, um ihren Kunden zu gefallen, die Wohnungsmagazine kopieren, die ihnen die Auslandsiraner aus Kalifornien schicken.

Professor Diba sieht jedoch wenigstens einen Fortschritt, den die iranische Metropole seit 1979 gemacht hat: Ihre Struktur ist etwas demokratischer geworden. »Die gesellschaftliche Wirklichkeit spiegelt sich heute besser wieder als in der feudalen Stadt der tausend Familien«, sagt er. Die Hierarchie zwischen den Armen unten und den Reichen auf dem Berg besteht zwar immer noch, aber die Unterschiede haben sich doch verringert.

Jahrzehntelang kam das Wasser der aus dem Elburs herabströmenden Bäche in den Häusern und großen Gärten des Nordens noch ganz sauber und rein an. Gelangte es dann jedoch in die Armenviertel 15 Kilometer weiter südlich, war es schmutzig und ekelerregend (wenn es sie nicht sogar überschwemmte). Damals fuhren ständig Trinkwasserverkäufer mit ihren von Mulis gezogenen Tankwagen durch den Süden: Sie verkauften das *Ab-e schah* (Wasser des Königs), das sie unweit des Schah-Palastes in den Bergen geholt hatten. Heute hat jeder in der Stadt fließendes Wasser.

Teheran mag demokratisch sein, aber es steht unter strenger Kontrolle. Östlich und westlich der Hauptstadt liegen große Militärlager. Man misstraut einer Metropole, die schon einmal eine Revolution angezettelt hat. In den Zeitungen denkt man manchmal darüber nach, ob man wieder einmal die Hauptstadt verlegen sollte, um Teheran zu entlasten. Man könnte ja nach Isfahan oder Qazvin zurückkehren oder etwas ganz Neues mitten in der Wüste bauen. »Das ist unmöglich«, meint dazu ein iranischer Politologe. »Die Islamische Republik hat die gesamte politische, wirtschaftliche, militärische und Medienmacht hier in Teheran konzentriert, weil sie immer noch Angst hat, gestürzt zu werden. Ein Wechsel der Hauptstadt wäre also gleichbedeutend mit einem Regimewechsel.«

DER TEPPICH

Seit drei Jahrtausenden ist der Teppich der raffinierteste Ausdruck der persischen Kunst. Seine Motive stellen das Paradies des ewigen Frühlings dar, das durch einen Garten symbolisiert wird. Ein bewässerter Garten voller feinst duftender Blüten, in ein sanftes Licht getaucht und von einer fruchtbaren Frische. Der Teppich ist der Schutzraum der Träume und der Hingabe, des sinnlichen Hedonismus, wo sich die Seele emporschwingen kann. Seine Darstellungen des Lebensbaums, von Blumen und Tieren, sowie seine geometrischen Motive haben eine mystische Kraft, die die bösen Geister zu bannen vermag.

Der Teppich ist gleichzeitig der wertvollste Gegenstand, den die Iraner besitzen. Er ist ihr Hochzeitsgeschenk und das Herzstück ihres Hauses. Er hält die Wärme und schützt vor den Unreinheiten des Bodens. Man isst auf dem Teppich, indem man ein Baumwoll- oder Plastiktuch darauf ausrollt. Man schläft auf ihm auf Matratzen, die man am Tag gegen die Wand stapelt. Man trinkt Tee darauf, tanzt darauf und betet darauf. Der Teppich muss immer vollständig zu sehen sein, er ist ein reiner Raum, der das tägliche und spirituelle Leben organisiert und dessen Abgrenzung gegen die Außenwelt durch seine Fransen und Borten gekennzeichnet wird.

Als Symbiose der mystischen und der Lebenskunst ist der Teppich auch ein entscheidender Bestandteil der persischen Wirtschaft. Mit der Schafzucht, dem Spinnen der Wolle, der Herstel-

Ein Teheraner Basarhändler präsentiert ein Sondermodell für Kunden mit einem ganz speziellen Geschmack, das ihm ein anderer Laden diskret zur Verfügung gestellt hat. Der Teppich, ein Seidenwollgewebe, zählt pro Quadratzentimeter 90 asymmetrische Knoten und kostet 2000 Euro.

lung der natürlichen Farbpigmente, dem Weben der Teppiche, ihrer Pflege, Instandhaltung, dem Handel damit sind insgesamt fünf Millionen Iraner beschäftigt. Doppelt so vielen verschafft er ihren Lebensunterhalt, immerhin jedem siebten Einwohner des Landes. Teppiche sind mit 420 Millionen Dollar im Jahr 2008 das zweitwichtigste iranische Exportgut nach dem Erdöl.

HAFIS

Vor der Revolution war Lalezar das Teheraner Nachtclub-
und Bordellviertel. Herr Ismail brachte damals die roten
Neonlichter dieser Nachtetablissements in die gewünsch-
te Form. Seltsamerweise ist das Viertel auch nach 1979 das Zentrum der farbigen Leuchten geblieben. Man findet dort alles, was
man zur Einrichtung einer heimischen Tanzfläche braucht, ul-
traviolette Lampen, Stroboskope und mit kleinen Spiegeln verkleidete Diskokugeln. Mit gesundem Pragmatismus hat sich
Herr Ismail zu einem Dekorateur für Floristen und Konditoren
verwandelt. Trotzdem verspürt man bei ihm daheim wie in den
Straßen der Umgebung immer noch eine gewisse Nostalgie
nach den wilden Siebzigerjahren. Als wir ihn in seiner Werkstatt
besuchten, stellte Herr Ismail gerade eine Neoninstallation fertig, die man als das Wort *eshq* (Liebe) lesen konnte. Er zitierte dazu auswendig die passende Strophe eines Hafis-Gedichts:

> *Aus meinen Augen lass ich fließen*
> *Tränenströme auf die Brust,*
> *um das Liebeskorn zu gießen,*
> *das ich pflanzte in dein Herz.*[28]

Wir kamen gerade aus Schiras zurück, wo die Iraner Hafis
(ca. 1310–1380) gerne ihre Sorgen und vor allem ihr Herzeleid
anvertrauen. Der Dichter ruht dort in einem von Blumen umge-

benen Grabmal, dem ein bezauberndes Teehaus angegliedert ist. Alles dort ist darauf angelegt, die Besucher an ihr künftiges Schicksal denken zu lassen: Weise alte Männer, manchmal Derwische, legen gegen etwas Geld Hafis-Verse aus, die man entweder aufs Geratewohl selbst aus einer Schachtel ziehen oder sich von einem Papagei herauspicken lassen kann. Als die Nacht hereinbrach, umkreiste ein junges schlankes Mädchen mit ihrer Gedichtsammlung in der Hand leise flüsternd das Grabmal. Sie trug einen sehr eleganten Mantel und ein grünes Band ums Handgelenk, das Zeichen, dass sie den Oppositionskandidaten Mir-Hussein Mussawi bei den nächsten Wahlen unterstützen würde. Ab und zu trat sie an das Souvenirgeschäft heran, um in dessen Licht ein paar Verse zu lesen.

»Ich besuche fast jede Woche das Hafis-Grab«, erzählte sie uns später. »Wenn wir verängstigt oder traurig sind, kommen wir hierher. Wir Iraner sind eigentlich immer traurig! Der Ort hier ist so friedlich. Wir glauben fest an den *Fall* des Hafis. Sie stellen eine Frage oder sie wünschen sich etwas, und dann öffnen Sie das Buch und lassen Ihre Hand dabei von Gott leiten. Die besten Antworten erhält man, wenn man seinen Wunsch im Augenblick des Gebetsrufs äußert. Hafis hilft uns, die richtigen Entscheidungen zu treffen. Er ist wie ein enger Freund, was er uns sagt, ist wirklich schön.«

Schahnaz hatte hinreißende nussbraune Augen, trug einen neonrosa Lippenstift und ein Kopftuch aus weißem Krepp, das ihre hohe gepuderte Stirn und die Wurzeln ihrer nach hinten gekämmten Haare freiließ. Wir wollten dann wissen, was für eine Art von Fragen sie dem großen Poeten stellen wolle.

»Manchmal gibt Hafis keine Antwort, sondern macht uns nur Hoffnung. Als ich das letzte Mal da war, fragte ich wegen meinem Verlobten um Rat. Meine Eltern haben ihn ausgewählt. Ich dagegen wollte ihn nicht.«

Herr Ismail, 64 Jahre, formt seit 45 Jahren im Teheraner Stadtteil Lalezar Neonröhren. Diese hier bedeutet im Persischen »Liebe«.

»Und was hat Hafis gesagt? «

»Dass mein Verlobter mich liebt. «

»Und Sie? «

»Ich liebe den Mann nicht, mit dem ich verlobt bin. Aber ich glaube, dass, wenn Menschen auf einen gemeinsamen Weg geschickt werden, sie diesen auch bis zum Ende gehen müssen. Deshalb werde ich ihn heiraten.«

»Warum haben Sie sich nicht dagegen aufgelehnt?«

»Aus Respekt vor meiner Familie. Wenn die Kinder dem Rat ihrer Eltern folgen, geht die Ehe in 99 Prozent der Fälle gut.«

»Sie sind sich dessen sicher?«

»Ja. Denn im Iran enden nur fünf Prozent der Liebesbeziehungen mit einer Heirat. Und nur ein Prozent dieser Liebesheiraten ist erfolgreich.«

»Manchmal ist der Bräutigam nett bis zur Hochzeit und ändert sich dann. Fürchten Sie, dass es Ihnen genauso gehen könnte?«

»Die Verliebtheit kann einen Monat, ein Jahr oder zehn Jahre dauern, und danach müssen wir unser Leben leben. Es ist nicht die Liebe, die unser Leben antreibt: Man muss leben, das ist alles. Ich habe keine Angst vor dem, was danach passieren wird, weil ich weiß, *was* passieren wird.«

»Und was wird passieren?«

»Das ist eine sehr persönliche Frage. Ich kenne zwar meinen Verlobten, aber ich will ihn nicht lieben.

»Vielleicht kommt die Liebe später?«

»Ich glaube, dass ein Paar sich nicht unbedingt lieben muss, um zusammenzuleben.«

»Aber was macht man dann mit jenem Teil der Liebe, der in jedem von uns steckt und von dem Hafis ständig spricht?«

»Diese Liebe kann ich mit meinen zukünftigen Kindern erleben.«

»Hafis hat Ihnen gesagt, dass Ihr Verlobter Sie liebt, aber haben Sie ihn gefragt, ob Sie ihn wirklich heiraten sollten?«

»Ich bin nicht zu Hafis gekommen, um die Meinung von jemand anderem über diese Frage zu erfahren. Ich wollte nur verstehen, was über mich entschieden wurde, nämlich diesen Mann zu heiraten.«

DIE HOMOSEXUALITÄT

In der Frage der Homosexualität gibt es im Iran trotz allem eine Übereinstimmung, wenn nicht gar eine Komplizenschaft zwischen dem Regime und der Bevölkerung. Zuerst einmal ist sie in den Augen des Gesetzes ein schweres Verbrechen, von dem nicht weniger als 27 Paragraphen des Strafgesetzbuches von 1991 handeln. Frauen werden für eine lesbische Beziehung mit 100 Peitschenhieben bestraft. Beim dritten Rückfall werden sie zum Tod durch Erhängen verurteilt. Bei den Männern wird »Sodomie« automatisch mit dem Tod bestraft. Der Richter muss dann nur noch über die Art der Hinrichtung entscheiden. Meist werden sie gehängt. Dieses Schicksal trifft pro Jahr etwa zehn Homosexuelle. Manchmal wird der Sodomie-Vorwurf auch einfach der angeblichen Verbrechensliste eines politischen Dissidenten hinzugefügt, um dessen sichere Verurteilung zu gewährleisten. Dies war zum Beispiel der Fall bei dem Schriftsteller Ali Akbar Sa'idi Sirjani (1934–1994), der dann jedoch nicht gehängt, sondern im Gefängnis zu Tode gefoltert wurde.

Auf politischer Ebene wird die Homosexualität oft als westliche Perversion angeprangert. Mehrere Historiker bestätigen, dass in den Jahren 1978 und 1979 die revolutionäre Wut durch die (falsche) Vorstellung noch weiter angeheizt wurde, die Homosexualität werde am Hof des Schahs frei praktiziert. Dieses Gerücht hatte seinen Ursprung wohl in der Parodiedarstellung einer Schwulenhochzeit, die die Mitglieder des damaligen Justizministeriums einmal aus Jux veranstaltet hatten, die dann aber von der Öffentlichkeit tödlich ernst genommen worden war. Tatsächlich ist die Homosexualität in der iranischen Gesellschaft immer noch ein absolutes Tabu. Nicht selten zeigen Eltern ihre eigenen homosexuellen Kinder bei den Behörden an. Für sie ist deren Hinrichtung immer noch besser als der unaustilgbare Fleck auf ihrer Ehre. Seltsamerweise gibt es trotzdem zahllose iranische Witze, in der die Einwohner der 120 Kilometer westlich von Teheran gelegenen Stadt Qazvin als »Sodomisten« dargestellt werden.

Am 24. September 2007 wurde Präsident Mahmud Ahmadinedschad von der Columbia-Universität in New York zu einem »Dialog« mit ihren Studenten eingeladen. Auf die Frage: »Ihre Regierung hat sehr schwere Strafen, die bis zur Todesstrafe gehen können, gegen iranische Bürger verhängt, die Homosexuelle sind. Warum?«, gab er zur Antwort: »Wir haben keine Homosexuellen wie ihr in eurem Lande. Ich weiß nicht, wer Ihnen so etwas erzählt hat.« Seine Erklärung erregte in der ganzen Welt fassungsloses Erstaunen, wurde jedoch von nicht wenigen seiner Landsleute unterstützt.

Trotzdem gründet dieser homophobe Konsens zwischen der Bevölkerung und der iranischen Führung in Wirklichkeit auf einer riesigen historischen Lüge. Nicht die Homosexualität wurde nämlich aus dem Westen eingeführt, sondern die Vorstellung, dass diese bestraft werden müsse.

Die Verantwortlichen der obersten iranischen Kulturbehörde, des Ministeriums für islamische Führung sowie zahlreiche Literaturprofessoren entwickelten alle möglichen Argumente, um die Anspielungen auf eine Erotik zwischen Männern in der mystischen und klassischen iranischen Poesie zu leugnen oder zu widerlegen. Für die Professorin Janet Afary ist diese Gedankenbastelei eine böswillige Geschichtsklitterung. Sie zeigt in ihrer grundlegenden Untersuchung über die Sexualpolitik im modernen Iran[29], dass die sexuelle Beziehung zwischen einem Meister und seinem Schüler gängige Praxis war. Sie war voll in das hierarchische Protokoll integriert, das außerdem genau festlegte, welche Geschenke der Schüler seinem Meister zu bringen hatte und welche Wissensgebiete dieser im Gegenzug vermitteln musste: Literatur, Religion, Naturwissenschaften und manchmal auch militärische Fragen. Darüber hinaus kann Afary zeigen, dass es im ganzen Land bis Mitte des 17. Jahrhunderts Einrichtungen mit männlicher Prostitution gab, die sogar Steuern zahlten. Gleichzeitig weist sie darauf hin, dass es damals auch *Sigheh* (Zeitehen, vgl. S. 206) zwischen zwei Männern und zwischen lesbischen Frauen gegeben habe.

Damals existierte eine ganze Literaturgattung, die sogenannten »Prinzenspiegel«, die Väter für ihre Söhne oder Wesire für ihre Sultane verfassten. Im *Qabus Nameh*, dem bereits von Goethe geschätzten *Buch des Kabus* aus dem Jahr 1083, sagt ein Vater zu seinem Sohn: »Was Frauen und Knaben angeht, solltest du deine Neigungen weder auf die einen noch auf die anderen beschränken. Du solltest dein Vergnügen auf beiden Seiten suchen, ohne dich von einer zu entfremden. Im Sommer solltest du deine Begierden auf Knaben und im Winter auf deine Ehefrauen richten.«

In den Zeiten Kaiser Nasreddin Schahs, der Persien von 1848 bis 1896 regierte, war es üblich, dass auch Knaben Teil des Harems waren. Der Schah selbst hatte einen Geliebten, Malijak, der später in seinen Memoiren stolz erzählte, mit welchem Ungestüm der Kaiser ihn immer umarmt habe und wie eifersüchtig deshalb die anderen Konkubinen geworden seien.

Dies alles sollte sich jedoch Anfang des 20. Jahrhunderts mit der Konstitutionellen Revolution ändern. Die Vorstellungen dieser Bewegung von einer parlamentarischen Demokratie stamm-

Hossein und Mohamad, 24 und 26 Jahre, verbringen den Tag in dem zwei Fahrtstunden von Schiras entfernten Behest-e Gomshode (»Das verlorene Paradies«).

ten aus dem Westen. Gleichzeitig hatte sie jedoch auch Karl Marx' äußerst homophobe Ansichten übernommen. Homosexuelle Praktiken galten jetzt als Zeichen orientalischer Rückständigkeit und autokratischer Dekadenz. Sofort nachdem Reza Pahlavi 1925 die Kadscharen-Dynastie gestürzt hatte, erklärte er Homosexualität für ungesetzlich und ließ zahlreiche klassische Gedichte mit homoerotischen Anspielungen aus den Zeitungen und Schulbüchern entfernen.

Die heterosexuelle Monogamie wurde zu einem Beweis des Patriotismus und der Modernität. Man folgte dabei dem Vorbild des Westens, dessen wissenschaftliche und technische Fortschritte man ja unbedingt kopieren wollte. Eine der wichtigsten Gestalten dieses homophoben Nationalismus der 1930er und 1940er Jahre war der Journalist und Historiker Ahmad Kasravi, der Gründer der Pak-Dini (Reinheit der Religion)-Bewegung. An jeder Wintersonnenwende veranstaltete er eine rituelle Verbrennung »unreiner« Bücher. Er ging sogar so weit, die Verehrung der mystischen persischen Poesie als eine Verschwörung der Briten zu »entlarven«, die dadurch den Iran von seiner Konstitutionellen Revolution abbringen und durch unmoralische Praktiken korrumpieren wollten.

Heute hat sich der Westen in der Frage der sexuellen Minderheiten weiterentwickelt, während der Iran immer noch in seinem erst vor kurzem angenommenen, aber dafür umso grausameren radikalen Rigorismus zu verharren scheint, der eigentlich eine Verneinung seiner eigenen Identität darstellt. Die einzige Erinnerung an seine tolerantere Vergangenheit sind die einschlägigen Witze. Einer erzählt von einem Dissidenten, der in eine Gefängniszelle in Qazvin geworfen wird.

»Mit wem hast du es also von hinten getrieben, mit deinem Onkel?«, fragen ihn die anderen Insassen.

»Nein.«

»Also hast du es mit deinem Bruder getrieben?«

»Nein ...«

»Du hast es also nicht einmal deinem Sohn von hinten besorgt?«

»Nein, nein, ihr seid auf der falschen Fährte, das Ganze ist politisch ...«

»Ach so, also hat dich das Regime in den Hintern gebumst!«

AM SWIMMING-POOL

D rei junge Mädchen und zwei Brüder haben sich zu einem Gespräch mit uns am Swimming-Pool verabredet. Dieser ist wie der Großteil der Teheraner offenen Schwimmbecken leer, da die Gesetze der Islamischen Republik es verbieten, sich in einem Badeanzug zu zeigen, wenn die Nachbarn das sehen könnten. Die fünf sind zwischen 19 und 25 Jahre alt, und ihre Eltern gehören zur oberen Mittelschicht (Ingenieure und Kaufleute, von denen einige bereits im Ruhestand sind).

Seid ihr stolz auf euer Land? Stolz darauf, dass der Iran im letzten Monat einen Satelliten in den Weltraum geschossen hat?

ARZANEH: Nicht wirklich.

YASHAR: Freunde haben mir das von diesem Satelliten erzählt. An dem Abend, als das im Fernsehen gezeigt wurde, habe ich mir ein Spiel mit dem AC Mailand angeschaut.

ELHAM: Ich habe von diesem Satelliten gehört. Aber das interessiert mich nicht.

MAHSAN: Solche politischen Fragen könnten Ihnen meine Eltern sicher besser beantworten.

Wie fühlt ihr euch hier in Teheran, frei oder unterdrückt?

MAHSAN: Ich wollte den Iran noch nie verlassen! Man hat hier jede Freiheit, die man will. Ich lebe hier, ich habe mich angepasst.

ELHAM: Ich reise gern von Zeit zu Zeit ins Ausland, nach Dubai, in die Türkei, nach Malaysia, nach Aserbaidschan und sogar nach Kanada. Jedes Mal, wenn ich zurückkomme, fühle ich mich gut. Es gibt nichts Besseres als den Iran.

Und was mögt ihr am Iran?
ARZANEH: Die zwischenmenschlichen Beziehungen. Die Leute sind zuvorkommend und freundlich. Man ist sich untereinander sehr nah.
MAHRIAR: Und es ist billig.
ELHAM: Es gibt bei uns keine Nachtclubs, aber wir organisieren dafür selbst ganz phantastische Partys. Hier kann man sich wirklich amüsieren. Mein Onkel hat dreißig Jahre in den Vereinigten Staaten gelebt. Als er zurückkam, hat er »Wow« gerufen. »So was gibt es dort nicht!«
YASHAR: Ich mag den Autotrick.

Der Autotrick, was ist denn das?
YASHAR: Man fährt zum Beispiel die Jordan-Allee hinunter. Durchs Fenster zeigst du dann einem Mädchen in einem anderen Auto deine Telefonnummer. Sie ruft dich zurück, und ihr habt Spaß. Du kannst mehrere Geschichten zur gleichen Zeit laufen haben. Wenn du ein schönes Auto hast, gehst du in ein Einkaufszentrum und bietest den Mädchen eine Spritztour an. Ich hatte einen Citroën Xanthia, da hat das gut funktioniert. Das einzige Problem ist, dass man heute kaum noch ein hübsches Mädchen findet, das mit 16 noch Jungfrau ist.

Ist Jungfräulichkeit für dich wichtig?
YASHAR: Um sich zu amüsieren, nein, dann ist es egal. Aber wenn ich eines Tages heirate, hätte ich gern, dass meine Frau noch Jungfrau ist.

Habt ihr Angst vor der Polizei?

Mahriar: Auch wenn man Alkohol trinkt, kann man ausgehen und Auto fahren, man muss bloß aufpassen.

Arzaneh: Ich bin jetzt 20 und habe noch nie Probleme mit der Polizei gehabt.

Haltet ihr den Ramadan ein?

Mahsan: Ja, ich mag das Fasten. Das ist in diesem Land eine Freudenzeit. Und ich liebe die *Eftar*-Mahlzeiten [*eftar* = Fastenbrechen].

Yashar: Ich habe gefastet, als ich noch jünger war, heute nicht mehr. Ich passe auf, dass ich im Ramadan keinen Alkohol trinke.

Nehmt ihr an den Aschura-Prozessionen teil? Geißelt ihr euch den Rücken?

Elham: Ja, das steckt in uns drin. Wir ziehen gern zu Ehren des Imam Hussein durch die Straßen. Aber wir halten nichts vom *Hidschab*. Aber aufgepasst: Bikinis mögen wir auch nicht!

Und was ist mit den Wahlen? Nehmt ihr daran teil?

Elham: Nein.

Mahriar: Wir glauben an Gott, aber wir haben ein Problem mit dieser Regierung.

Mahsan: Mein Vater hat mir gesagt, dass ich gar nicht erst heimzukommen brauche, wenn ich wählen gehe.

Zwei Brüder und drei Freundinnen in der elterlichen Villa eines der Mädchen im Teheraner Stadtteil Saadat Abad.

DAS HOCHZEITSZENTRUM

S ie sind am richtigen Ort, wenn Sie über die Ehe und das Glück der iranischen Familien sprechen wollen«, sagt Herr Mohsen Esmaeli, 34 Jahre, Direktor des Hochzeitszentrums von Tehran Pars. »Wir können hier alle Wünsche erfüllen, die an uns herangetragen werden. Sie können hier sehen, dass die Menschen im Iran nicht unter Armut leiden und nicht traurig sind.

Dreißig Jahre lang war dieses Gebäude die Fabrik meines Vaters, der Glühbirnen und WCs herstellte. Er musste umziehen, weil er die Luft verschmutzte. Wir haben mit den Arbeiten 2005 begonnen und bieten hier jetzt seit vier Monaten den besten Hochzeitsservice in ganz Ostteheran an. Wir brauchen nicht einmal Werbung zu machen. Hier haben bereits 35 Hochzeiten stattgefunden. Das mag nach wenig klingen, aber in letzter Zeit gab es viele Trauertage und religiöse Feiern. Im Iran kann man nicht irgendwann heiraten. Wohlgemerkt, die Wahlen und die großen Demonstrationen in der letzten Woche dagegen haben die Hochzeiten hier nicht verringert. Bei uns ist das Essen köstlich und der Service makellos. Die Tischdekorationen sind ausgesprochen luxuriös. Und wir sind die Besten, wenn es um den Blumenschmuck der Autos geht.

Die Autos sind besonders wichtig, weil wir einen Spezialaufzug anbieten, der sie in die Hochzeitsräume hinaufbringt. Ich zeige Ihnen jetzt auf diesem Plasmabildschirm einen kleinen

Werbefilm. Sehen Sie? Das ist ein Hyundai. Aber wir haben auch einen Toyota Avensis und einen Mercedes. Hier biegt er um das Gebäude und fährt in den Aufzug hinein. Wir starten ein kleines Feuerwerk, das Podium, auf dem die Sessel für das Brautpaar stehen, weicht zur Seite, und das Auto fährt in den Frauensaal hinein. Wir sind hier im dritten Stock! Dann rücken wir das Buffet beiseite, das auf Rollwagen serviert wird, und können dann mit dem Auto in den Männersaal rollen. Der Fußboden ist aus Marmor, aber dank der Musik hört man kein Reifenknirschen. Das sind Steine aus unserem eigenen Steinbruch. Ich besitze auch eine Schmucksteinfirma, Persepolis Stones, in Deutschland, in Hamburg.

In diesem Film können Sie das Gesicht der Braut nicht sehen. Das ist normal, in diesem Land herrscht eine religiöse Atmosphäre. Im Allgemeinen lenkt der Bräutigam das Hochzeitsauto selbst. Die iranischen Männer fahren für ihr Leben gern Auto! Wir müssen nur das ganze Manöver vor dem Tag X mit ihnen üben, um Unfälle zu vermeiden. Jeder Saal kann 250 Personen aufnehmen. Wir haben insgesamt auf vier Stockwerken acht solcher Säle. Damit können wir vier Hochzeiten gleichzeitig abhalten. Wir haben auch einen VIP-Saal. Wenn Sie zu Ihrer Hochzeit mehr als 500 Personen einladen, können Sie zwei Etagen reservieren, eine für die Männer und eine für die Frauen.

Unser Hochzeitszentrum richtet sich strikt nach den Gesetzen der Islamischen Republik. Gemischte Hochzeitsfeiern sind verboten, außer die Frauen behalten ihr Kopftuch auf und bleiben die ganze Zeit sitzen. Aber sehen Sie, die wollen doch ihre Haare zeigen und tanzen! Also muss man die Gäste trennen. Wenn die Leute eine gemischte Feier wollen, müssen sie das daheim oder in einer dieser illegalen Hochzeitshallen draußen vor der Stadt machen.

Manche Familien wollen keine Musik, nur religiöse Lieder.

Fröhliche religiöse Lieder! Aber die meisten entscheiden sich für Playback-Musik. Wenn sie jedoch ein richtiges Orchester wollen, ist das auch kein Problem. Wir geben einfach der Polizei ein bisschen Geld, und dann geht das. In diesem Fall spielen die Musiker bei den Männern, aber wir übertragen das Ganze in den Frauensaal auf eine Riesenleinwand mit starken Lautsprechern.

Beim Preis kommt es darauf an, wofür Sie sich entscheiden. Sehen Sie sich nur einmal unsere Speisekarte an, Sie können jedes Detail nach Ihren Wünschen auswählen. Bei einem Essen für 300 Personen muss man mit 8000 Dollar rechnen. Das Auto, die Saalmiete, die Gebühr für den Mullah sowie die Hochzeitsfotos sind in diesem Preis allerdings noch nicht enthalten. Mein Fotograf hat mich 1000 Dollar gekostet, aber ich war mit seiner Arbeit sehr zufrieden. Wenn Sie auch Fotos auf der Frauenseite machen wollen, müssen Sie sich außerdem noch eine Fotografin bestellen. Insgesamt kommt das dann mit den Blumen und allem Übrigen auf etwa 20 000 Dollar. Sicher, das ist teuer, aber wir glauben in diesem Land, dass Gott den Paaren in ihrer Ehe hilft. Ich selbst habe gerade, als ich hier alles fertiggestellt hatte, meine heutige Frau kennengelernt. Wir haben hier vor einem Monat geheiratet. Möge Gott uns helfen!

In der Liebe und der Ehe gibt es zwei Phasen. Wenn Sie ein stabiles Leben und ein stabiles Zuhause suchen, müssen Sie Ihre künftige Gattin erst einmal auf ganz rationale Weise betrachten und den gesamten Kontext, also ihre Situation und die Ihrige, berücksichtigen. Wenn dann die Regeln feststehen und Ihre Vernunft diese Bedingungen akzeptiert, ist Ihre Ehe bereits ein Erfolg. Danach können Sie sich beide schließlich doch noch ineinander verlieben.

Meine Frau und ich haben uns auf traditionelle Weise kennengelernt. Meine Eltern haben sie für mich ausgewählt. Das ist die beste Methode! Je mehr sich die Familien ähneln, desto weniger

Massud Pashai, 27 Jahre, am Tag seiner Hochzeit in der *Wedding Hall* von Tehran Pars.

Probleme gibt es. Ist die eine reich und die andere nicht, ist die eine religiös und die andere nicht, ist das ein schlechtes Omen für die Ehe. Wenn die Familien die Wahl getroffen haben, kann das Paar anfangen, sich kennenzulernen. Ich konnte vor der Hochzeit einige Male mit meiner Frau sprechen. Das war mit ihren und meinen Eltern ausgemacht, sie wussten also, wann diese Begegnungen in einem Park oder einem Café stattfanden. Wir haben dann über unsere Vorstellungen, unsere Familien und unsere Persönlichkeiten gesprochen. Und tatsächlich, ich bin sehr glücklich mit der Frau, die man für mich ausgewählt hat.«

FLITTERWOCHEN

Heiratsdatum: 19. Mai 2009
Registrierungsdatum: 19. Mai 2009

Ehefrau: Fräulein Fariba [...], Kennkartennummer 4747, ausgestellt im Teheraner Distrikt Nr. 3 am 1. Dezember 1987 unter der Seriennummer: A/32-612684, geboren am 23. November 1987, Tochter von Ahmad und Arus. Beruf: Universitätsstudentin. Nationalität: iranisch. Religion: muslimisch.

Ehemann: Herr Mohsen [...], Kennkartennummer 56803, ausgestellt im Teheraner Distrikt Nr. 8 am 1. Dezember 1987 unter der Seriennummer: A/32-270165, geboren am 7. März 1981, Sohn von Ahmad und Robabeh. Beruf: Selbständig. Nationalität: iranisch. Religion: muslimisch.

Hat der Ehemann noch eine andere Ehefrau: Nein.
Form der Ehe: Auf Dauer.[30]

Brautgabe: Ein Exemplar des Heiligen Koran im Wert von 60 000 Rial und ein Satz Spiegel und ein Kerzenleuchter im Wert von 500 000 Rial und Schmuck im Wert von 80 560 000 Rial (6044 Euro) und vier Teppiche im Wert von 127 450 000 Rial (9597 Euro) wurden übergeben; darüber hinaus gehen 300 Goldmünzen (darunter zehn Bahar-e Azadi)[31] und die Kosten für eine Pilgerfahrt nach Mekka zu Lasten des Ehemanns und müssen von diesem auf Verlangen der Ehefrau ausbezahlt werden.[32]

Klauseln des Ehevertrags

A) Die Ehefrau erklärt: Im Falle, dass nicht sie selbst die Scheidung einreicht oder im Falle, dass nach Ansicht des Gerichts die Scheidung nicht durch die Weigerung der Frau, ihren ehelichen Pflichten nachzukommen, oder ein anderes Fehlverhalten der Frau verursacht wurde, wird ihr der Ehemann die Hälfte der während des Ehelebens erworbenen Güter oder den vom Gericht bestätigten entsprechenden Geldbetrag übergeben.

B) Der Ehemann ermächtigt die Ehefrau unwiderruflich, von ihrem Recht gemäß den unten angeführten Gründen Gebrauch zu machen, sich an die Gerichte zu wenden und sich scheiden zu lassen, nachdem sie sich für die ihr zustehende Art der Scheidung entschieden hat.

Gründe, weswegen die Ehefrau von einem Gericht die Erlaubnis zur Scheidung einholen kann[33]

1. Der Ehemann verweigert der Ehefrau sechs Monate lang die ihr zustehenden Unterhaltsleistungen, und es ist der Ehefrau unmöglich, von ihm eine Zahlung derselben zu erzwingen; der Ehemann verweigert seiner Frau sechs Monate lang ihre unveräußerlichen Rechte, und es ist der Frau unmöglich, ihn zu deren Beachtung zu bewegen.[34]

2. Schlechtes Betragen oder ein exzessives Sozialleben[35] vonseiten des Ehemanns, das der Ehefrau das Eheleben unerträglich und unzumutbar macht.

3. Der Ehemann entwickelt eine unheilbare Krankheit, die für die Ehefrau eine Gefahr darstellen könnte.

Fariba und Mohsen, 22 und 28 Jahre, auf ihrer Hochzeitsreise in den Narangestan-Gärten von Schiras.

4. Die Demenz des Ehemanns in Fällen, in der die Annullierung der Ehe von der Religion nicht autorisiert ist.

5. Der Ehemann hält sich nicht an das Verbot, einen vom Gericht benannten Beruf auszuüben, dessen Ausübung laut diesem Gericht den Ruf seiner Ehefrau schädigt.

6. Die Verurteilung des Ehemanns zu einer Gefängnisstrafe von mindestens fünf Jahren oder einer Geldstrafe, die er nicht zu bezahlen vermag und die dann eine Haftstrafe von mindestens fünf Jahren nach sich zieht.

7. Die Abhängigkeit des Ehemanns von Suchtstoffen, deren schädliche Wirkung nach Ansicht des Gerichts das Familienleben schwächt und der Ehefrau eine Fortsetzung des Ehelebens unmöglich macht.

8. Der Ehemann verlässt unentschuldigt die Familienwohnung. Nur das Gericht kann entscheiden, was als Verlassen der Familienwohnung gilt und ob diese gerechtfertigt ist. Verlässt der Ehemann die Familienwohnung für sechs Monate hintereinander ohne triftigen Grund, obliegt das Ganze nur noch der Entscheidung des Gerichts.

9. Die Verurteilung des Ehemanns für ein Verbrechen und die Ausführung der Strafe, einschließlich einer im Koran vorgesehenen islamischen Strafe, im Fall eines Verbrechens, das Ruf und Ehre der Ehefrau beschmutzt. Nur das Gericht kann entscheiden, ob ein Verbrechen Ruf und Ehre der Ehefrau beschmutzt hat und ob dieses den Prinzipien und der Tradition der Familie widerspricht.

10. Die Zeugungsunfähigkeit oder jede andere körperliche Behinderung des Ehemanns, wenn die Ehefrau nach fünf Jahren Ehe noch keine Kinder gebären konnte.

11. Wenn der Ehemann verschwunden ist und auch sechs Monate, nachdem die Ehefrau das Gericht informiert hat, nicht aufgespürt werden konnte.

12. Wenn der Ehemann ohne Zustimmung seiner ersten Ehefrau eine andere Frau heiratet oder er gemäß einer Entscheidung des Gerichts seine erste Ehefrau unwürdig behandelt.
Anmerkung: Der Ehemann hat den Paragraphen 12 des vorliegenden Ehevertrags nicht unterzeichnet.

Zeugen und Beurkundung

Herr Ahmad [...], geboren in Toyserkan, Sohn von Syd Sadreddin.
Herr Mohamad Reza [...], geboren in Teheran, Sohn von Ahmad.
Herr Ahmad [...], geboren in Mehriz, Sohn von Gholamhossein.
Die Ehegatten haben den vorliegenden Vertrag in voller Kenntnis der aufgeführten Klauseln und ihres Inhalts unterzeichnet.
Der unterzeichnende Standesbeamte bestätigt die Korrektheit der persönlichen Angaben der beiden Parteien und beurkundet hiermit durch Unterschrift und Siegel die gegenwärtige Eheschließung.
Dieser Vertrag wird gemäß der Eintragung in das Eheregister gemäß Paragraph 14 des Ehegesetzes der Ehefrau übergeben. (Unterschrift und Siegel auf dem Eheregister)

DIE GLÜCKLICHE ARRANGIERTE EHE

ALI REZA: Als ich 26 Jahre alt war, sagten mir meine Eltern, ich solle heiraten. Ich bat sie, noch etwas warten zu dürfen, da ich gerade erst angefangen hatte zu arbeiten. Ich sei noch zu jung, um ein guter Ehemann zu sein. Drei Jahre später habe ich dann nachgegeben. Da haben sie mir eine Frau gesucht. Sie haben über mehrere Familien Erkundigungen eingeholt, respektable Familien, die sie seit langem kannten. Dann haben sie sie angerufen, um ein *Khastegari* auszumachen, ein Treffen, bei dem die Möglichkeit einer künftigen Ehe ausgelotet wird. Ich habe mich mit mehreren getroffen, aber keine hat mir gefallen.

AKRAMOSSADAT: Ich war damals 22 Jahre alt. Von Zeit zu Zeit teilten mir meine Eltern mit, dass diese oder jene Familie angerufen habe, dass sie einen jungen Mann zu verheiraten hätten, einen wohlerzogenen jungen Mann mit dem Diplom einer guten Universität und einer guten Arbeit. Ich gab dann meine Zustimmung, ihn einmal bei uns zu Hause zu treffen. Sie kamen dann mit Blumen, Obst und Kuchen, und wir boten ihnen Tee an. Ich habe auf diese Weise vier oder fünf kennengelernt, aber keiner hat mir gefallen. Meine Eltern haben also diese Familien angerufen, um ihnen mitzuteilen…

ALI REZA: Um ihnen abzusagen!

AKRAMOSSADAT: Um ihnen das auf unsere ganz spezielle Weise mitzuteilen. Ihr Sohn sei großartig, aber ich wolle doch erst mein Studium abschließen. Eines Tages kam dann Ali Reza zu einem *Khastegari* vorbei. Er hat mir gefallen und ich habe eingewilligt, ihn wiederzusehen.

ALI REZA: Bei unserem zweiten Treffen konnten wir dann ohne Eltern miteinander reden.

AKRAMOSSADAT: Er hat mich gefragt: »Wenn ich alles verlieren würde, mein Geld, meine Arbeit, was würdest du dann tun?« Ich habe geantwortet, dass dies für mich nicht sehr wichtig wäre. Er sei ja noch jung und könne sich wieder emporarbeiten.

ALI REZA: Nach dieser Antwort habe ich gewusst, dass sie sich nicht für meine Goldstücke interessierte. Also habe ich mich entschlossen, sie zu heiraten.

AKRAMOSSADAT: Ich meinerseits wollte wissen, ob er mir als Ehemann erlauben würde zu studieren, zu arbeiten und zu verreisen.

ALI REZA: Ich habe zu allem ja gesagt! Ich habe ihr gesagt, sie könne jederzeit eine Reise unternehmen und ihre Eltern besuchen, wann immer sie will. Außerdem sei das Geld, das sie verdient, ihr eigenes. Ich habe gehört, dass im Westen die Ehepaare gemeinsame Bankkonten haben und die Frau Schecks ausschreiben oder Geld abheben kann. Ich finde das sehr gut.

AKRAMOSSADAT: Manchmal sagen die Männer vor der Hochzeit zu allem ja und vergessen danach ihre Versprechen. Das ist eben Glückssache. Bei Ali Reza hatte ich jedoch den Eindruck, er meint es ernst. Und dann hat er auch nur 200 Goldstücke für meine *Mehrieh* vorgeschlagen. Damals bekam eine meiner Freundinnen 1000 Goldmünzen zugesichert. Ich merkte, dass das Geld für ihn nicht wichtig war. Das hat mich beruhigt.

ALI REZA: Dann haben wir den Vertrag unterzeichnet. Das gab uns die Möglichkeit, ohne unsere Eltern ein Restaurant zu besuchen oder im Park spazieren zu gehen, obwohl die religiöse Hochzeit und das große Fest noch gar nicht stattgefunden hatten.

Akramossadat: Die Feier fand dann vier Monate nach der Vertragsunterzeichnung statt.

Ali Reza: In diesen vier Monaten begann ich mich zu verlieben. Eines Abends hatte sie für mich ganz allein in einer Wohnung, die ihrem Vater gehörte, ein Essen zubereitet. Ich mochte ihre Art, sich zu bewegen, zu sprechen und den Tisch zu decken.

Akramossadat: Und ich war damals sehr nervös, ich hatte das Gefühl, dass mir gleich die Beine versagen.

Ali Reza: Wir hatten das Recht, uns zu sehen, aber nicht, miteinander zu schlafen.

Akramossadat: Mein Vater hatte ständig auf uns Acht gegeben.

Ali Reza: Eines Abends habe ich sie besucht und sie gebeten, in mein Auto zu steigen. Sie hat mich gefragt, was los sei. Ich habe ihr gesagt: »Warte ab, das wirst du schon sehen.« Dann bin ich mit ihr zum Flughafen gefahren. Das war eine Überraschung. Ich hatte für uns Flugtickets nach Maschhad gekauft ...

Akramossadat: Es war der 21. Tag des Ramadan. Wir haben nur einen Abend in Maschhad verbracht, um Imam Reza in seinem Mausoleum zu besuchen und ein bisschen durch die Straßen zu spazieren. Das war wunderschön.

Ali Reza: Seit dreizehn Jahren sind wir jetzt verheiratet, und es klappt wirklich sehr gut. Am Anfang war es eine Vernunftentscheidung. Die Liebe kam dann nach einigen Jahren und wird seitdem jeden Tag größer. Einige meiner Freunde haben Eheprobleme, sie denken an Scheidung, und sie meinen, ich hätte wirklich Glück gehabt. Sie fragen mich, wie ich das mache und was mein Geheimnis sei. Ich erkläre ihnen dann, die Liebe sei wie ein Blümchen, das man hegen und pflegen muss. Man kann sie nicht kaufen und erwarten, dass sie einfach so wächst. Man muss sich jeden Tag um sie bemühen, sie gießen und ihr die richtige Temperatur bieten. Es genügt bereits, diese Blume einen einzigen Tag nicht zu beachten, und sie verwelkt.

Ali Reza, 42 Jahre, seine Frau Akramossadad, 36 Jahre, und ihr Sohn
Amir Hossein, neun Jahre.

SALLY, DIE MASCHHAD-PILGERIN

Sie sagt, sie heiße Sally. Wir haben sie in der Halle des Hotels Qasr in Maschhad kennengelernt, einem plüschigen Grandhotel, das vor vergoldetem Stuck, gedrehten Säulen und kalligraphierten Koransprüchen nur so strotzt und einen Großteil seines Umsatzes mit Pilgern macht, die gekommen sind, um Imam Reza in seinem Mausoleum zu besuchen. Es folgt eine Zusammenfassung dessen, was wir während eines einstündigen Gesprächs erfahren haben, das wir auf den tiefen Sofas der Lobby sitzend mit ihr geführt haben.

- Es ist ihre vierte Reise nach Maschhad. Dieses Mal möchte sie Imam Reza für seine Hilfe danken. Wobei? Bei ihrer Scheidung.
- Sie ist die Tochter eines Offiziers der Revolutionsgarden. Sie hat vier Geschwister. Sie wurde in einem Dorf in der Nähe von Khoramabad geboren, hat sich dann aber entschieden, etwas aus sich zu machen. Sie hat Informatik studiert und danach einige Zeit bei einem ihrer Brüder in Teheran gelebt.
- Sie wurde gegen ihren Willen verheiratet. Ihr Mann entpuppte sich als krankhaft eifersüchtiger Rauschgiftsüchtiger. Er verprügelte sie immer wieder und ruinierte ihr dabei das Gesicht. Ein Schönheitschirurg musste ihre Lippen und ihre Nase wieder in Ordnung bringen. Das kostete 2,25 Millionen Toman (1694 Euro).

- Sie lässt nie wieder jemand anderen an ihrer Stelle über ihr Leben entscheiden.
- Reza der Geduldige, Reza der Weise, Reza der Vollendete, Reza, der das Herz der Gläubigen erfreut, Reza, der die Ketzer in Angst und Schrecken versetzt, ist ihrer Meinung nach der Sanftmütigste aller Imame, der auch in ihren Träumen zu ihr spricht.
- Sie erzählt uns die Geschichte von der Gazelle. Als Reza eines Tages auf dem Weg von Medina nach Khorasan war, begegnete er einem Jäger, der gerade eine Gazelle erlegen wollte. Reza bat ihn, das Tier zu verschonen, damit es seine Kleinen säugen könne, da seine Zitzen voller Milch waren. Der Imam versprach, dass die Gazelle danach zurückkehren werde, um sich freiwillig töten zu lassen. Der Jäger konnte das zwar nicht glauben, entsprach aber seiner Bitte. Er fesselte Reza jedoch, da dieser sich bereit erklärt hatte, mit seinem Leben für das Wildtier zu bürgen. Als sich der Jäger nach einiger Zeit gerade zum Schlimmsten bereit machte, erschien die Gazelle, umgeben von ihren Jungen. Der sprachlose Jäger erkannte plötzlich in Reza den König von Khorasan, fiel vor dem Imam der Rechtschaffenheit auf die Knie und erbat seinen Segen.
- Sallys Vater stellte ihr 100 Millionen Toman (75 300 Euro) zur Verfügung, damit sie sich in Teheran ein Geschäft eröffnen könne. Sie möchte jedoch erst einmal in Malaysia ihre Informatikausbildung abschließen. In einem Monat geht sie für vier Jahre dorthin, um sich auf ihrem Fachgebiet zu spezialisieren. Sie weint jetzt schon, wenn sie daran denkt, den Iran verlassen zu müssen, aber sie ist auf der Suche nach dem Glück und glaubt, es woanders zu finden.
- Um den Hals trägt sie einen Anhänger mit einem kleinen Kästchen, in dem ein Miniaturkoran steckt. Ihre kleine und ein wenig rundliche Freundin Banafscheh, die sie auf ihrer

letzten Pilgerfahrt nach Maschhad vor ihrem Exil begleitet, ist Expertin in der Kunst, Gebete zu kalligraphieren.

- Sie liebt die Kälte, den Schnee, Motorräder und Waffen. Wenn ihr Vater ins Ausland reist, bittet sie ihn immer, ihr Plastikpistolen mitzubringen.

- Sie hat ihre letzte Barbie-Puppe bereits vor langer Zeit in einem Charchanbe-Suri-Feuer verbrannt (An diesem »Fröhlichen Mittwoch«, der Nacht zum letzten Mittwoch vor dem 20. März, dem persischen Neujahrsfest, folgen die jungen Leute einer alten zoroastrischen Tradition und springen über ein Feuer, um sich zu reinigen).

- Wenn sie nach Maschhad kommt, um den Imam Reza zu besuchen, muss sie nicht einmal das Gitter des Mausoleums berühren, das sich im Zentrum des religiösen Komplexes des Imam-Reza-Schreins befindet. Sie spürt bereits ein Licht, sobald sie die Kuppel des Heiligtums erblickt. Sofort verschwinden alle ihre Probleme. Am letzten Dienstag wurden zwei Kranke von Reza geheilt. Er ist dermaßen gütig, dass er sogar den *Bad-hedschabi*, den jungen Mädchen, die ihr Haar nicht vollständig bedecken, hilft. Sie kannte mal eine, die kaum einmal ein Kopftuch trug. Die wurde dann krank und blutete aus allen Körperöffnungen. Sie kam nach Maschhad, und Reza nahm sich ihrer an. Als sie sie danach ins Krankenhaus brachten, war ihr Bett sogar mitten in der Nacht in Licht getaucht.

- Sie selbst trug bereits mit viereinhalb Jahren liebend gern den Tschador und sprach damals zum ersten Mal das Morgengebet.

- Sie ist davon überzeugt, in einem früheren Leben eine fahrradfahrende Schwedin gewesen zu sein. Vielleicht habe sie auch für Posten AB, das schwedische Postunternehmen, gearbeitet.

Sally (links), 23 Jahre, und ihre Freundin Banafscheh in einem Foto-
studio in Maschhad. Das Fresko zeigt Imam Reza, wie er gerade die
Gazelle rettet.

DIE EHESCHULE

Said Sadr übt den Beruf des Taxifahrers in der heiligen Stadt Maschhad aus. Seine Haare sind fettig, seine Brillengläser immer schmutzig, seine Socken voller Löcher, und der Atem, der einem aus seinem Paykan entgegenweht, zeugt von seinen Essgewohnheiten und seiner Einstellung zu Fragen der Körperhygiene.

Trotzdem ist er schwer auf Draht. »Um ein guter Moslem zu sein«, sagt er, »genügt es nicht, sich den Penis beschneiden zu lassen, man muss vor allem global denken.«

Sein eigenes Denken deckt tatsächlich ein recht breites Spektrum ab. »Die Italienerinnen sollen ja ganz schön heiß sein. Ich würde gern einmal nach Rom fahren, um ihnen an ihre Miniröcke zu langen, hahaha«, sagt er. Danach meint er noch, dass die Welt ein großes Dorf sei und die Unterschiede zwischen ihm und uns alles in allem nicht sehr groß seien. »Wir alle wollen ihnen doch nur die Muschi stopfen, oder? Hahaha!«

Den Hauptteil seiner diesbezüglichen Überlegungen widmet Said Sadr jedoch den jungen Mädchen des heutigen Iran. Er kennt sie gut: 20 von ihnen gehen für ihn auf den Straßen Maschhads anschaffen. Um sich mögliche Unannehmlichkeiten zu ersparen, sollte die Polizei doch einmal sein Notizbuch beschlagnahmen, hat er alle ihre Telefonnummern auswendig gelernt. Diese Mädchen bietet er den durchreisenden Pilgern an, mit oder ohne Ehe auf Zeit. Mit wird es teurer. Er empfiehlt uns eine

47-Jährige, die aber wie 35 aussehe und so gut Liebe mache, dass man danach dem Imam Reza danken müsse.

»Es gibt in Maschhad mindestens 30 000 Prostituierte, weil die jungen Iranerinnen nicht mehr heiraten wollen«, freut er sich. »Sie sind neugierig, sie suchen sich einen Schatz und dann den nächsten. Sie möchten in ihrem Leben Spaß haben! Die Satellitenpornosender genügen ihnen nicht mehr, sie wollen reisen. Sie wollen, dass sie irgendein reicher Mann mit dem Flugzeug in seine Luxusvilla in Dubai oder Thailand entführt.«

Dennoch glaubt Said Sadr, dass es in Maschhad einen Mann gebe, der uns noch besser über die Beziehungen zwischen jungen Männern und Frauen aufklären könne. Es handele sich dabei um einen Universitätsprofessor und Nachfahren des Propheten, der außerdem sein Teilhaber bei einer Unternehmung sei, die er neben seiner Tätigkeit als Taxifahrer leite. Er meint damit ausgerechnet eine »Eheschule«!

Wir machen für den nächsten Morgen ein Treffen in dieser »Höheren Ehe- und Lebensführungsschule« aus, die der »Maschhader frommen Kultur- und Kunststiftung des Ewigen Bundes« gehört. Das alles steht auf einem großen blauen Schild am Eingang der Schule neben deren Telefonnummer 764 88 69.

Professor Seyed Mohamad Sarmadi, größer als Said und mit grauen nach hinten gekämmten Haaren, empfängt uns Besucher mit den weisen Worten: »Im Namen des allmächtigen und barmherzigen Gottes, seid gegrüßt und wandelt auf meinen Augen. In dieser Welt misst nur der Islam der Familie eine solche Wichtigkeit zu, und nur eine harmonische Familie garantiert die zwei höchsten Bestrebungen des Menschen, einen gesunden Körper und eine friedliche Seele.«

Links von ihm stimmt ein Mullah in Zivil am Ende des Sofas feierlich zu. »Eine gesunde Ehe und eine tugendhafte Familie sind eine Notwendigkeit in der heutigen Zeit«, meint Hadi Hadi-

an, der geistliche Berater der Höheren Ehe- und Lebensführungsschule.

Die drei alten Kameraden haben sich bereits vor der Islamischen Revolution kennengelernt, als sie sich im Haus Ali Chameneis gegen den Schah verschworen. Der in Maschhad geborene Chamenei war inzwischen zum Obersten Religionsführer
aufgestiegen.

Professor Sarmadi bringt dann das Credo der drei auf den
Punkt: »Said hat mir erzählt, dass Sie die Mentalität unserer heutigen iranischen Mädchen verstehen wollen. Meine Ansicht ist
folgende: Wenn Frauen sich zu einem tugendhaften Verhalten
entschließen, können sie mit Hilfe ihres Schauspieltalents, ihrer
harmonischen Gesten, der Modulation ihrer Stimme und ihrer
Kenntnisse über die Wirkung von Farben, Konzepten und Bildern aus einem aufrührerischen und labilen Ehemann einen gesellschaftlich ehrsamen Menschen, einen aufmerksamen Gatten
für sich und einen echten Vater für ihre Kinder machen. Dazu
benötigen sie aber eine entsprechende Ausbildung.«

Genau diese will die Höhere Ehe- und Lebensführungsschule
bieten. Jede Woche besuchen sie etwa 30 männliche und weibli-
che Jugendliche. Sie profitieren von den Lehrstunden Professor
Sarmadis, den Ratschlägen Mullah Hadians und der Erfahrung
Said Sadrs, der auch für die Öffentlichkeitsarbeit der Schule zuständig ist. Der Lehrstoff der Einrichtung ist auf Pappschildern
zusammengefasst, die die Wände der Klassenzimmer zieren.
Hier einige Beispiele:

● *Gelbes Pappschild:* »In einer gesunden Familie achtet der Ehemann darauf, seine Frau zu schützen und sie nicht nur zu versorgen; und die Frau achtet darauf, ihrem Mann einen ruhi-
   gen, heiteren Geist zu verschaffen und ihn nicht nur durch
   Schmeicheleien zu besänftigen.

Der Zuhälter und Taxifahrer Said Sadr (links) und die beiden Mitbe-
treiber seiner Eheschule: Seyed Mohamad Sayah Sarmadi (Mitte) und
der Mullah Hadi Hadian in Zivilkleidung.

- *Weißes Schild:* »Die Höhere Ehe- und Lebensführungsschule […] ist die Falle, die es einem erlaubt, den Homa Saadat[36] zu fangen.«
- *Grünes Schild:* »In dieser Welt voller Geglitzer und Gefunkel, das lockt, aber auch tötet, [in dieser Welt] voller komplexer Beziehungen, gehört der Erfolg dem, der eine gesunde Ehe führt.«
- *Ein weiteres grünes Schild:* »Die Verbreitung der Arbeitsidee bei den Mädchen ist ein wichtiger Grund für den Rückgang der Ehen und die Zunahme der Scheidungen.«
- *Rotes Schild:* »Der Bedeutungsverlust der Ehe ist eine Krankheit, die dringend der Behandlung bedarf. Die Zunahme der Scheidungen ist eine Krankheit, die dringend der Vorsorge bedarf.«
- *Und zum Schluss noch dieses braune Schild:* »Gebildete Menschen, die an Universitäten studiert haben, erkennen, dass das Konzept einer Höheren Eheschule und der Plan, dadurch Lüge, Betrug, Hinterlist und Heimlichtuerei innerhalb der Ehe vorzubeugen, logisch, wissenschaftlich und in Einklang mit Gott sind.«

Als wir, immer noch erfüllt von diesen schulmeisterlichen Geboten, wieder in Said Sadrs Taxi sitzen, möchten wir mehr über das ökonomische Modell der Höheren Ehe- und Lebensführungsschule wissen.

»Es läuft sehr gut«, antwortet er uns. »Die Klassen sind voll. Das erlaubt uns, unsere Schüler durch eine Überprüfung ihrer körperlichen Gesundheit, ihrer geistigen Gesundheit, ihrer spirituellen Gesundheit und ihrer sozialen Gesundheit auszuwählen. Wir hatten bisher bereits mehr als 500 bis 600 Schüler, davon zwei Drittel Mädchen. Es gibt natürlich für Jungen und Mädchen getrennte Kurse. Wir haben zwei Angebote: einen Schnellkurs für die 18- bis 25-Jährigen, 20 Stunden für 5000 Toman [3,76 Euro] die Stunde, und einen fünfjährigen Kurs für die Jüngeren, ab dem Alter von zwölf Jahren, für 120 000 Toman [90 Euro] im Jahr. Freitags bieten wir auch Kurse an, in die Eltern und Kinder gemeinsam kommen. Neben der Schule betreiben wir noch eine Heiratsvermittlung, die den Eltern unserer Schüler einen Ehemann oder eine Ehefrau für ihre Kinder vorschlägt. Wir nehmen nur eine Vermittlungsgebühr, die sich nach der Brautgabe bemisst. Wir konnten bereits 130 Ehen in die Wege leiten, von denen bisher keine geschieden wurde. Das bedeutet viel Arbeit und wirft nicht viel Gewinn ab. Andererseits sind wir ja eine religiöse Stiftung, deshalb geht es uns nicht ums Geld. Wir machen das alles für Gott. Die Schülerinnen, die keinen Mann finden, nehme ich unter meine Fittiche. Ich schicke sie auf die Straße, und sie gehen für mich anschaffen.«

DIE ZEITEHE

Maschhad bedeutet »Ort des Märtyrers«, weil Imam Reza im Jahr 818 unserer Zeitrechnung dort sein Martyrium erlitt. Jedes Jahr besuchen 20 Millionen schiitische Pilger sein Mausoleum. Trotzdem ist Maschhad auch die iranische Hauptstadt des Vergnügens, vor allem der fleischlichen Freuden mit oder ohne *Sigheh*, der berühmt-berüchtigten Ehe auf Zeit. Um dieses Paradox besser zu begreifen, haben wir Samaneh Nik, 52 Jahre, Doktorin der Theologie, um eine Audienz gebeten. Sie leitet das Hosseini-Nosrat-Religionsseminar in Maschhad, wo sie islamisches Recht, Koranauslegung und islamische Moral lehrt. Das Thema ihrer Doktorarbeit war das Glück im Islam.

»Gnädige Frau, vielen Dank, dass Sie bereit waren, uns in Begleitung einer Ihrer Schülerinnen zu empfangen und unsere Fragen zu beantworten. Wir sind in die heilige Stadt gekommen, die das Mausoleum Imam Rezas ...«

»Friede sei mit ihm!«

»Ja, Friede sei mit ihm. Wir sind also in diese Stadt gekommen, um zu verstehen, wie es möglich ist, die Freiheit vor allem der sexuellen Sitten, die man hier beobachten kann, mit den Forderungen Ihrer heiligen Religion zu vereinbaren.«

»Im Namen Gottes, des Allmächtigen und Barmherzigen, seien Sie in Maschhad willkommen. Der Islam erstrebt das Glück seiner Gläubigen, ein Glück, das keinerlei unheilvolle Folgen nach sich zieht. Mit der Ehe auf Zeit sind die beiden Partner offiziell Mann und Frau. Das bedeutet, dass es sich dabei um keine Sünde handelt. Und dieser Punkt ist sehr wichtig.«

»Müsste man nicht auch berücksichtigen, dass eine zu große Hingabe gegenüber den geschlechtlichen Freuden von dem Ziel einer Pilgerfahrt in eine heilige Stadt wie die Ihre ablenken könnte, in deren Mittelpunkt ja Buße und Reue angesichts der Leiden stehen sollten, die einst der Imam Reza erdulden musste?«

»Friede sei mit ihm.«

»Ja, Friede sei mit ihm.«

»Im Islam ist der *Sigheh* eine vollgültige Ehe und nicht nur eine Quelle flüchtigen Vergnügens. Er ist die Antwort auf ein echtes Bedürfnis. Hat man Hunger und nichts zu essen, ist man unglücklich. Wenn man uns dann etwas zu essen gibt, sind wir glücklich. Es handelt sich also um ein notwendiges Glück. Und der Islam, ich wiederhole es, erstrebt das Glück der Gläubigen.«

»Wir sind da aber auch auf eine Weisung Imam Rezas gestoßen ...«

»Friede sei mit ihm!«

»Ja, ja. Diese Weisung lautet: ›Der Verzicht gewährleistet die Tugend und erhellt das Schicksal.‹«

»Der *Sigheh* ist ein Weg, den inneren Frieden zu erlangen, wenn man nicht heiraten kann. Das hat nichts mit Prostitution oder den außerehelichen Beziehungen zwischen Jungen und Mädchen zu tun. Das steht fest. Sehen Sie, den *Sigheh* gab es schon zu Zeiten des Propheten, Friede sei mit ihm. Erst der zweite Kalif, der perfide Omar, hat ihn verboten. Aus diesem Grund gibt es den *Sigheh* auch nicht bei den Sunniten. Unser Imam Ali, Friede sei mit ihm, hat ihn dagegen befürwortet. Eine seiner Weisungen lautet: ›Wenn ihre Frau krank ist, können gewisse Männer fünf Jahre lang enthaltsam bleiben. Können sie das nicht, ist der *Sigheh* besser als die Sünde.‹«

»Könnte man gewisse *Sigheh* nicht auch als eine Form des legalen Frauenmissbrauchs betrachten?«

»Es lässt sich auf keinen Fall behaupten, dass hauptsächlich die Männer den *Sigheh* nutzen. Meist verlangen ihn die Frauen!«

»Und warum?«

»Weil er seine Regeln hat. Einige dieser Regeln sind mit denen der dauerhaften Ehe vergleichbar. Wird die Frau schwanger, kein Problem, sie bekommt Geld! Die Frauen müssen auch nach dem Auslaufen ihres *Sigheh*-Vertrags drei Monate warten, bis sie einen neuen abschließen. Auf diese Weise lässt sich der Vater eines eventuellen Kindes identifizieren. Wenngleich diese Bestimmung nicht immer eingehalten wird, so stellt sie doch einen Schutz für die Frauen dar. Generell ist es nicht immer leicht, eine Dauerehe einzugehen.«

»Und der *Sigheh*, ist der immer leicht?«

»Wie ich bereits gesagt habe, es gibt feste Regeln. Während bestimmter Trauerzeiten kann man auch keine Zeitehe eingehen. Jungfräuliche Mädchen brauchen die Zustimmung ihres Vaters, ihres Großvaters oder ihres Bruders, bevor sie ihren ersten *Sigheh*-Vertrag abschließen können. Eine andere Schwierigkeit des *Sigheh* besteht darin, dass man dabei sofort über Geld sprechen muss. Sie kennen ja unsere Kultur und unsere Höflichkeit. Es fällt uns schwer, Geld zu fordern und etwas geradeheraus anzusprechen. Das führt dazu, dass einige Frauen eine zu geringe Summe für ihren *Sigheh* verlangen.«

»Wir haben gehört, dass Sie mittwochnachmittags regelmäßig in einem Saal des Imam-Reza-Schreins ...«

»Friede sei mit ihm!«

»Ja, Friede sei mit ihm. Dass Sie dort also regelmäßig Familien kostenlos beraten. Kommt es dabei vor, dass Sie von Frauen, Männern oder Paaren gefragt werden, ob der *Sigheh* eine gute Sache ist?«

Samaneh Nik (links), 52 Jahre, ist Theologin in Maschhad, hier in Begleitung einer ihrer Schülerinnen. Ihre Doktorarbeit schrieb sie über
das Glück im Islam.

»Ja, das kommt vor. Ich kann ihnen zwar Ratschläge geben, aber ich kann sie nicht daran hindern, sich auf diese Weise zu heiraten. Der *Sigheh* ist nämlich ein Recht. Sind Sie mit meinen Antworten zufrieden? Möchten Sie noch etwas wissen?«

»Wir sind über Ihre Antworten äußerst glücklich und möchten uns herzlich dafür bedanken...«

»Ich bin Ihr Opferlamm.

»Mm, auch wir... Ich möchte Ihnen nur noch einmal danke sagen.«

»Ich bin Ihre Sklavin.«

»Wir sind die Ihren. Da Sie uns das vorgeschlagen haben und wir dadurch Gelegenheit haben, vom Licht Ihres Wissens zu profitieren, würden wir noch gerne Ihre Meinung über die Forderungen gewisser iranischer Frauen hören.«

»Welche meinen Sie da?«

»Die Friedensnobelpreisträgerin Schirin Ebadi kämpft zum Beispiel dafür, dass Schwestern ein gleich hohes Erbe wie ihre Brüder bekommen. Sie hat erklärt: ›Die nach der Revolution erlassenen Gesetze haben unglücklicherweise der Frau ihr vollgültiges Menschentum genommen und sie zu einem zweitklassigen, unfähigen und geistig verwirrten Wesen gemacht.‹«

»Schirin Ebadi hat ihre eigenen Vorstellungen, das ist gut für sie, aber wir hier leben nach den Bestimmungen des Korans. Sie hat dem französischen Präsidenten die Hand geschüttelt, das geht einfach nicht. Wir haben keine Probleme mit unseren Rechten oder unseren Gesetzen. Ich persönlich lebe, ich nütze der Gesellschaft, und ich bin unglaublich aktiv. Ich unterrichte 250 Studentinnen an der Universität und über 120 hier in diesem Seminar. Wie könnte ich mich da über den Koran beklagen? Die Probleme entstehen erst, wenn man den Koran nicht zu 100 Prozent anwendet.«

»Und wie ist Ihre Meinung über das Eherecht?«

»In meinem Innern glaube ich, dass die Männer nicht doppelt so viel erben sollten wie die Frauen, vor allem weil Frauen besser mit Geld umgehen können als Männer. Es ist jedoch nicht möglich, diese religiöse Vorschrift zu ändern, da der Islam auf die Familie schaut und nicht auf den Einzelnen.«

»Eine weitere Forderung einiger Iranerinnen betrifft ihren niedrigeren Status zum Beispiel vor Gericht. Das Zeugnis eines Mannes gilt dort ja so viel wie das von zwei Frauen. Schirin Ebadi fragt sich, ob das daran liege, dass Männer vier Augen und die Frauen nur zwei hätten.«

»Schirin Ebadi kann sagen, was sie will. Ich persönlich bin mit dieser Bestimmung einverstanden. Ich glaube tatsächlich, dass die Zeugenaussage eines Mannes so viel wert ist wie die von zwei Frauen. Frauen sind einfach zu gefühlsbetont. Sie haben Angst in der Öffentlichkeit, und diese Angst steigert noch ihre Emotionalität. Sie verlieren leicht ihren kühlen Verstand und lassen sich von ihren Gefühlen mitreißen. Die Männer reagieren da viel ruhiger und bedächtiger.«

»Sie selbst wirken dagegen jedoch äußerst ruhig und bedacht.«

»Sehen Sie, auch ich lasse mich ganz leicht beeinflussen, wenn ich mich unangenehmen und schwierigen Dingen ausgesetzt sehe. Als ich im Gefängnis Religionsunterricht erteilte, kamen die Gefangenen zu mir, erzählten mir, dass sie unschuldig seien und begannen zu weinen. Und ich habe ihnen geglaubt! Dann hat mir der Gefängnisdirektor ihre Akte gezeigt, und ich habe entdeckt, dass sie alle gelogen hatten. Und dass sie alle diese Verbrechen begangen hatten. Die Empfindsamkeit der Frau hindert sie daran, die Wahrheit zu sehen. Die Gefühle dürfen auf keinen Fall der Wahrheit in die Quere kommen.«

DER *SIGHEH*-GATTE

M ein Name ist Mohsen Sadeghat und ich bin 29 Jahre
alt. Durch den Willen Gottes hat es sich ergeben, dass
ich noch keine Dauergattin habe. Ich weiß, wie bedauerlich das ist. Bei uns Gläubigen sagt man, dass das Geld nach
der Hochzeit oder sogar erst nach der Geburt des ersten Sohnes
kommt. Deshalb ist der Druck auf mich auch sehr groß. Mein
Vater stellt mir ständig Frauen vor. Er ist sehr autoritär und sehr
fromm, aber nicht besonders wohlhabend. Die Frauen, die er
mir vorschlägt, sind nicht zuletzt deshalb nicht sehr hübsch. Ich
sollte noch sagen, dass ich gottesfürchtig bin und *Tschadori*-Frau-
en mag.[37] Dagegen tragen alle Frauen, die mir meine Freunde
vorstellen, einen Mantel. Aus all diesen Gründen habe ich den
Sigheh schätzen gelernt.

Ich habe meinen ersten *Sigheh*-Vertrag vor drei Jahren abgeschlossen. Die Zeitehe dauerte 18 Monate. Es war eine Frau, die
schon einmal verheiratet war. Als sie sich von ihrem Mann scheiden ließ, schlug ihr Bruder, der gleichzeitig mein bester Freund
ist, ihrer Familie vor, für sie einen *Sigheh*-Gatten zu finden, damit
sie nicht allein bleibt. Ihre Mutter war zwar dagegen, aber ihr Vater erklärte, er würde seine Einwilligung geben, wenn sich ein
guter Kandidat finden ließe. Eines Tages war ich mit ihrem Bruder zusammen. Wir rauchten unweit des Mausoleums von Imam
Reza eine Wasserpfeife.

›Ich habe an eine Frau für dich gedacht‹, sagte er.

212

›An wen denn?‹, habe ich ihn gefragt.

›Reg dich vor allem nicht auf. Bleib ganz ruhig!‹

›Einverstanden. Ich rege mich nicht auf. Um wen geht's denn?‹

›Meine Schwester Alva.‹

Mir schoss das Blut durch die Adern. Ich konnte nicht ruhig bleiben. Er und ich waren Freunde, und jetzt sollten wir Schwäger werden? Alles zwischen uns würde sich ändern. Sicher, sie war eine außergewöhnliche Frau, schön, fromm, und sie trug einen Tschador. Ich bin aufgestanden und ohne Gruß gegangen. Er hat mich danach mehrmals anzurufen versucht, aber ich bin nicht an den Apparat gegangen. Einen Monat später wollte mich sein Vater anrufen. Es war spät am Abend. Ich habe nicht abgehoben, weil ich dachte, es sei mein Freund. Dann hat er sein Handy benutzt. Da ich dessen Nummer nicht kannte, hob ich ab. Da es der Vater war, konnte ich aus Respekt vor ihm nicht einfach auflegen.

›Meine Tochter Alva ist gerade allein‹, sagte er. ›Sie braucht einen *Sigheh*. Eigentlich mögen wir diese Art von Ehe nicht. Außer, es handelt sich um dich.‹

›Ich muss darüber nachdenken‹, habe ich geantwortet.

›Ich gebe dir zwei Tage Zeit zum Nachdenken‹, sagte er. ›Du kennst unsere Familie, und wir kennen dich. Wenn du mit meiner Tochter eine Zeitehe eingehst, wirst du für mich wie ein Sohn sein.‹

Ich ging schnell nach Hause und schlug aufs Geratewohl einen Band mit Hafis-Gedichten auf. Ich stieß dabei auf eine sehr positive Textstelle. Um sicherzugehen, wiederholte ich dasselbe bei meinem Koran. Danach suchte ich einen Mullah auf, um ihn zu fragen, was die Sure bedeutete, auf die ich gestoßen war.

›Ich weiß nicht, welche Entscheidung du treffen wirst‹, sagte er, ›aber du sollst wissen, dass Gott dir die Hand geführt hat und dass deine Antwort ja lauten muss.‹

Also habe ich einen sechsmonatigen Ehevertrag mit anschließender Verlängerungsmöglichkeit abgeschlossen.

Bei einem solchen *Sigheh* mietet man oft eine Wohnung, und jeder zahlt die Hälfte. Alva und ich hatten aber nichts, wo wir hätten hingehen können. Glücklicherweise behandelte mich ihre Familie wie einen Dauergatten. Ich konnte jederzeit zu ihnen kommen und dort die Nacht mit ihr verbringen. Die einzige Verpflichtung war, dass ich bei ihnen am Freitag zu Abend aß. In den ersten zwei oder drei Monaten brachte es mich etwas in Verlegenheit, mit ihnen um den *Sofreh* [ein auf dem Boden oder Teppich ausgebreitetes »Esstuch«] herum zu sitzen, aber nach kurzer Zeit fühlte ich mich dann besser. Wenn ein *Sigheh* gut funktioniert, möchte man das Ganze natürlich gern in eine Dauerehe umwandeln. Ich habe ihr dann gesagt: Wenn du willst, will ich auch. Aber nach anderthalb Jahren hat sie mir dann eines Tages mitgeteilt, dass sie den *Sigheh* nicht verlängern wolle.

Ihre Familie stammte eigentlich aus Teheran, aber sie waren sechs oder sieben Jahre zuvor nach Maschhad gezogen, um Imam Reza näher zu sein. In der Familie gab es einen Cousin, der lange in Holland gelebt hatte, aber jetzt gerade zurückgekehrt war. Er suchte eine Frau. Die ganzen Verhandlungen liefen hinter meinem Rücken ab. Schließlich ist sie mit diesem Mann weggegangen. Ich hatte ihr immer gesagt: Wenn Gott einen guten Dauerehemann für dich findet, sage es mir bitte! Aber sie wartete einen Monat, bevor sie mir von diesem Cousin erzählte. Wir sind dann zum Reza-Mausoleum gegangen, um uns zu verabschieden. Ich freute mich wirklich für sie, aber ich selbst empfand einen großen Schmerz. Wir wussten alles voneinander. Eineinhalb Jahre hatten wir eine echte Beziehung geführt. In den darauffolgenden Monaten habe ich kaum etwas gegessen. Ich habe auch an keinen anderen *Sigheh* gedacht. Dann habe ich mir jedoch gesagt, dass ich einen Neuanfang machen müsse. Viele

Mohsen Sadeghat, 29 Jahre, und seine Frau auf Zeit Zoreh, 31 Jahre,
vor dem Mausoleum des Imam Reza in Maschhad.

Leute wussten, dass ich einen *Sigheh* suchte und haben mir entsprechende Frauen vorgeschlagen, aber keine hat mir gefallen.

Eines Tages erzählte mir ein Freund, dass sich seine Cousine gerade von ihrem Mann getrennt habe und sie jetzt wegen der gemeinsamen Kinder ein paar juristische Probleme habe. Da ich mich in Rechtsfragen ein wenig auskenne, wollte er, dass ich ihr ein paar Ratschläge gebe. Ich habe sie also aufgesucht und ihr geholfen, einen Brief ans Gericht zu schreiben. Sie heißt Zoreh. Wir waren bei ihr daheim, und ich hielt mich immer einen Meter von ihr entfernt. Dann kam plötzlich mein Freund, ihr Cousin, mit einer Frau vorbei, die ich ebenfalls kannte. Er sagte, er habe Busfahrkarten für eine Fahrt ans Kaspische Meer. Wir hatten alle Lust, dorthin zu fahren, aber wir konnten nicht, weil keiner von uns verheiratet war. Am einfachsten wäre es gewesen, wenn Zoreh eine dreiwöchige Zeitehe mit ihrem Cousin und ich mit dieser anderen Frau geschlossen hätte. Aber da es zwischen Zoreh und ihrem Cousin einen großen Altersunterschied gab, beschlossen wir, dass ich sie heiraten sollte und er die andere Frau nehmen würde. Glücklicherweise kannte ich eines der wenigen *Sigheh*-Büros in Maschhad, die bereit sind, diese Ehe in den Personalausweis einzutragen. Sonst können Sie nämlich nicht mit Ihrer Frau im Hotel übernachten oder neben ihr im Bus sitzen.

Wir hatten eigentlich nur geheiratet, um den Bus nehmen zu können, aber danach hatte ich das Gefühl, dass ich den *Sigheh* verlängern sollte. Durch die Macht Gottes und die Macht Rezas entstand zwischen uns eine unglaubliche Nähe. Nach einer Sekunde war es so, als ob wir bereits zehn Jahre zusammengelebt hätten. Es ist etwas Göttliches zwischen uns. Als wir in diesem Bus fuhren, konnten wir mit einer ungeheuren Leichtigkeit miteinander reden. Sie erzählte mir von ihren Problemen mit ihrem Exmann. Ich war der Erste, dem sie ihr Herz öffnete. Das ist das

Werk Gottes: In dem Augenblick, als ich die *Sigheh*-Formel aussprach, fand ich Frieden und Glück.

Ich muss sagen, dass dieser *Sigheh* bei mir den Wunsch nach einer dauerhaften Ehe geweckt hat. Letztes Jahr übte meine Familie großen Druck auf mich aus. Sie meinten, ich solle endlich heiraten. Sie glauben an mich, sie wissen, dass ich ein guter Moslem bin, und wollen für mich eine Frau finden. Da gibt es jedoch Dinge in meinem Herzen, die mein Vater, meine Mutter und mein Bruder nicht verstehen, im Gegensatz zu meiner Frau auf Zeit, die sie sehr gut versteht. Ich habe ihnen weder von meinem ersten, noch von meinem zweiten *Sigheh* je etwas erzählt. Das ist ein weiterer Vorteil der Zeitehe: Man kann sie geheim halten. Zoreh ist älter als ich, sie war schon einmal verheiratet. Einige Leute sagen mir: Du könntest eine Jüngere finden, die noch Jungfrau ist, warum bleibst du denn bei der? Aber die Vorstellung, sie zu verlassen, macht mich traurig.«

Zoreh hatte dem Vortrag ihres Gatten auf Zeit mit einem Lächeln auf den Lippen zugehört, ohne ein Wort zu sagen. Zum ersten Mal an diesem Abend im kleinen Teehaus in der Nähe des Imam-Reza-Mausoleums öffnet sie jetzt den Mund: »Ich möchte keine Kinder mehr. Aber Mohsen möchte welche. Wenn er mich fragt, ob ich ihn auf Dauer heirate, werde ich nein sagen, da er etwas Besseres als mich kriegen kann.«

KHOSROW

Ich versuche mich an die erste Begegnung mit Khosrow Hassanzadeh zu erinnern. Es war an einem Abend, wahrscheinlich
Frühjahr oder Anfang Sommer 1999, in seinem Atelier in der
Nähe der Manucheri-Straße oder bei ihm daheim weiter im Süden von Teheran in einer kleinen Sackgasse, die ich heute kaum
noch wiederfinden würde. Der Mann und seine Arbeit waren ein
doppelter Schock. Er war riesengroß, breitschultrig, mit kanti-
gem Gesicht, gewölbter Stirn, einer geraden Nase und tief liegenden Augen. Er war barfüßig, hörte libanesische Musik, trank Dattelschnaps und rauchte kleine Bahman-Zigaretten. Dabei tänzel-
te er andauernd federnden Schrittes von einer Seite des Raums
zur anderen, um währenddessen ständig neue Gemälde hervor-
zuholen, die so groß waren wie er selbst und von denen er mü-
helos ganze Serien zu produzieren schien. Tatsächlich waren das
gar keine echten Gemälde auf Leinwand, sondern Packpapierrol-
len oder einfache Stoffstücke, die er auf Holzplatten nagelte, um
darauf dann Frauen im Tschador – seine Schwester, seine Mutter
oder seine Frau – vor dem Hintergrund eines Heizkörpers, einer
gelben Wand oder eines undurchsichtigen Fensters zu malen.
Daneben schuf er noch Farbpapiercollagen und Gedichtkalligra-
phien.

Khosrow hatte nicht die geringste Lust, über Politik zu sprechen. Er hasste die Idee, dass sich die iranischen Künstler unbedingt engagieren, Position beziehen und als Dissidenten gerie-

ren müssten. Er lebte im Teheraner Süden, war im Kleine-Leute-Milieu aufgewachsen, hatte dann malen gelernt und malte jetzt, das war alles. Auf jeden Fall war sein Englisch rudimentär, und mein Farsi war es noch mehr. Näheres über ihn habe ich erst später durch das Filmporträt erfahren, das sein Freund Maziar Bahari unter dem Titel *Paint! No Matter What* (»Male! Egal was«) über ihn gedreht hat. Er erzählt darin über seine beiden Jahre als Bassidsch an der Front des Irak-Iran-Kriegs und danach über seine Malkurse bei Aydin Aghdashloo, der ehemaligen künstlerischen Beraterin der Kaiserin Farah Diba. Zu dieser Zeit konnte man ihn noch in einem kleinen Straßenladen Bananen verkaufen sehen. Bevor er Künstler wurde, war er Obsthändler gewesen. Wir lernten auch seine Frau kennen, die nichts von seiner Kunst verstand. Sie meinte, er solle lieber weiterhin Bananen verkaufen, um seine Familie besser unterstützen zu können.

Ich hatte meine damalige Frau dabei, die sich bereit erklärte, für ihn in den folgenden Tagen Modell zu sitzen. Khosrow beklagte sich über nichts, außer dass es den iranischen Malern an Modellen fehle. Beim Abschied überreichte er uns eine dicke Rolle. Es war seine Serie *War* über den Irak-Iran-Krieg, etwa zwanzig Bilder von eigentümlichen, von Leichentüchern umhüllten Figuren oder körperlosen Leichentüchern, die auf seltsame Weise beseelt scheinen, als ob der in ihnen steckende »Märtyrer«-Körper noch lebendig wäre. Die Serie war vom Ministerium für islamische Führung zensiert worden, aber eine Londoner Galerie interessierte sich dafür. Jetzt bat er uns, einen Diplomaten zu finden, in dessen Koffer die Bilder das Land verlassen könnten. Tatsächlich erklärte sich ein die Heimreise antretender Konsul dazu bereit, die Ausstellung fand statt, und das Britische Museum kaufte sogar eines der Bilder, das ein einzelnes Leichentuch auf einem Rollstuhl zeigte. Ab jetzt hatte Khosrow im Westen einen Namen.

Ich bin ihm seitdem oft auf Partys und Abendgesellschaften im Iran oder im Ausland begegnet. Wir redeten dabei nie viel miteinander, und ich glaube, er war mir dafür dankbar. Er wollte malen, nicht seine Arbeit erklären. Er wurde zum Liebling der ausländischen Botschaften in Teheran, die seine Bilder kauften und ihn zu ihren gesellschaftlichen Veranstaltungen einluden. Dabei begegnete er immer wieder den herablassenden, wenn nicht sogar misstrauischen Blicken der üblichen Diplomatengäste, dieser distinguierten, vielsprachigen Säulen der iranischen Bourgeoisie. An seinem Benehmen und seinem Akzent erkannten sie sofort, dass sie es mit einem Teheraner aus der Unterschicht zu tun hatten, der verdächtig war, mit dem Regime unter einer Decke zu stecken und die Diplomaten mit Revolutionsfolklore vollzuschwallen. Khosrow selbst war das jedoch völlig egal, und er schuf eine Bilderserie nach der anderen: Die Aschura-Frauen auf großen Kupferplatten und seinem geliebten Packpapier, die Prostituierten von Maschhad, die ein Serienmörder aus religiösen Motiven auslöschen wollte, und später, als der Iran von George Bush in die »Achse des Bösen« eingereiht wurde, die Serie mit dem Titel *Terrorist*, die ihn und seine Familie in ihrem gewohnten kitschigen Dekor als Kriminelle auf Steckbriefen darstellte. Sein Erfolg wurde immer größer und seine Arbeiten wurden auf Ausstellungen in Beirut, Amsterdam, London, Paris, Dubai, Venedig und Berlin gezeigt.

Mir wird heute bewusst, dass ich niemals mit ihm über Kunst gesprochen habe. Eher über Frauen, allerdings nie mehr als zwei oder drei Sätze über seine Frau, von der er sich schließlich scheiden ließ, über meine Frau, die mich schließlich verließ, und noch über einige andere. Als ich 2002 endgültig aus Teheran abreiste, half mir Khosrow, meine Wohnung auszuräumen. 2005 und 2006 nahm er Paolo auf, als sich dieser ohne mich im Iran aufhielt. Als ich viereinhalb Jahre später endlich ein Visum be

Khosrow Hassanzadeh (links), 46 Jahre, war Bassidsch an der Front des Irak-Kriegs und danach Obstverkäufer. Heute ist er einer der im Westen renommiertesten iranischen Künstler.

kam und mit Paolo in den Iran zurückkehren konnte, haben wir unsere erste Nacht bei ihm verbracht. Sein Englisch hatte große Fortschritte gemacht. Es war das einzige Gespräch mit ihm, das ich auf Band aufgenommen habe.

»Kurz nachdem ich dreißig wurde, entschied meine Mutter, dass ich mir eine Frau nehmen müsse. Sie hat ein *Khastegari* bei einer Familie arrangiert, die ich überhaupt nicht kannte. Ich hatte nicht vor, ihnen zu gefallen, und als der Vater mich fragte, ob ich Geld hätte, antwortete ich: ›Keinen roten Heller.‹ Dabei zog ich an meinem Hemd, um anzudeuten, dass ich außer diesem nichts besitze. Entgegen meinen Erwartungen brachte ihn das zum Lachen. Er sagte, er sei stolz, endlich einen ehrlichen Mann unter seinem Dach empfangen zu können. Am Ende des Treffens zeigte er auf eine Zimmertür und meinte, ich könne fünf Minuten dort hineingehen, um mir seine Tochter etwas genauer anzusehen. So etwas ist bei traditionellen *Khastegari* völlig unmöglich. Sie wiegte sich dann unter ihrem Tschador in den Hüften, um mir zu zeigen, dass sie hübsch war. Ich sagte ihr, sie brauche das nicht zu tun und dass mir das alles hier ziemlich egal sei. Dann erzählte ich ihr ein paar Witze, weil ich nicht wusste, worüber ich sonst reden sollte. Meine Mutter und ich waren kaum daheim angekommen, da haben sie schon angerufen. Das Mädchen bestand unbedingt darauf, dass wir heiraten. Also haben wir eben geheiratet. Plötzlich hatte ich also eine Frau, die ich überhaupt nicht kannte und die ich jetzt glücklich machen sollte. Im Versuch, sie besser kennenzulernen, begann ich, sie zu malen. Dutzende und Dutzende Zeichnungen und Gemälde. Die waren wirklich gut, ich konnte alle verkaufen. Ich versuchte wirklich, mich in sie zu verlieben. Ich habe sie in mein Leben einbezogen, ich habe ihr meine Freunde vorgestellt und habe sie in die Universität mitgenommen, wo ich Malerei studierte. Ich habe es wirklich versucht, aber es hat nicht funktioniert. Sie war eifersüchtig, sie verstand nichts, wir haben uns immer weiter entfremdet und uns schließlich scheiden lassen. Wenn ich daran zurückdenke, war das wirklich genial. Ich liebe diese arrangierten Ehen! Du bist plötzlich mit jemandem zusammen, über den du überhaupt nichts weißt. Du hast nichts entschieden, deine Mutter hat das alles für dich gemacht, und dann brichst du auf, diesen anderen Menschen zu entdecken. Es war super, aber dann habe ich diese Ehe in den Sand gesetzt. Wegen meiner Kunst. Ich hasse meine Kunst. Dieses Leben mit ihr, acht Jahre lang, diese Bananen, die ich verkauft habe, waren viel echter. Es ist schrecklich, ein Künstler zu sein. Du weißt nie, wofür du dich selbst halten sollst. Für eine Ware, die zum Verkauf steht? Für eine lebende Werbemaßnahme? Wer bist du? Die Intellektuellen wollen das an deiner Stelle beantworten. Aber es gibt nichts Besseres als diese Intellektuellen, wenn du dein Leben ruinieren willst. Ich hasse es, Künstler zu sein.«

Im Anschluss daran zeigte Khosrow uns seine neue Serie *Die Ringer*. Zum ersten Mal hatte er Männer gemalt. Und nicht irgendwelche. Im Iran gelten die Pahlavan-Ringer als eine Art Adel des Volkes. Man nennt sie auch *Javanmard*, »Gentlemen«. Sie sind zugleich stark, stolz, ritterlich, fromm und bescheiden. Selbst wenn sie manchmal etwas schlitzohrig sind und gerne einen draufmachen, haben sie einen festen Ehrenkodex, schützen Witwen und Waisen und setzen wie die Sufis ihre physische und moralische Kraft nur dazu ein, Gott näherzukommen. Sie sind Helden mit einer langen Ahnenreihe und viel Tradition, die sich zu allen Zeiten gegen die Ungerechtigkeit aufgelehnt haben. Oder vielleicht sollte man eher sagen, sie *waren* Helden. Seit der Revolution unternimmt das Regime alles, um diese vom Volk verehrten Meisterringer zu schwächen und ihre Autorität in den Kleine-Leute-Vierteln durch die der weniger inspirierten, weniger gutaussehenden und weniger mystischen Bassidschi zu ersetzen. Die Tradition der *Zurkhane* (»Krafthäuser«), in der diese Ringer trainieren, löst sich allmählich auf oder wird zu rein touristischer Folklore, selbst wenn die Gräber der großen Pahlavan-Ringer freitags immer noch wie die der Heiligen besucht werden.

Ich war über das Thema seiner neuen Serie nicht überrascht. Khosrow hatte mir oft von diesen *Javanmard* erzählt, die meist wie er aus dem Süden Teherans stammten. Postkarten mit dem Bild des berühmtesten und letzten großen Ringers, Gholamreza Takhti (1930–1968), der bei den Olympischen Spielen 1956 eine Goldmedaille gewann, hingen seit langem in seinem Atelier. Seine neue Serie öffnete mir jedoch die Augen. Als ich im Taxi, das uns in unser Hotel brachte, über ihn nachdachte, begriff ich endlich, wer Khosrow war: ein Held! Er hatte den Krieg, den Obstladen, die arrangierte Ehe und zahlreiche westliche Kunstbiennalen überstanden und war dabei in Teheran wie in London frei und unabhängig geblieben. Er hatte vor nichts Angst, weder davor, seinen Neffen auf der Hochzeit seines Bruders zu umarmen und zu küssen, noch seine neue Frau, eine großartige Anglorussin, in einem Strandbad in Thailand zu heiraten.

Khosrow konnte bisher nicht nur der iranischen Zensur, sondern auch den westlichen Galeristen entgehen, die davon träumen, ihm die Rolle des rebellischen iranischen Malers zu verpassen. Er spielt nur sein eigenes Spiel und konnte die Klischees umkehren und sich den anklagenden Blick einverleiben und zunutze machen, den der Westen auf den Iran wirft. In der angeblich so keuschen und reinen Islamischen Republik am Anfang dieses 21. Jahrhunderts haben die Künstler die Meisterringer abgelöst, und Khosrow Hassanzadeh ist ihr Champion.

MASSOUD

*I*n den Augen des Windes* war die teuerste Produktion in der Geschichte des iranischen Films oder Fernsehens. Die 50 jeweils
50-minütigen Folgen dieser Fernsehserie kosteten zwölf Millionen Dollar. Sie wurden an 480 Orten in zehn Provinzen gedreht
und im Jahr 2009 an jedem Freitagabend im ersten Programm
des Staatsfernsehens gesendet. Die Zuschauerzahl lag dabei jedes Mal zwischen sieben und zehn Millionen. Die Serie verfolgt
die Geschichte einer Familie von den 1920er bis in die 1980er
Jahre. In der Vorschau sirren die Kugeln, scheitern Kavallerie-an-
griffe im Feuer der Granaten und fallen Soldaten wie die Fliegen.
Die meisten dort dargestellten Kämpfe sind im Westen völlig vergessen, wenn sie denn je bekannt waren, wie etwa Mirza Kut-
schak Khans Dschangali- (Waldbewegungs-)Truppen, die im Norden des Irans zuerst gegen die Russen des Zaren und dann gegen die Sowjets kämpften, bevor sie einem Bündnis zwischen
Moskau und London zum Opfer fielen, die unbekannte Geschichte des Zweiten Weltkriegs im Iran und der schreckliche
Krieg, den Saddam Hussein 1980 vom Zaun brach.

Spätestens bei einem Gespräch mit Massoud Jafari Jozani in
seinem kleinen Büro im Zentrum Teherans verstand ich, nachdem er sich ein Dutzend Mal seine Pfeife wieder angezündet hatte, dass die Islamische Republik nur die oberste, ganz dünne
Schicht des tief gegründeten iranischen Geschichtsbodens war.

»Mein Vater war ein Waffenhändler, der sich in den Nomadengebieten Lorestans [Provinz im Westen des Iran] niedergelassen hatte. Er kaufte und verkaufte den Kurden, Russen und iranischen Stämmen Gewehre. Er war ein *Khan* [Feudalherr], der den Schah und die ganze Vorstellung von einer Zentralmacht hasste. Unser Haus war befestigt, überall gab es Waffen, die auch häufig eingesetzt wurden. Eines Tages, im Jahr 1953, wollten wir gerade die Hochzeit einer meiner Cousinen mit einem meiner Onkel feiern, als wir erfuhren, dass Teheran ein Militärkommando mit dem Befehl losgeschickt hatte, meinen Vater und alle Männer in meiner Familie zu verhaften. Zu dieser Zeit hatten die Amerikaner gerade den Schah wieder auf den Thron gesetzt, und die Armee wollte jetzt alle ausschalten, die Mossadegh unterstützt hatten.[38] Ich war damals erst vier oder fünf Jahre alt, aber ich erinnere mich noch genau daran, wie mein Vater entschied, dass die Feier stattfinden sollte, als ob nichts geschehen wäre. Die Leute in dieser Gegend hatten eine andere Einstellung zu Leben und Tod als Sie und ich heute. Sie fühlten sich schon mit fast nichts reich und glücklich, selbst wenn das nur einige kurze Augenblicke dauerte. All das hat aus mir den Mann gemacht, der ich heute bin; ich erzähle Ihnen eine Geschichte, die sich anhört, als ob sie bereits vor Jahrhunderten passiert sei, dabei war es nur meine eigene Kindheit.

Die Kämpfe begannen mitten in der Hochzeitsfeier. Die ersten Toten brachen zusammen, als sie noch tanzten. Die anderen stürzten zu den Waffen, während wir Kinder in ein Erdloch sprangen. Einmal habe ich mich kurz aufgerichtet, aus Neugier und weil meine kleine Schwester aus Angst auf meine Hand Pipi gemacht hatte. Ich bin also aufgestanden und habe meinen Vater vorwärtsstürmen sehen. Sein Gesicht war voller Blut, aber er lächelte, und ich erinnere mich, dass einer seiner Zähne in der Sonne blitzte. Den Unsrigen gelang es, die erste Angriffswelle zurückzuschlagen. Wir verschanzten uns erneut in unserem

Massoud Jafari Jozani, 62 Jahre, dreht für seine Fernsehsaga *In den Augen des Windes* eine Empfangsszene aus den 1940er Jahren. Dabei achten die Zensurbeamten strikt darauf, dass die rote Flüssigkeit in den Martini-Gläsern in Wirklichkeit nur Granatapfelsaft ist.

befestigten Haus. Da gab mein Vater um vier Uhr morgens den Befehl, dass meine Cousine und mein Onkel die Ehe vollziehen müssten. Der Bräutigam war verletzt, deshalb mussten ihm mehrere Männer ins Bett helfen. Damit man das Paar nicht beim Liebemachen hörte, ließ mein Vater einen Mann mit einer besonders schönen Stimme aus Firdausis *Schāhnāme* vorlesen.[39] Es war die Stelle, in der Rostam seinen Sohn Sohrab tötet. Sie werden vielleicht denken, dass das alles Wilde und Verrückte waren. Aber das war das Beste, was sie tun konnten! Mein Vater wusste, dass am nächsten Tag alle verhaftet werden würden, also wollte er seinem armen Bruder noch diesen Gefallen erweisen. Er war ja bereits verwundet und würde tatsächlich die nächsten Monate im Gefängnis verbringen. An diesem Tag gab es in meiner Familie insgesamt acht Tote. Mein Vater wurde danach eineinhalb Jahre ins Gefängnis gesperrt.«

Massoud Jafari Jozani wuchs in Lorestan und danach in Teheran auf. 1977 schloss er jedoch sein Filmstudium in San Francisco ab, wo er die Mutter seiner Kinder, eine Amerikanerin, heiratete. 1984 kehrte er wieder zurück, drehte Reportagen und Kriegsfilme und wurde zu einem der Filmemacher, die Ayatollah Khomeini besonders nahestanden. Trotzdem träumt er immer noch davon, eines Tages den Scheidungsfilm *Nicht ohne meine Tochter*[40] mit einem Film beantworten zu können, der die Aussöhnung zwischen dem Iran und den Vereinigten Staaten fördern hilft. Seit 20 Jahren versucht Jozani, einen abendfüllenden Spielfilm über das Schicksal von Howard Baskerville[41] zu drehen, einem jungen Amerikaner, der 1909 in Täbris in die Wirren der Konstitutionellen Revolution geriet und von Brad Pitt gespielt werden soll. Vergeblich. Er hat zwar bereits Produzenten gefunden, aber keine iranische Regierung, selbst nicht die Mohammed Chatamis (1997–2005), hat die Dreharbeiten genehmigt.

So musste sich Jozani vorerst damit begnügen, die Hälfte der letzten Folge von *In den Augen des Windes* in den Vereinigten Staaten aufzunehmen. Im September 2009 war er somit der erste iranische Regisseur, der auf US-amerikanischem Boden drehen durfte. Er hatte dazu ein Team aus zwölf Technikern und iranischen Schauspielern mitgebracht, das dank Barack Obamas Öffnungspolitik Visa erhalten hatte. Die Folge erzählte die Geschichte von Bijan, der im Zweiten Weltkrieg im Iran Pilot war, dann aber nach Los Angeles ging, um dort Chirurg zu werden. 1981 erhält er einen Brief aus Teheran von einer Frau, mit der er damals verheiratet war, die er aber für tot gehalten hatte. Außerdem wusste er nicht, dass sie schwanger war, als sie 1945 im sowjetisch besetzten Teil des Iran verschwand. Er bricht sofort auf, um seinen Sohn zu suchen, was ihn bis in die Gräben an der irakischen Front führt.

Natürlich ist es für einen iranischen Filmemacher schwer, für das Staatsfernsehen, ein Propagandawerkzeug des Regimes, zu arbeiten, während die Filme anderer Regisseure zensiert werden. Jozani, der selbst fünf Jahre lang Drehverbot hatte, verteidigt sich jedoch: »Das war kein Auftrag des Fernsehens, sondern ein persönliches Projekt, an dem ich bereits seit Jahren arbeite.« Es ist vor allem ein nationaler, wenn nicht sogar nationalistischer Film. Der Familienvater, der diese sechs Jahrzehnte durchlebt, heißt bezeichnenderweise Irani (Iraner). »Die Geschichte der Familie Irani ist die Geschichte der Iraner und des ganzen Iran, einschließlich ihrer in der ganzen Welt verstreuten Familienmitglieder. Der Iran ist ein Land, das die anderen beneiden, das sich oft beugt wie eine Pappel, aber sich schließlich immer wieder aufrichtet.«

ASCHURA

D er Tag war an diesem Montagmorgen des 3. Oktober 680
kaum angebrochen, als Hussein bin Ali, der Enkel des
Propheten Mohammed, erkannte, dass er in der Falle
saß. Die Armee des Kalifen Yazid hatte ihn umzingelt und ihm
vor allem den Zugang zum ganz in der Nähe fließenden Euphrat
abgeschnitten. Er hatte also keine Möglichkeit mehr, sich und
seine Leute mit Wasser zu versorgen. Seine Karawane war am
Vorabend in der brütend heißen Wüste von Kerbela im Süden des
heutigen Irak angekommen, nachdem sie in Mekka aufgebrochen und drei Wochen mit seinen Frauen, Kindern und 72 Kriegern durch die Wüste gezogen war. Also musste er mit Yazids
General verhandeln.

»Die Einwohnerschaft von Kufa hat mich eingeladen, bei ihnen
Wohnung zu nehmen«, erklärte Hussein, der allgemein als ausgesprochen schöner und feinsinniger Mann beschrieben wird.

»Wir werden dir den Weiterzug verwehren, wenn du nicht die
Autorität des Kalifen anerkennst«, antwortete der General.

Für Hussein war dies unannehmbar. Seit Mohammeds Tod
vor 48 Jahren waren die Gläubigen in zwei Parteien gespalten.
Die erste wollte die Macht in die Hände der Nachkommen des
Propheten legen, also in die seines Schwiegersohns Ali, seines
Enkels Hussein und so fort. Die zweite Gruppe, die sich schließlich durchsetzen sollte, war der Ansicht, dass die Macht Mohammeds Gefährten und der Bürgerschaft, aus der er entstammte,

zufallen sollte. Diese Auseinandersetzung fand vor dem Hintergrund der arabischen Eroberungen, aber auch der Bürgerkriege zwischen den muslimischen Stämmen statt. Die ersten Kalifen waren also Abu Bakr, Omar und Osman, der schließlich durch Aufständische aus Ägypten und dem Irak ermordet wurde. Nach seinem Tod übernahm Ali, den die Schiiten als den ersten Imam betrachten, widerstrebend das Kalifat, um fünf Jahre später in Kufa beim Gebet ermordet zu werden. Auf dem Totenbett übertrug er die Macht seinem ältesten Sohn Hassan, der als der zweite schiitische Imam gilt. Dieser wurde jedoch kurz darauf von seiner eigenen Frau vergiftet, die im Auftrag des Generals Muawiya handelte, der danach das Kalifat an sich riss. Es gelang ihm auch, es auf seinen Sohn Yazid zu übertragen, der für seine Hinterlist bekannt war. Der musste jetzt nur noch Hussein, den zweiten Sohn Alis, loswerden, um seine Herrschaft endgültig zu festigen. In diesem Oktober des Jahres 680 hatten seine Leute jetzt den durstigen Enkel des Propheten auf der Ebene von Kerbela fast schon in ihrer Gewalt.

Die Verhandlungen, die immer wieder von kleinen Scharmützeln unterbrochen wurden, dauerten acht Tage. Als er fühlte, dass das Ende nahe war, entband Hussein seine Gefährten von ihrem Treueid, damit sie dem sicheren Tod entkämen. Alle erklärten jedoch, sie wollten nicht von seiner Seite weichen. Am 10. Oktober kam es dann zum Massaker. Husseins jüngster Sohn, ein Säugling, starb, von einem Pfeil durchbohrt, in den Armen seines Vaters. Der Imam rief danach aus: »Wir alle gehören Gott und werden zu ihm zurückkehren. Herr, gib mir die Kraft, dieses Unglück zu ertragen!«

Einige Augenblicke später drang Hussein selbst ein Pfeil in die Kehle, nachdem es ihm säbelschwingend noch gelungen war, bis zum Euphrat durchzudringen, seine Hand zu einer Schale zu formen und mit Wasser gefüllt zum Mund zu führen.

»Lasst ihn nicht trinken!«, brüllte ein gewisser Schemr, der gefährlichste von Yazids Heerführern. »Wenn er trinkt, wird er sich wieder erholen!«

Hussein riss sich den Pfeil mit einer kurzen Bewegung aus dem Hals und ging, während das Wasser durch das Loch in seiner Kehle spritzte, auf die Zelte zu, wo seine Henker auf ihn warteten, um ihn endgültig zu erledigen.

Jedes Wort und jede Geste Husseins während dieser dramatischen Ereignisse, in denen er zum schiitischen Fürst der Märtyrer wurde, ist seitdem Gegenstand Tausender Erzählungen, von denen etliche von der überreichen Einbildungskraft des Nahen und Mittleren Ostens zeugen. Das Drama von Kerbela hat unter anderem eine ganze Volkstheatergattung, das *Tazieh*, hervorgebracht, in dessen Stücken auch noch die kleinsten Details der Tragödie immer wieder nachgespielt werden. Die unzähligen Versionen von Husseins Opfergang und des Schicksals seines abgeschlagenen Kopfes, der auf einer Lanze aufgespießt nach Damaskus gebracht wurde, füllen ganze Bibliotheken und bieten jedem Erzähler der Schlacht von Kerbela die Möglichkeit, sie nach Belieben auf grausigste Weise auszuschmücken. Alle iranischen Regime seit der Safawiden-Dynastie (1501–1736) und vor allem die Revolutionsregierung seit 1979 instrumentalisierten die mit Kerbela verbundenen Gefühle, um das Volk zu einen, es gegen die jeweiligen »Feinde« aufzuhetzen und ihre Macht zu festigen.

Eine der ersten veröffentlichten Darstellungen scheint *Der Garten der Märtyrer* von Mullah Hossein Kashefi gewesen zu sein, der bereits im Persien des 15. Jahrhunderts eine weite Verbreitung fand. Husseins letzte Augenblicke werden darin folgendermaßen beschrieben:[42]

In der Moschee von Ghom spielen Schauspieler das Massaker von Kerbela, das Gründungsereignis des Schiismus, nach. Die Person ohne Gesicht stellt Hussein dar, der von den Sunniten enthauptet wurde.

Als Imam Hussein in Kerbela zu Boden stürzte, begann die Erde zu beben und dem Himmel entfuhr ein Schrei. Zehn Männer der feindlichen Armee stiegen von ihren Pferden, zogen ihr Schwert und näherten sich dem Imam. Jeder wollte dem anderen zuvorkommen, um den Imam enthaupten zu können und als Belohnung ein Geschenk und ein Ehrengewand zu erhalten. Als jedoch einer von ihnen an ihn herantrat, öffnete Imam Hussein die Augen, und der Mann wich schamerfüllt zurück. Schließlich trat Schamr vor und kniete sich auf Imam Husseins Brust. Der Imam öffnete die Augen und fragte ihn:

»Wer bist du?«

Der andere nannte seinen Namen.

Der Imam forderte ihn auf, seine Kettenhaube zu lüften, damit er sein Gesicht sehen könne. Als er sie hob, sah der Imam, dass ihm die Zähne wie bei einem Schwein aus dem Mund herausragten.

»Dies ist das richtige Zeichen«, sagte er.

Danach forderte er ihn auf, seine Brust zu entblößen. Schemr folgte seinem Befehl. Als der Imam darauf die Spuren der Lepra entdeckte, sagte er:

»Und dies ist das andere Zeichen. In der letzten Nacht ist mir der Prophet Gottes im Traum erschienen. Er hat mir erklärt, dass ich ihm am nächsten Tag zur Zeit des Gebetes wieder begegnen werde und dass mein Mörder die Zeichen habe, die ich jetzt auf deinem Gesicht und deiner Brust finde. Schemr, vollende also dein Werk.«

Dann stellte der Imam ihm doch noch eine Frage:

»Weißt du, welchen Tag wir heute haben?«

»Ja, es ist Freitag, der Aschura-Tag.«

»Weißt du, welche Stunde jetzt ist?«

»Ja, es ist Zeit, die Gläubigen zum Gebet zu rufen.«

»Zu dieser Stunde preisen die Prediger der muslimischen Gemeinschaft Allah und seinen erhabenen Abgesandten, und du benimmst dich so gegen mich! Du kniest auf meiner Brust, auf die der Prophet sein Gesicht gelegt hat. Du wirst die Kehle durchschneiden, die er ge-

küsst hat. Schemr! Erhebe dich von meiner Brust, denn ist es Gebets-
zeit, damit ich mich gen Mekka wende, um zu beten, obwohl ich nicht
einmal meine Waschungen verrichten konnte. Von meinem Vater Ali
habe ich geerbt, wie er den Todesstoß während des Gebets zu empfangen. Wenn ich bete, kannst du nach deinem Belieben handeln.«

Schemr erhob sich. Der Imam wandte sich gen Mekka und begann
zu beten. Schemr wollte nicht einmal warten, bis er das Gebet vollen-
det hatte, und ließ den Imam den Märtyrertrank trinken. In diesem
Augenblick geriet das ganze unsichtbare Universum in große Auf-
ruhr: Die armen Seelen stießen gegen die Welt des Allmächtigen Seuf-
zer aus, die Sonne verlor ihren Glanz, der Mond versank im Brunnen
vollkommener Dunkelheit, die Engel ließen schmerzliche Klagegesän-
ge hören, die Dschinn brachen in Tränen aus, das Himmelskleid wurde blutrot, die Meere ließen ihre Wellen der Trauer bis zum Zenit an-
steigen, und die Berge zeigten ihren Schmerz durch ein markerschüt-
terndes Grollen.

DIE FREUDE AM WEINEN

Die Prozessionszüge betreten einer nach dem anderen den Hof der Moschee. Hier und da hört man bereits einige Klagelaute, die aber meist von den hohlen Trommelgeräuschen der Männer übertönt werden, die sich mit der flachen Hand an die Brust schlagen. Die Mienen sind ernst und kummervoll. Und dann erklingt plötzlich eine Stimme aus den Lautsprechern. Das ist der *Moins al-boka*, der Tränenhelfer. Er ist ein Meister in der Kunst, andere zum Weinen zu bringen. Mit wenigen Worten und in wenigen Sekunden treibt er die Stimmung auf den Höhepunkt und lässt die ganze Versammlung in Tränen ausbrechen. Er kann die Anwesenden 1150 Jahre zurück auf die trockene Ebene von Kerbela führen und ihnen dort den frisch abgeschlagenen Kopf Imam Husseins zeigen und seinen blutigen Körper, den die Sunniten von ihren Pferden durch den Staub ziehen ließen. Der Tränenhelfer moduliert ständig die Stimme, hebt dabei einige besonders widerwärtige Einzelheiten hervor (die heiligen Eingeweide des Imams im Staub des Schlachtfelds oder die Empfindungen seiner Tochter, als ihr der Kopf ihres Vaters vor die Füße rollt), dann schweigt er einige Sekunden und scheint selbst gegen die Emotionen ankämpfen zu müssen, die ihn überschwemmen. Danach bricht er in Tränen aus, und mit ihm die ganze Versammlung.

In den westlichen Bibliotheken gibt es ganze Regale voller gelehrter Bücher über das *Tazieh*, dieses iranische Volkstheater, das ständig das Drama von Kerbela wiederaufführt, und über die Ähnlichkeiten und Unterschiede zwischen den iranischen und christlichen Bußzeremonien. Nirgends taucht in diesen Büchern jedoch die folgende, etwas derbe Metapher auf: Der Tränenhelfer ist ein Masturbator der Seele, und die Tränen der Iraner sind ein langanhaltender, demonstrativer Orgasmus. Es gibt dort die Begierde vor dem Vollzug, das Vorspiel vor der mystischen Vereinigung im Jenseits und schließlich die Ekstase, wenn man Imam Hussein in seinem Schmerz begegnet, diesem perfekten Wesen mit seiner breiten und ehrlichen Stirn, seinen klaren Augen und seinem duftenden Bart. Jetzt gibt es keine Reichen oder Armen, keine Männer oder Frauen und keine Schauspieler oder Zuschauer mehr. Jetzt nehmen alle Iraner am heiligen Schauspiel ihrer Größe und ihres Elends teil. Wieder einmal empfinden sie sich als ewige Opfer der Ungerechtigkeit, die von den Kriegern des Ostens und Westens überrannt werden, dabei aber unschuldig wie Hussein bleiben, der zuerst einen Arm und dann seinen Kopf unter den gottlosen Schwerthieben der Sunniten verliert.

In diesem Land ist das Weinen Vergnügen, Tugend, Erlösung und Zurschaustellung. Ästhetik und Moral vereinen sich: Je stärker, männlicher und bärtiger ein Mann ist, der dieses Stöhnen von sich gibt, desto deutlicher zeigt sich seine erhabene Demut und innere Schönheit.

Das Weinen lernen die Iraner in der Pubertät, gleichzeitig mit ihren ersten sexuellen Empfindungen. Die Erfahreneren gehen innerhalb von ein paar Sekunden vom Lächeln zum Weinen über. Wenn Präsident Ahmadinedschad an einer Aschura-Feier teilnimmt, steigt er mit dem ganzen Dünkel seines Amtes aus seinem gepanzerten Fahrzeug und schüttelt die Hände, die sich ihm aus der Menge entgegenstrecken. Sobald jedoch die ersten Worte des Tränenhelfers zu hören sind, holt er ein schwarzes Taschentuch heraus, wischt sich damit die Augen und stimmt mit bebenden Schultern in das Weinen der Menge mit ein.

In Ghom haben wir an diesem Tag einen Zuschauer zur Seite genommen, dessen Augen feucht sind und dessen Brust vor Kummer und Erregung immer noch krampfhaft bebt.

»Sind Sie wirklich traurig?«

»Ich bin unendlich unglücklich.«

»Warum?«

»Wegen Imam Hussein. Er war so demütig und bescheiden, er war die reine Bescheidenheit. Ich bin mit ihm aufgewachsen. Er ist alles für mich.«

»Werden Sie noch lange weinen?«

»All meine Trauer um Imam Hussein ist doch nur ein Wassertropfen im Meer. Und auch das Meer ist nichts im Vergleich zur Größe Imam Husseins.«

»Trotzdem … Werden Sie noch lange weinen?«

»Um Imam Hussein trauere ich zwei Monate im Jahr. Sollte mein Vater sterben, werde ich meine schwarze Trauerkleidung bereits nach einem Monat ablegen.«

»Haben Sie Ihren Rücken gegeißelt?«

»Ja, sehr stark.«

»Tut das weh?«

»Nicht während der Aschura-Zeit. Wenn man sich da verletzt, schließen sich die Wundmale sofort wieder und verschwinden.«

»Sind sie außerhalb der Trauermonate ein glücklicher Mensch?«

»Die Botschaft des Propheten lautet, glücklich zu sein, wenn man glücklich ist, und unglücklich zu sein, wenn man unglücklich ist.«

»Einverstanden, aber sind Sie wirklich einmal glücklich?«

»Ja, am Geburtstag von Imam Mahdi.«

»Und sonst nie?«

Die in der Moschee von Ghom versammelte Menge weint in Erinnerung an die Enthauptung Imam Husseins, des »Fürsten der Märtyrer«, vor 1150 Jahren.

»Das Glück ist in diesem Land nicht möglich, es gibt zu viel Druck. Wirtschaftlichen Druck.«

»Sind Sie verheiratet?«

»Ich habe nicht genug Geld, um eine Frau zu finden.«

Der Mann fängt wieder zu weinen an. Er holt ein Taschentuch heraus.

»Weinen Sie jetzt um Imam Hussein oder wegen Ihres eigenen Schicksals?«

»Haben Sie schon jemals jemanden geliebt?«

»Aber ja, meine Frau!«

»Und wenn sie sterben würde, wären Sie dann traurig? Dieses Gefühl ist noch tausendfach stärker, wenn es um Imam Hussein geht.«

»Was sind Sie von Beruf?«

»Lastwagenfahrer.«

DIE QUELLE DER NACHAHMUNG

D ie Sunniten, die größte Glaubensrichtung im Islam, halten die Schiiten für eine ketzerische Sekte. Diese wiederum, die immerhin 90 Prozent der iranischen Bevölkerung ausmachen, betrachten die Sunniten als Usurpatoren. In der Praxis besteht einer der Unterschiede zwischen Sunniten und Schiiten darin, dass Letztere über eine äußerst hierarchisch aufgebaute Führung verfügen. Dabei ist diese Struktur jedoch nicht dazu bestimmt, die Gläubigen besser zu kontrollieren, sondern soll für eine Fortentwicklung der Glaubenslehre sorgen. Im Gegensatz zur gängigen Meinung im Westen ist der Schiismus deshalb viel pluralistischer, ja sogar viel demokratischer als der Sunnismus. Der bedeutende Islamwissenschaftler Joseph Schacht (1902–1969) ist der Ansicht,[43] dass die Sunniten bereits um das 10. Jahrhundert unserer Zeitrechnung herum den sogenannten *Idschtihad* (die auf Vernunft basierende unabhängige Auslegung der Heiligen Schriften) weitgehend aufgaben, während die Schiiten nicht aufhörten, sie immer wieder neu auszulegen, vor allem wenn es sich um Situationen handelte, die es zur Zeit des Propheten noch gar nicht gab. In der schiitischen Geistlichkeit ist diese selbständige Rechtsfindung *Idschtihad* Aufgabe des *Mudschtahid*, des islamischen Rechtsgelehrten.

Es ist jedoch das Paradox der schiitischen Geistlichkeit, dass sie zwar an der Basis über eine wohlgeordnete Organisation verfügt, es jedoch ganz oben keine absolute und alleinige Führungs-

gestalt gibt. Dafür gibt es einen theologischen Grund oder Vorwand. Die Schiiten warten nämlich immer noch auf die Rückkehr ihres eigentlichen Oberhaupts, des Imam Mahdi, der vor
zwölf Jahrhunderten im Alter von fünf Jahren in die »Verborgenheit« ging und irgendwann wiederkommen wird, um aller Ungerechtigkeit auf dieser Welt ein Ende zu bereiten. Als Ayatollah
Khomeini 1979 im Iran die Macht ergriff, versuchte er vergeblich, sich durch seine Ernennung zum »Obersten Führer« auf
Dauer an die Spitze der geistlichen Pyramide des iranischen
Schiismus zu setzen. Die übrigen hohen Geistlichen beobachte-
ten seinen Versuch, die weltliche und die geistliche Macht miteinander zu verbinden, mit einer gewissen Reserve und übten trotz
seiner Drohungen weiterhin ihre religiösen Prärogativen aus, obwohl einige der Liberaleren unter ihnen deshalb schon einmal im
Gefängnis landen konnten. In der schiitischen Welt gibt also
auch heute noch etwa ein Dutzend »Großayatollahs«, die die Autorität zur Auslegung der heiligen Schriften und zur Ausstellung
von Fatwas mit dem Rang eines vollstreckbaren Gesetzes haben.

Wenn ein junger Mann in eine *Madrasa*, ein Religionsseminar,
oder eine *Houze*, eine theologische Hochschule, eintritt, ist er zuerst ein *Talaba* (Student). Das Studium ist in mehrere Stufen un-
terteilt. Auf jeder von ihnen erhält er zum Teil jahrelang Unterricht in den unterschiedlichsten Fächern: das Arabisch des Koran,
islamisches Recht, Dialektik, das Studium der *Hadith* (Aussprü-
che des Propheten, die seine Gefährten aufgezeichnet haben), Ex-
egese, arabische Literatur und Philosophie, einschließlich Platon
und Aristoteles, denn die menschliche Vernunft wird von den
Schiiten als göttliche Quelle angesehen, was die Sunniten für Hä-
resie halten. Nach einem sechsjährigen Studium hat der *Talaba*
die erste Ausbildungsstufe erklommen und darf sich jetzt *Sagatholeslam* (Vertrauter des Islam) nennen. Einige Jahre später wird
er zum *Sagatholeslam val Moslemin* (Vertrauter des Islam und der

In Teheran arbeitet ein Maler aus der Werkstatt des offiziellen Ikono-
graphen Khosrow Karami an einem riesigen Fresko, das den Obersten Religionsführer Ali Chamenei (links) neben dem Gründer der Islamischen Republik Ayatollah Ruhollah Khomeini zeigt.

Muslime) und schließlich zum *Hodschatoleslam* (Beweis des Islam). Danach steigt er direkt zum Rang des *Ayatollah* (Zeichen Gottes) auf. Gegenwärtig gibt es im Iran etwa 5000 Ayatollahs. Sie alle gelten als *Mudschtahid* und dürfen deshalb die *Scharia*, das koranische Recht, auslegen und auf Situationen des täglichen und modernen Lebens beziehen. In diesem Stadium geht es also nicht mehr nur darum, sich die islamische Wissenschaft anzueignen, sondern auch darum, sie zu lehren. Auf diese Weise bilden die Ayatollahs je nach Intelligenz und Charisma innerhalb und außerhalb der Seminare einen Kreis von Getreuen um sich. Wenn dieser Kreis groß genug geworden ist, erklimmen sie das höchste Stadium, das des Großayatollahs oder *Marja* (Quelle der Nachahmung). In der schiitischen Welt gibt es heute ein Dutzend *Marja*, von denen zwei Drittel im Iran leben. Eine Bedingung für diesen Status ist die Herausgabe einer Fatwa-Sammlung, die dann geltendes Recht wird. Die Themen dieser Fatwas sind ganz unterschiedlich, wie wir gleich noch sehen werden.

Während sie auf die Rückkehr des Verborgenen Imams warten, sind die schiitischen Muslime aufgefordert, sich einen *Marja* zu erwählen, wenn sie nicht unwissend sterben wollen. Diese Wahl ist eine ganz persönliche Sache, obgleich zu allen Zeiten zahlreiche Gelehrtenversammlungen eine Liste der empfehlenswertesten *Marja* aufzustellen versuchten. Die Gläubigen können dann ihrer »Quelle der Nachahmung« selbst alle möglichen Fragen stellen oder sich an den Antworten orientieren, die er bereits anderen gegeben hat. Die *Marja* am Beginn des 21. Jahrhunderts verfügen über Telefonzentralen und Internetseiten, die es ihnen erlauben, ihre gläubigen Anhänger effektiv zu beraten. Diese Dienste werden durch die Zahlung einer Religionssteuer, der *Khoms*, entgolten, die einem Fünftel des Reingewinns der Gläubigen entsprechen sollte. Je mehr Anhänger ein *Marja* hat, desto mehr wächst sein Vermögen, es sei denn, seine Schäflein sind arm oder verschuldet, denn dann müssen sie keine *Khoms*-Abgabe leisten.

Ayatollah Khomeini wurde 1963 im Alter von 61 Jahren ein *Marja*. Am Ende des Jahrzehnts war er die »Quelle der Nachahmung« für Hunderttausende von Iranern. Diese begannen ihn in den Monaten unmittelbar vor der Revolution, »Imam« zu nennen. Dies war jedoch eine missbräuchliche Bezeichnung, da es in der schiitischen Theologie nur zwölf Imame gibt, die alle seit mehr als einem Jahrtausend tot oder, was den letzten Imam angeht, verschwunden sind. Dieses Zeichen der Anhänglichkeit und Verehrung wurde dann trotzdem zur offiziellen Anrede Ayatollah Khomeinis.

Es folgt eine Blütenlese einiger seiner Rechtssprüche aus seinem Buch *Tauzi al-Masail*[44] (»Erklärung der Probleme«), die zeigt, dass er sich auch noch mit den trivialsten Problemen beschäftigte. In seiner Einleitung stellt ihn der Herausgeber des Buches folgendermaßen vor: »Der Tapfere Kämpfer, das Oberhaupt, der Erhabene Führer, der Moses unserer Zeit, der Zerschmetterer der Götzen, der Vernichter der Tyrannen, der Befreier der Menschheit, Seine Heiligkeit der Ayatollah Oberster Imam Ruhollah Khomeini – Mögen Ihm unsere Seelen untertan sein.«

Von der Reinheit und der Unreinheit
Paragraph 1: Elf Dinge sind unrein: der Urin, das Exkrement, das Sperma, die Knochen, das Blut, der Hund, das Schwein, der nichtmuslimische Mann und die nichtmuslimische Frau, der Wein, das Bier und der Schweiß des Kot fressenden Kamels.

Von der Jagd und dem Fischfang
Paragraph 13: Es ist erlaubt, mit der Hand gefangene Heuschrecken zu essen, es ist nicht notwendig, dass der Fänger Moslem

ist und den Namen Gottes angerufen hat. Aber eine tote Heuschrecke aus der Hand eines Ungläubigen darf nicht gegessen werden, wenn man nicht sicher ist, dass sie lebend gefangen wurde, selbst wenn der Ungläubige dies behauptet.

Von der Frau und ihrer Periode

Paragraph 5: Die Frauen aus der Nachkommenschaft des Propheten sind im Alter von 60 Jahren im Klimakterium. Die anderen sind es mit 50 Jahren.

Paragraph 13: Der Mann sollte während der Regel der Frau den Koitus vermeiden, selbst wenn er nur unvollständig – das heißt bis zum Ring der Vorhaut – eindringt und selbst wenn er nicht ejakuliert. Es wird ebenfalls stark davon abgeraten, mit ihr anal zu verkehren.

Paragraph 14: Teilt man die Regeltage der Frau durch drei, muss der Ehemann, der während der ersten beiden Tage den Koitus ausführt, den Gegenwert von 18 Nochod [3 Gramm Gold] an die Armen zahlen. Tut er es während des dritten und vierten Tages, den Gegenwert von neun Nochod. Und tut er es während der letzten zwei Tage, den Gegenwert von 4½ Nochod.

Paragraph 15: Mit einer Frau während ihrer Regel Analverkehr zu betreiben, macht diese Zahlung nicht erforderlich.

Von der Ehe, dem Ehebruch und den ehelichen Beziehungen

Paragraph 12: Es ist verboten, seine Mutter, seine Schwester und seine Schwiegermutter zu heiraten.

Paragraph 19: Der Mann, der mit seiner Tante Ehebruch begangen hat, soll nicht deren Töchter, das heißt seine Cousinen ersten Grades, heiraten.

Paragraph 27: Wenn der Mann mit dem Sohn, dem Bruder oder dem Vater seiner Frau Analverkehr betreibt, bleibt seine Ehe gültig.

Paragraph 61: Es wird sehr dazu geraten, seine mannbare Tochter möglichst schnell zu verheiraten. Ein Glück des Mannes besteht darin, dass seine Tochter ihre erste Regel nicht im väterlichen Haus, sondern in dem ihres Mannes hat.

Von der Scheidung

Paragraph 4: Der Mann, der mit seiner Frau nach deren letzten Menstruation Geschlechtsverkehr hatte, muss warten, bis ihre nächste Regel eintritt, um sich scheiden zu lassen. Aber er darf sich scheiden lassen, wenn seine Frau noch nicht neun Jahre alt oder schwanger oder im Klimakterium ist.

Von der Totenfeier

Paragraph 22: Eine Witwe darf in den hundert Tagen nach dem Tod ihres Mannes kein Parfum verwenden; stirbt sie jedoch in dieser Zeit, darf sie mit Kampfer gesalbt werden.

Nachträge zur letzten Ausgabe

Paragraph 2: Es ist nicht erlaubt, bei Sportveranstaltungen die Trommel zu schlagen; es ist gleichfalls verboten, während militärischer Zeremonien Militärmusik zu spielen, wenn sie aufreizender Musik ähnelt.

Paragraph 5: Es ist dem Moslem nicht unbedingt verboten, in einem Unternehmen zu arbeiten, das von einem Moslem geleitet wird, der auch Juden beschäftigt, wenn denn diese Arbeit nicht auf die eine oder andere Weise Israel nützt. Es ist jedoch eine Schande, unter einem jüdischen Abteilungsleiter zu arbeiten.

Paragraph 9: Es ist verboten, eine andere Frau als die eigene, ein Tier oder eine Statue auf sinnliche oder lüsterne Weise anzusehen.

AUS LIEBE ZU KHOMEINI

I
ch war am 1. Februar 1979, dem Tag der Rückkehr des Imams
[Ayatollah Khomeini], auf dem Flughafen von Teheran. An
diesem Tag bekamen wir unsere Freiheit wieder. Seine Macht
stammte aus einer göttlichen Quelle, deshalb hat er auch sofort
die Herzen der Iraner erobert. Ich liebe ihn, wie ein Schmetterling eine wunderbare, duftende Blume liebt.

Am meisten bewundere ich am Imam (möge er im Paradies
weilen) seinen Glauben. Er fürchtete niemand außer Gott. Und
auch wir selbst haben jetzt vor keinem anderen Land mehr
Angst, nicht einmal vor den Vereinigten Staaten. Seitdem geht
jede Entwicklung im Iran auf ihn zurück, und wir sind ihm dafür sehr dankbar. Selbst dieser Satellit, den wir im letzten Monat
ins All geschickt haben, ist er. Wir lieben ihn so sehr, dass wir
dem Weg folgen, den er uns vorgezeichnet hat. Wir folgen ihm
selbst nach seinem Tod, deshalb kommen wir jede zweite Woche
hierher, um in der Nähe seines Grabes zusammen zu essen.
Seine Nähe verschafft uns inneren Frieden und erhebt unseren
Geist. An den anderen Freitagen gehe ich zum großen Gebet in
Teheran.

In den Zeiten des Schahs waren wir weder frei noch entwickelt. Der Schah selbst erhielt seine Befehle aus Washington und
manchmal aus London. Seitdem hat uns die Islamische Republik alles gegeben: Sicherheit, Fortschritt und Komfort. In unserer Familie haben wir drei Autos. Und unter Präsident Mahmud

Die Menge gedenkt des Todestags von Ayatollah Khomeini, der am
3. Juni 1989 mit beinahe 87 Jahren starb, in dem riesigen Mausoleum, das das Regime ihm im Süden Teherans errichtet hat.

Ahmadinedschad ist alles sogar noch besser geworden. Sein Ziel war, die Muslime gegen die Zionisten zu einen, mit großem Erfolg. Er hat einige Tabus wie das des Holocaust gebrochen, und er hat uns unseren Stolz zurückgegeben. Dank seiner Rede vor den Vereinten Nationen spüren wir, dass wir wieder an Bedeutung gewonnen haben, die Iraner als Nation, aber auch jeder Einzelne von uns. Das hat uns zwar den Zorn gewisser Länder eingebracht, was vielleicht nicht ideal, aber keine Katastrophe ist.

Ich hoffe, Sie behalten Ihren Besuch im Iran in guter Erinnerung und bemühen sich, uns ohne Vorurteile zu betrachten. Wissen Sie, wir haben viele Feinde, aber denen darf man nicht glauben. Achten Sie nicht auf die zionistische Propaganda, sie hat mit unserer Wirklichkeit hier nichts zu tun. Ich hoffe also, dass Ihr Aufenthalt gut verlaufen wird und dass sie sich danach mit unserer Religion näher beschäftigen. Dann werden Sie sich zum Schismus bekehren, und wir können uns im Jenseits wiedersehen.«

Im Iran ist das Gefühl der Liebe zu Ayatollah Khomeini ungeheuer groß und vollkommen echt und aufrichtig. Man hat jedoch auch gesetzliche Bestimmungen erlassen, die jede Kritik an ihm zu einem Verbrechen erklären. Der Nationale Studententag am 7. Dezember 2009 war gekennzeichnet von Demonstrationen, an denen außergewöhnlich viele Menschen teilnahmen. Sie ließen sich weder von dem Massenaufgebot an Unterdrückungskräften – mit Ketten und Knüppeln ausgerüstete Motorradschwadronen, schwer bewaffnete Polizeieinheiten und Tränengaskanonen – noch von den zahlreichen Verhaftungen in den landesweit etwa 50 aufständischen Universitäten abhalten. Am Abend des 7. September zeigte dann das von den Konservativen kontrollierte Staatsfernsehen immer wieder das Bild zweier Personen, von denen man nur die Arme sah, die gerade ein Plakat mit dem Porträt Ayatollah Khomeinis anzündeten.

Massoud Ghahramani, 60 Jahre, der Mann mit den grauen Haaren, verkauft Textilien im Basar. Jeden zweiten Freitag picknickt er mit seiner Familie vor dem Mausoleum Ayatollah Khomeinis.

Seit sechs Monaten beschuldigten sich jetzt bereits Regierung und Opposition gegenseitig der schwersten Verbrechen: Wahlbetrug, von den Zionisten unterstützte Verschwörung, Staatsstreich, Umsturzversuch und die Vergewaltigung und Ermordung von verhafteten Regimegegnern. Die Demonstranten hatten Präsident Ahmadinedschad bereits mit einem Esel, ja sogar einem Affen verglichen, und den Obersten Religionsführer als Diktator bezeichnet, dessen Tage gezählt seien. Aber plötzlich war ein einzelnes verbranntes Plakat die größte vorstellbare Untat.

Später am Abend trat ein Ayatollah in der Sendung »Die *Umma*[45] erwecken« auf.

»Zahlreiche Augenzeugen berichten, dass die Demonstranten heute neben dem Bild des Imams [Khomeini] auch Exemplare des Heiligen Korans verbrannt haben«, behauptete der Moderator.[46] »Was ist Ihre Meinung dazu und was ist jetzt die Pflicht der Gläubigen?«

»Im Namen Allahs, des Allmächtigen und Barmherzigen«, antwortete der Turbanträger. »In der gesamten Geschichte hat es noch nie eine solche Bewegung gegeben, die sich zum Ziel gesetzt hat, alle sittlichen Grenzen zu überschreiten. Sie wollen das göttliche Gesetz umstürzen. Für sie ist der Koran nur ein Gegenstand wie jeder andere, ein altes unwichtiges Buch. Sie behaupten von sich, sie seien Mitglieder des säkularen, modernen, aufgeklärten Bürgertums. Sie wollen das Band zwischen den Gläubigen und Allah (sein Name werde geheiligt) zerreißen.«

In den folgenden Tagen versammelte das Regime Tausende seiner Anhänger auf den Straßen, die gegen die Zerstörung der Porträts des Imams protestierten. Am Abend des 13. Dezember wandte sich der Oberste Führer Ali Chamenei mit ungewohnter Heftigkeit gegen den »grünen Terror« und verkündete, er werde dafür sorgen, dass die, die sich dieser Beleidigungen des Imam schuldig gemacht hätten, aufgespürt, verurteilt und bestraft würden. »Die Geometrie unseres Systems ist göttlich«, erklärte er. »Sie wurde von einem göttlichen Mann eingerichtet, und ihr Überleben hängt von einer göttlichen Nation ab. Der Feind wird keines seiner Ziele erreichen.«

Die beiden Anführer der Grünen Bewegung ließen sofort verlauten, dass ihnen die Zerstörung eines Porträts des Imams »zweifelhaft« erscheine und sie wahrscheinlich von den Anhängern des Regimes selbst inszeniert worden sei. »Ich bin mir sicher, dass die Studenten eine solche Grenze nicht überschritten haben«, bekräftigte Mir-Hussein Mussawi. »Denn wir wissen alle, dass sie den Imam lieben und bereit sind, ihr Leben für ihn zu opfern.«

BEHESHT-E ZAHRA

E s wäre eine Untertreibung zu behaupten, dass der Iran den Tod liebe. Er verehrt ihn. Er verwechselt ihn manchmal sogar mit seiner Religion. Der offizielle Kalender weist zwei Trauermonate aus, und von den etwa zwanzig Feiertagen des übrigen Jahres erinnern die meisten an den Tod wichtiger Persönlichkeiten: des Propheten, Alis, Husseins und seines Bruders Abbas, der übrigen Imame, Fatimas und Khomeinis. Ein Großteil der schiitischen Vorschriften beschäftigt sich mit den Bestattungsriten: Wie man die Totenwache gestaltet, wie man die Waschungen der Leichen durchführt, wie man den Kampfer zermahlt, mit dem man ihre Stirn, Handflächen, Knie, Zehen und Nasenspitze einreibt und wie man den Körper in Richtung Mekka ausrichtet.

Jedem Toten stehen zahlreiche Gedenkfeiern zu, die drei, sieben und vierzig Tage nach seinem Ableben und dann jedes Jahr an seinem Todestag stattfinden. Die Familien verbringen also eine beträchtliche Zeit an den Gräbern ihrer Verstorbenen. Manchmal treffen sie sich freitags dort zum Picknick. Das macht die iranischen Friedhöfe sehr lebendig. Im Süden Teherans ist Behesht-e Zahra (das Paradies der Zahra, ein anderer Name Fatimas, der Tochter des Propheten) eine Tag und Nacht geöffnete Nekropole, die eine ganze Begräbnisindustrie ernährt. Man bekommt dort etwas zu essen und zu trinken. Man kann dort arme kleine Jungen beauftragen, das Grab des Ehegatten oder der

254

Der alte Ali Karimi wird in Behesht-e Zahra beerdigt, dem Teheraner
Friedhof, auf dem jeden Tag 140 Verstorbene ihre letzte Ruhe finden.
Seine Familie hat dazu Hadji, einen professionellen Gebetssänger,
engagiert.

Eltern zu säubern, man kann jedoch auch Begräbnismusiker und Mullahs mieten, die darauf spezialisiert sind, Totenreden zu Ruhm und Ehre des Verblichenen zu halten, dessen Namen sie nicht einmal kennen, den sie aber unweigerlich mit dem Imam Hussein vergleichen. Es gibt Spielplätze für die Kinder, alle möglichen Geschäfte, Säle, die bei den großen Beerdigungen bis zu 5000 Gäste aufnehmen können, eine funkelnagelneue Metro-Station, ein Kino, das ständig Kriegsfilme zeigt, und ein Informationszentrum, in dem man sich nach der Lage der Gräber erkundigen kann, deren Zahl sich jeden Tag um 130 oder 140 vermehrt. Die Gesamtfläche ist riesig, fast 450 Hektar mit zwei Millionen Gräbern. Die größte Abteilung ist die der 200 000 bis 300 000 »Märtyrer«, die in dem vom Irak 1980 vom Zaun gebrochenen Krieg fielen. Deren Eingang zierte lange Zeit ein Blutbrunnen, wobei das Blut natürlich gefärbtes Wasser war.

Vor der Revolution war Behesht-e Zahra einer der wenigen Orte, die die Polizei des Schahs aus Respekt vor den Toten nicht betreten durfte. Aus diesem Grund hielten die Revolutionäre hier auch ihre Geheimtreffen ab. Bei seiner triumphalen Heimkehr am 1. Februar 1979 hielt Ayatollah Khomeini dort seine erste große Rede, in der er den Iranern versprach, dass überall im Land Häuser für die Armen gebaut werden würden und dass Wasser, Strom und die öffentlichen Transportmittel ab jetzt kostenlos seien. Auf diese Weise wurde der Friedhof einer der Orte, die die Legitimität des islamischen Regimes begründeten, wenngleich er dadurch auch seine Immunität verlor.

Als am 20. Juli 2009 die 40-Tage-Feier nach dem Tod Neda Agha-Soltans abgehalten wurde, der jungen Frau, deren von einem Amateur gefilmter Todeskampf die ganze Welt im Internet verfolgen konnte, griffen Bassidschi und Ordnungskräfte die Trauergemeinde mit Tränengas, Ketten und Knüppeln an und führten Dutzende von Verhaftungen durch. Im Verlauf dieses

Herbsts wurde ihr Grab dann mehrmals geschändet. Unter anderem wurde ihr Foto mit Maschinenpistolen zerschossen.

Zur selben Zeit tauchten immer mehr Berichte über die nächtliche Beisetzung von Demonstranten auf, die von den Ordnungskräften getötet worden waren. Der Sohn eines Friedhofsangestellten sprach in seinem Blog von etwa hundert gefrorenen Leichen, die eindeutige Spuren von Folter und Vergewaltigung getragen hätten. Diese Zahl wurde von den beiden Oppositionsführern Mir-Hussein Mussawi und Mehdi Karrubi bestätigt. Im Internet wurden Videos veröffentlicht, die Dutzende von frischen anonymen Gräbern zeigten. Der Friedhofsdirektor Mahmud Rezaian dementierte diese anonymen Bestattungen mit Nachdruck, bevor er einige Tage später von seinem Posten zurücktrat.

AUS LIEBE ZU DEN MÄRTYRERN

Frankreich, Deutschland, Russland und die Vereinigten Staaten, allen diesen Ländern ist es zu bestimmten Zeiten ihrer Geschichte gelungen, ihre Männer in den Kampf zu schicken, obwohl sich diese fast sicher sein konnten, dass sie dabei getötet werden würden. Es erforderte Kühnheit, Opfermut und die Überzeugung, die eigene Seite und damit die Freiheit zu verteidigen, um am 6. Juni 1944 mit der ersten Angriffswelle am Omaha Beach an Land zu gehen oder im Jahr 1916 in die »Knochenmühle« von Verdun einzurücken. Nicht zuletzt deshalb muss uns westlichen Beobachtern die Art und Weise völlig fremd erscheinen, wie der Iran 1980 die Idee des Martyriums benutzte, um seine Truppen und seine Bevölkerung zu motivieren, den irakischen Aggressor abzuwehren und diesen mörderischen Krieg acht Jahre durchzuhalten.

Trotzdem liegt in der iranischen Methode etwas Einzigartiges und Faszinierendes. So wurde zum Beispiel die Mehrzahl der Millionen von europäischen Gefallenen von Berufssoldaten angeführt, deren wichtigster Wert die Ehre war, was wahrscheinlich bis auf die Zeit des alten Rittertums zurückging. Im Iran waren es jedoch sehr junge und kaum ausgebildete junge Männer, die auf die irakischen Minenfelder vorrückten, um den nachfolgenden Truppen einen Weg zu öffnen. Zoreh, eine gute Freundin aus meiner Teheraner Zeit, erinnert sich, dass während des Kriegs gegen den Irak in ihrer Schule ein kleiner Junge von elf oder zwölf Jahren sich plötzlich dazu entschied, an die Front zu gehen. Zwei Wochen später kehrte er in einem Sarg zurück. »Der Sarg wurde mitten auf den Schulhof gestellt«, erzählt sie. »Dies hat drei oder vier andere dazu gebracht, sich sofort an die Front zu melden. Ihre Särge sind wenig später zurückgekommen. Zu dieser Zeit gingen wir bei unseren wöchentlichen Klassenausflügen nicht mehr in den Zoo oder ins Museum, sondern auf den Friedhof. Danach entdeckten immer wieder andere ihre innere Berufung zum Soldaten.«

Das Regime strich in seiner Propaganda ständig das Heldentum des jungen Hossein Fahmideh heraus, der sich mit dreizehn Jahren in der Schlacht von Chorramschahr einen Handgranatengürtel um den Leib band, sich unter einen irakischen Panzer warf und selbst in die Luft sprengte. Ayatollah Khomeini erklärte, dieser junge Mann sei von nun an sein »Führer« und fügte dann hinzu: »Der Wert dieses kleinen Herzens übersteigt alles, was Hunderte von Zungen sagen und Hunderte von Federn schreiben können. Er hat das liebliche Elixier des Martyriums getrunken.« Das unschuldige Gesicht des Jungen sieht man seitdem immer wieder auf riesigen Fresken in den Straßen des Iran, eine Briefmarke trägt sein Bild, und seine Geschichte wurde zur Grundlage einer Fernsehserie, *Die Kinder des Paradieses*.

Im Westen folgten dem Heer der gefallenen Krieger ein Abscheu vor diesem Massenschlachten, eine Generation von Pazifisten und manchmal sogar einzelne Aufstandsbewegungen, wenn vielleicht auch nur innerhalb einer intellektuellen Elite. Im Iran gab es nichts dergleichen. Im Gegenteil, noch Jahre später bedauert ein Teil der Überlebenden aufrichtig, dass sie nicht in diesem Krieg gefallen sind. Das Martyrium betrachten viele als Belohnung für die Reinheit und Güte derer, die das Glück oder den Vorzug genossen, von Gott auserwählt zu werden, ihm im Himmel zu begegnen. »Die *Schahid* [Märtyrer] waren die Besten und Schönsten von uns. Deshalb hat Gott entschieden, sie nicht mehr auf der Erde zu lassen«, sagte 2007 ein Offizier im Dokumentarfilm *Bassidji* von Merhan Tamadon.[47] Für sie ist der Tod nicht das Ende des Lebens, sondern nur der Übergang von der irdischen, zwangsweise unvollkommenen Welt (Khomeini sprach vom »Abschaum der Schöpfung«) in diese andere Welt, in der das Leben ewig und glanzvoll ist. Diese Kultur des Todes wird von einer Überfülle an Blumen und Gedichten begleitet. Dabei verkörpert die Tulpe das höchste Opfer. Im Friedhof von Behesht-e Zahra sind sie überall zu sehen. Man sagt, sie würden von den Tränen der Märtyrer gegossen. All das ist heute noch so lebendig, dass Mahmud Ahmadinedschad zwanzig Jahre nach Kriegsende in einer wichtigen Präsidentenrede schwärmen konnte: »Gibt es eine Kunst, die schöner, göttlicher und ewiger wäre als die Kunst des Märtyrertods?«

Anscheinend hat es die Propaganda sogar erreicht, dass diese Martyriumsidee der Gewalt der Schlachtfelder entstieg und in die Vorstellungswelt der gewöhnlichen Iraner einging, selbst wenn sie den Krieg überhaupt nicht miterlebt haben.

Wie bei Fereschte, deren Vornamen »Engel« bedeutet, der wir in den Gräberreihen von Behesht-e Zahra begegnet sind. »An jedem Freitag«, erzählt sie uns, »komme ich von zehn Uhr morgens bis Einbruch der Dunkelheit hierher, um die Gräber der Märtyrer, vor allem der unbekannten, zu säubern oder ihre Farbe aufzufrischen.« Fereschte ist zu jung, als dass sie sich noch an die Bombenangriffe Saddam Husseins auf Teheran am Ende des Krieges erinnern könnte, und kein Mitglied ihrer Familie ist im Krieg gefallen oder hat überhaupt daran teilgenommen. Trotzdem liebt sie die Märtyrer. »Dank dieser Märtyrer und ihres Blutes können wir heute im Iran gut leben«, sagt sie. »Unser Glück, unsere Ruhe, die verdanken wir ihnen. Ich halte ihre Gräber in Ordnung, und sie helfen mir dann im Jenseits. Sie werden mei-

Jeden Freitag reinigt Fereschte, 22 Jahre, die Gräber unbekannter Märtyrer auf dem Behesht-e-Zahra-Friedhof oder frischt ihre Farbe auf.

ne Freunde sein.« Fereschte hatte noch nie einen Hang zur Mystik. Sie interessiert sich nicht für Politik. Auch ihre berufliche Tätigkeit hat nichts mit dem Tod zu tun. Sie ist Fotografin in einem Hochzeitsstudio im Zentrum Teherans. Als wir dennoch weiter in sie dringen, gibt sie schließlich doch noch eine Art Erklärung dafür ab, warum ihr diese Gräber so teuer sind: »Vor zwei Jahren wurde mein Vater krank. Es war wirklich ernst. Im Traum sind mir dann Märtyrer erschienen. Ich habe ihnen gesagt: ›Wenn mein Vater wieder gesund wird, werde ich mich jede Woche um eure Gräber kümmern.‹ Einige Monate später war mein Vater wieder ganz geheilt.«

Dem jungen Mädchen scheint dieses Gespräch mit Ausländern zunehmend unangenehm zu werden, sie beeilt sich deshalb, das Thema zu wechseln. »Kommen Sie«, fordert sie uns auf, »ich zeige Ihnen ein Wunder.« Einige Friedhofsalleen weiter drängt sich eine kleine Menge um ein Grab. Frauen im Tschador und flüsternde kleine Kinder drücken sachte die anderen beiseite und versuchen, den Marmor der Grabstätte zu berühren. Auf deren Tafel steht: »Dies ist das Grab Seyed Ahmad Plarqs, der 1987 friedlich das Martyrium umarmte.« Seit drei oder vier Monaten sickert Rosenwasser aus diesem Grab, mit dem sich jetzt jeder einreiben möchte. Ein in der Nähe stehendes Mitglied der Friedhofsverwaltung erklärt schulterzuckend, dass man wissenschaftliche Tests durchgeführt habe und wohl wirklich auf ein Wunder schließen müsse, da das Duftwasser tatsächlich von selbst austrete.

Der Kult um Imam Hussein und sein tragisches Schicksal in Kerbela (die Chronik erzählt, dass sein abgeschlagener Kopf, der bereits seit zwei Wochen auf einer Pike aufgespießt war, ebenfalls wie eine Rose duftete, als man ihn in den Kalifenpalast von Damaskus trug) lieferte der Revolutionsregierung sicherlich eine solide kulturelle und religiöse Grundlage für die Förderung dieser Liebe zum Martyrium. Die iranische Propaganda verglich im Übrigen ständig Saddam Hussein mit dem treulosen Kalifen Yazid des 9. Jahrhunderts. Beide waren Verkörperungen des Bösen, irregeleitete Weintrinker und Hundeliebhaber. Außerdem griff sie auch auf den Imam Mahdi zurück, auf dessen Rückkehr die Iraner bereits seit elf Jahrhunderten warten. In ihrem Buch *Ich habe keine Tränen mehr*[48] gibt Freidoune Sahebjab die Aussagen Rezas, eines blutjungen Soldaten, wieder, dass die iranische Armee von Zeit zu Zeit auf dem Schlachtfeld nachts einen geheimnisvollen Reiter auf einem prächtigen Schimmel auftauchen ließ. Sein mit Phosphor überzogenes Gesicht leuchtete in der Dunkelheit. Seine Kleidung war die eines mittelalterlichen Fürsten. »Das ist der Mahdi! Das ist der Mahdi!«, flüsterten die Offiziere ihren Soldaten zu. Der Reiter ermahnte die Kinder zum Kampf und verschwand.

Bereits seit Jahrhunderten trauern die Schiiten um Imam Hussein und warten auf den Imam Mahdi. Trotzdem führte Ayatollah Khomeini in diese altehrwürdigen Bräuche einige subtile Neuerungen ein, als er 1979 die Macht übernahm. Bisher hatte die Geistlichkeit traditionell ihre Gläubigen aufgefordert, das Unrecht zu ertragen. Außerdem sei jede Macht nur vorläufig und vorübergehend, solange man auf die Rückkehr des Verborgenen Imam warte. Khomeini hatte jedoch keine Zeit zu verlieren. Er war der Meinung, dass die Gläubigen aus ihrer Starre heraustreten und gegen das Böse, in diesem Fall gegen den Irak, kämpfen sollten, um diese göttliche Rückkunft zu beschleunigen.

Diese Neuinterpretation der Glaubenslehre hatte auf das Volksbewusstsein tiefgreifende Auswirkungen. Wie so oft konnten sie sich jedoch auch gegen die herrschende Macht richten. Am 18. Juni 2009 fragte ich kurz nach der Präsidentschaftswahl auf einem »grünen Marsch«, der vom Khomeini-Platz drei Kilometer bis zum Firdausi-Platz zog, eine Mutter, die von ihren beiden Töchtern begleitet wurde, ob sie Angst habe. »Angst wovor?«, gab sie zur Antwort. »Sie können schießen, das ist alles! Der Unterschied zwischen uns und ihnen ist, dass sie bereit sind, für ihre Vorstellungen zu töten, während wir bereit sind, für die unseren zu sterben.«

HADJI

E r heißt Hadji, und er hatte drei Leben. Vor der Revolution
war er der Torwart der Wasserballnationalmannschaft, die
bei den Asienspielen von 1974 die Goldmedaille gewann.
Dank des Gelds, das der Schah für das sportliche Prestige seines
Landes bereitstellte, war sein materielles Leben gesichert. Trotzdem konnte der tiefgläubige Hadji die Verachtung des Herr-
schers für die Tradition und Religion des Iran nicht akzeptieren
und unterstützte deshalb die Revolutionäre.

Als der Irak im September 1980 den Iran angriff, meldete sich
Hadji freiwillig an die Front. Dort ließen ihn seine Offiziere
Unterwassermissionen ausführen. So durchschwamm er einmal
den Karun-Fluss, um am Rumpf irakischer Schiffe Sprengkör-
per anzubringen. Er wurde gefangengenommen und verbrachte
neun Jahre in Saddam Husseins Kerkern. Er hat aus dieser Zeit
eine tiefe Verletzung zurückbehalten. »Ich wünsche keinem, so
etwas jemals durchmachen zu müssen«, sagt er. »Wir bekamen
kaum etwas zu essen, ich habe 25 Kilo abgenommen.«

Als er schließlich im Rahmen eines vom Internationalen Roten Kreuz organisierten Gefangenenaustauschs wieder heim-
kehren durfte, war der Krieg bereits seit zwei Jahren vorbei, Ayatollah Khomeini war gestorben, und Teheran versuchte, eine
neue Seite aufzuschlagen. Hadji wurde zum Direktor des ange-
sehenen »Märtyrer Shahrudi«-Schwimmbads und zum Trainer
der Nationalmannschaft der Schwimmer ernannt. Trotzdem

ekelten ihn nach kurzer Zeit die Geschäftemacherei und Korruption an, die sich im Sport, vor allem in seinen offiziellen Verbänden, breitgemacht hatten. Um seine Integrität zu bewahren, trat er von seinem Traineramt zurück und erteilt jetzt nur noch zweimal in der Woche Kindern unentgeltlich Schwimmunterricht. Um ihn herum bricht alles zusammen: Die Schwimmhalle müsste dringend renoviert werden, und das Freiluftschwimmbad, früher das beste der Hauptstadt, liegt vollkommen brach. Die Arbeiten kommen aufgrund des herrschenden Verwaltungschaos bereits seit fünf Jahren nicht voran. Da er keine Meister mehr heranbilden kann, baut Hadji in seinem kleinen Garten zwei Fahrtstunden von Teheran entfernt Obst und Gemüse an. Eine kleine Genugtuung gibt es dennoch: Die von ihm trainierten kleinen Schwimmer schlagen regelmäßig die Mitglieder der Jugendmannschaft des offiziellen Schwimmverbands.

Hadji, 50 Jahre, war Wasserballmeister, Kriegsgefangener und Natio-
naltrainer. Heute erteilt er Kindern unentgeltlich Schwimmunterricht.

DIE MULLAHS

Eines Tages saß ich auf der Rückbank eines Sammeltaxis, das in einem Teheraner Verkehrsstau feststeckte. Da drückte plötzlich ein Mullah auf einem Motorrad lange und fest auf die Hupe, damit unser Fahrer die paar Zentimeter Straße freigab, die der Turbanträger brauchte, um sich weiter durch den Verkehr zu schlängeln. Sofort fingen meine Sitznachbarn an, heftig über die Frechheit dieses motorisierten Geistlichen zu schimpfen. »Was für eine Arroganz!«, schrie eine dicke Dame, deren elefantöse Schenkel mich fast erdrückten. »Schmutziger Araber! Die Mullahs sind keine Iraner, das sieht man doch«, fügte der Unglückliche hinzu, der den schlechten Platz in der Mitte der Vorderbank erwischt hatte, wo er gezwungen war, jedes Mal seine Knie zu bewegen, wenn der Fahrer schalten wollte. »Wenn wir endlich dieser Islamischen Republik ein Ende machen«, meldete sich jetzt der Fahrer, der ähnlich angeschlagen schien wie sein Fahrzeug, »werden die Mullahs an den Laternen baumeln.« Dies kommentierte die dicke Dame mit den Worten: »Ich hoffe nur, dass es genug Stricke und genug Straßenlampen für all diese Mullahs geben wird.« Antwort des Chauffeurs: »Wenn uns die Stricke ausgehen, nehmen wir halt ihre Turbane.«

Das Schicksal der iranischen Mullahs erfuhr immer wieder seltsame Wendungen. 1979 führten sie noch die Massen auf den Straßen an und entwaffneten die Soldaten, die eigentlich den Befehl hatten, auf sie zu schießen, mit einigen Worten aus dem Koran. Ihr Bart war damals ein Beweis ihres Glaubens und ihr Gewand ein Beweis ihrer Rechtschaffenheit. Dabei waren sie jedoch jahrhundertelang nicht sehr beliebt gewesen. Tausende iranische Anekdoten handeln von ihrer Beschränktheit und Habgier. Im 19. Jahrhundert wurde *Mullah-bazi* ein gängiger Ausdruck für die »Schurkereien der Mullahs«. In seinem berühmten Reisebericht *A Year amongst the Persians*[49] gibt der britische Orientalist Edward G. Browne die Ansichten eines gewissen Mullah Yussuf aus Kerman wieder, der sich darüber wundert, dass seine geistlichen Kollegen das Geld, das sie im Rahmen der Religionssteuer *(Khoms)* erhalten haben, anhäufen, statt es an die Armen zu verteilen, und dass sie ihren geistlichen Einfluss zur Erlangung weltlicher Vorteile nutzen.

Unser Taxi setzte uns dann an unserem Ziel, einem Ministerium, ab. Dort bekamen wir in einem Vorzimmer Tee serviert, während wir darauf warteten, dass der persönliche Referent des Ministers, der keine Lust hatte, uns zu empfangen, geruhte, uns das auch persönlich mitzuteilen. In der Zwischenzeit erzählte Ali, mein Dolmetscher, einen Mullah-Witz nach dem anderen. Es war dann jedoch der spröde Bärtige, der uns den Tee gebracht hatte, der den rüdesten beisteuerte: »Frage: Wie viele neunjährige Jungs kann ein Mullah an einem Nachmittag von hinten nehmen? Antwort: Wie viele hast du?«

Genau in diesem Moment öffnete der persönliche Referent endlich seine gepolsterte Tür. Es war ein Mullah.

Tatsächlich bot die Revolution den Mullahs die historische Chance, ihr Ansehen wiederherzustellen. Sie machten jedoch das genaue Gegenteil, und der Ausdruck »Mullah« hat längst wieder eine abwertende Bedeutung bekommen. Dies geht so weit, dass man bei offiziellen Gelegenheiten oder bei der Begegnung mit einem Turbanträger besser das Wort *Ruhani* (Mann des Geistes) oder *Achund* (Geistlicher) benutzen sollte, um nicht beleidigend zu wirken. Um seine Macht zu sichern, wollte das neue Regime aus ihnen eine privilegierte Gesellschaftsschicht machen. Die Studenten der *Houze* (Religionsseminare) brauchen keinen Wehrdienst zu leisten, während Medizin- und Wirtschaftsstudenten wie alle anderen zwei Jahre zu den Fahnen müssen. Die Stipendien für zukünftige Mullahs sind so hoch, dass die Söhne armer Familien deshalb oft diese Studienrichtung einschlagen, ohne über den nötigen Glauben zu verfügen.

Allerdings hat die islamische Regierung das Problem, dass sich ihre Förderpolitik der geistlichen Berufe wie viele andere ihrer Maßnahmen zunehmend gegen sie wendet. Die Mullahs entpuppten sich nämlich als weit weniger beschränkt und folgsam als gedacht. Seitdem Mohammed Chatami 1997 zum Präsidenten gewählt wurde und vor allem seit seiner Wiederwahl im Jahr 2001 haben sich viele von ihnen der Reformbewegung und gegenwärtig der Grünen Bewegung angeschlossen. Inzwischen hängt innerhalb der geistlichen Führungsspitze der Haussegen schief.

Im Januar 2010 erklärte die »Vereinigung der Koranprediger von Ghom«, dass die Erlasse des 63-jährigen Großayatollah Jusef Sanei keine religiöse Bindekraft mehr hätten. Dieser Versuch, einen der angesehensten Mullahs des Landes, der für seine reformerischen Ansichten bekannt war, ins Abseits zu drängen, rief sofort den Zorn der Konkurrenz, nämlich der »Vereinigung der gelehrten Koranprediger von Ghom«, sowie des »Verbands der militanten Geistlichen« hervor. Sanei hatte insbesondere geurteilt, der Islam verbiete dem Iran schlicht und einfach die Entwicklung einer Atombombe, da die Tötung von Unschuldigen dem Koran widerspreche. Seiner Ansicht nach war aus den denselben Gründen auch jedes Selbstmordattentat verboten. Außerdem gab er eine ganze Reihe von Fatwas heraus, die sich mit der

Seyed Bagher Khosrowshahi, 60 Jahre, lehrt in der *Houze*, dem Religionsseminar des Teheraner Basars. 2005 stimmte er für Ahmadinedschad, der ihm fähig schien, das Los der Bedürftigsten zu lindern.
2009 schloss er sich dann dem Lager der Opposition an.

Rolle der Frauen befassten. Darin erklärte er diese den Männern für ebenbürtig und dadurch auch fähig, das Präsidenten- und Richteramt zu bekleiden.

Nun ist Sanei, dessen Büro im Dezember 2009 nach dem Begräbnis seines Mentors, des Großayatollahs Montaseri, von Bassidschi angegriffen wurde, beileibe nicht der Einzige, der die Legitimität der Islamischen Regierung anzweifelt. Von den heute lebenden zwölf Großayatollahs haben wenigstens sieben auf die eine oder andere Weise die Grüne Bewegung unterstützt. Dies gilt ebenso für einige der bekanntesten der gegenwärtig etwa 5000 Ayatollahs des Iran. Die Gründe dafür sind einfach. Sie alle haben begriffen, dass die Religion im Ganzen durch ihre Verbindung mit einer notwendigerweise unvollkommenen Regierung gelitten hat, und dass sie Gefahr laufen, im Falle einer umfassenden Reform oder gar einer neuen Revolution wie das Kind mit dem Bad ausgeschüttet zu werden.

Als Chatami noch Präsident war (1997—2005), konnte diese massive Unterstützung der höchsten geistlichen Würdenträger für die Reformbewegung noch als Zünglein an der Waage wirken. Dies ist 2010 nicht mehr der Fall, weil sich das Regime verändert hat. Früher war es religiös, heute ist es ein Militärregime. Der Iran wird nicht mehr von einer »Mullahkratie« regiert, sondern mehr und mehr von einer Junta unter der Führung der Revolutionsgarden, die die Religion nur noch als Schutzschild benutzt. Plötzlich hat niemand mehr Angst vor den Mullahs, sondern die Mullahs haben Angst vor den Militärs. Immerhin gehört es jetzt nicht mehr zu den Prioritäten der Regimegegner, die Mullahs an die Straßenlaternen zu hängen. Und wenn diese Mullahs tatsächlich so schlau sind, wie man es ihnen nachsagt, könnten sie schon bald wieder die Massen auf die Straße führen, um eine weitere Diktatur zu stürzen.

DIE BASSIDSCHI

Eines Nachts kamen die Schmetterlinge zusammen. Alle quälte der Wunsch, sich endlich mit der Kerze zu vereinigen. Ein erster Schmetterling begab sich zum Schloss in der Ferne. Darin sah er das Licht einer Kerze. Er kam zurück und berichtete, was er gesehen hatte. Aber der weise Schmetterling, der der Versammlung vorsaß, meinte, dass sie das kaum weiterbringe. Ein zweiter Schmetterling näherte sich dieser Kerze. Er berührte die Flamme mit den Flügeln, aber die Kerze war siegreich. Er kam mit versengten Flügeln zurück und berichtete den anderen von seiner Erfahrung. Aber der weise Schmetterling sagte zu ihm: »Deine Erklärung ist auch nicht genauer.« Da erhob sich ein dritter Schmetterling liebestrunken. Er richtete sich auf die Hinterbeine auf und warf sich mit aller Macht in die Flamme. Seine Glieder wurden rot wie das Feuer. Er wurde eins mit der Flamme. Da sagte der weise Schmetterling, der das Ganze von der Ferne angesehen hatte, zu den anderen: »Er hat erfahren, was er wissen wollte. Aber nur er allein versteht es jetzt, das ist alles.«

Diese Fabel stammt aus *Die Konferenz der Tiere*[50] des persischen Dichters Farid ud-Din Attar (1142–1220). Sie erzählt vom mystischen Akt schlechthin, der Suche nach dem Licht und der Vereinigung mit dem Göttlichen. Mit genau dieser Geschichte erklärt jemand in Mehran Tamadons Film *Bassidj* den Opfermut der Bassidschi.

»Ich war zum Zeitpunkt der Revolution zwölf oder dreizehn Jahre alt«, erzählt Seyed Abdullahi. »Als der Krieg ausbrach [im September 1980], wollte ich mich sofort den 20 Millionen Freiwilligen anschließen, die Imam Khomeini zur Verteidigung der Heimat aufgerufen hatte. Sie wollten mich nicht an die Front schicken, ich war noch zu jung. Ich habe dann so viel geweint, dass sie mich schließlich einen Monat lang ausbildeten und danach für zwei Jahre an die Front schickten. Ich erinnere mich an alle, die in die Minenfelder hineingestürmt sind. Wir hatten dann nicht einmal die Zeit, ihre Leichen zu bergen. Aber die Iraker sahen uns nicht. Gott half uns und machte unsere Feinde blind. Wenn wir ihnen dann ganz nahe waren, riefen wir plötzlich laut *Allahu Akbar*, und sie ergriffen die Flucht. Ich weiß nicht, warum ich am Leben geblieben bin, während die anderen in den Himmel aufstiegen. Als uns dieses Raketengeschoss traf, glaubte ich, ich sei tot. Aber dann öffnete ich die Augen und begriff, dass ich noch lebte. Ich hatte nur meine Beine verloren.«

Als der Iran im Frühjahr 1983 die am Anfang des Kriegs von den Irakern eroberten Gebiete zurückgewonnen hatte und jetzt seinerseits, wenn auch vergeblich, versuchte, auf das feindliche Territorium vorzudringen, kämpften 450 000 Bassidschi an der Front. Sie dienten vor allem als Kanonenfutter und marschierten singend in die irakischen Minenfelder hinein, um den erfahreneren Truppen den Weg zu öffnen. Ihre Zahl sollte sich bis zum Ende des Kriegs im August 1988 sogar noch verdoppeln. Zwischen 100 000 und 200 000 stiegen in den Rang des Märtyrers auf, allerdings hat der Iran nie genaue Zahlen veröffentlicht. Was aber wurde aus den anderen, den Schmetterlingen, die sich nicht mit der Flamme vereint haben und unversehrt oder mit ein oder zwei versengten Flügeln heimgekehrt sind? Bereits Ende der 1980er Jahre fasste sie das Regime im Umkreis jeder Moschee als Hüter der islamischen Ordnung zusammen. Dabei unterste-

Seyed Abdullahi, 44 Jahre, verlor seinen Bruder und beide Beine bei einem Raketenangriff an der irakischen Front, wo er als Bassidsch-Freiwilliger diente.

hen sie nur dem Obersten Führer Ali Chamenei. Organisatorisch sind sie ein Teil der Pasdaran, der Revolutionsgarden. Sie verhaften unverheiratete Paare und Frauen mit mangelhaft bedeckten Haaren, sie errichten Straßensperren, durchsuchen Autos nach illegaler Musik und schnuppern am Atem der Insassen, um festzustellen, ob sie etwa Alkohol getrunken haben.

»Einige Jahre nach dem Krieg habe ich geheiratet. Ich war 24 Jahre alt. Der Bruder meiner Frau war im Krieg gefallen. Sie hat dann mich, einen lebenden Märtyrer, gewählt, um ihr Leben fortzusetzen. Sie hat mir drei Kinder geschenkt. Heute arbeite ich in einer Bassidsch-Einheit, die dem Außenministerium zugeordnet ist. Wir organisieren Fußballspiele, den Besuch heiliger Stätten und Kulturabende. Ich gehe auf den Friedhof, um meine Märtyrerbrüder zu besuchen. Ich vermisse sie. Die Farbe ihrer Gräber ist verblichen, und die Gebete für sie haben viel von ihrer Inbrunst verloren. Das macht mich traurig. Man hat uns Autos und Studienplätze gegeben, aber die Gesellschaft respektiert uns nicht mehr so wie früher.«

Am Ende der 1990er Jahre wird das Regime zunehmend unruhig. Die Menge bejubelt einen Fußballsieg. Die Studenten demonstrieren in den Straßen der Stadt. Der reformerische Präsident könnte mit einem Fingerschnalzen Millionen von Anhängern mobilisieren. Alles deutet darauf hin, dass die alte Garde dabei ist, die Kontrolle über die Straße zu verlieren. Da greift sie auf die Bassidschi zurück, verstärkt deren ideologische Indoktrinierung und überschüttet sie mit Lobsprüchen und materiellen Vorteilen: Kauf- und Transportgutscheine, für sie reservierte Studienplätze, ein bevorzugter Zugang zu Verwaltungsstellen und, natürlich, ein gewisser juristischer Freibrief für die Aktionen, die die Freiwilligen in Ausübung ihrer Aufgaben – und darüber hinaus – zu vollführen gezwungen sein könnten.

Einige Jahre später kann sich Mahmud Ahmadinedschad,

selbst ein Bassidsch, für seinen Wahlkampf von 2005 auf eine solide und leistungsfähige Organisation stützen. Und selbst wenn
er dann in seiner ersten Amtszeit reihenweise wirtschaftliche,
politische und diplomatische Katastrophen heraufbeschwor, versäumte er es doch nie, die Bassidschi zufriedenzustellen und ihr
militärisches Training und ihre Integration in die Revolutionsgarde zu fördern. Dies verschaffte ihm im Umfeld der Wahlen
vom Juni 2009 und vor allem bei der anschließenden Unterdrückung der Opposition einen beträchtlichen Vorteil. Gegenwärtig
gibt es im Iran zwischen einer und drei Millionen Bassidschi (einige Propagandisten des Regimes sprechen sogar von zwölf Millionen), darunter ein harter Kern von 2000 »Aschura«-Bataillo-
nen, von denen jedes aus 250 bis 300 bewaffneten Freiwilligen
besteht. Ihr Schicksal ist mit dem der herrschenden Macht eng
verknüpft. Und sie haben immer noch keine Angst zu sterben.

IN DIESER SACKGASSE

Omid Reza, 23 Jahre, Mitglied der Bassidsch-Miliz, steht in einer Sackgasse in Khani Abad im Süden Teherans. Das Viertel wurde zum Geburtstag des Mahdi geschmückt, jenes zwölften Imam, der seit seinem Verschwinden im Jahr 874 im Verborgenen lebt, und von dem die Schiiten glauben, er werde wiederkommen und die Welt retten, wenn sich die Ungerechtigkeit beinahe durchgesetzt haben wird. Dann wird er alle Ungläubigen und Sünder, das heißt fünf Siebtel der Menschheit, töten. In der Zwischenzeit hat Seine Herrlichkeit, der Imam Mahdi, bereits seine eigene Facebook-Seite bekommen, auf der für seine Rückkehr aus der Verborgenheit gebetet wird und die ihn als »Begründer der Regierung der Gerechtigkeit« beschreibt, »für dessen Wiederkunft unser Leben das Lösegeld sein möge«.

Sein Geburtstag ist einer der wenigen fröhlichen religiösen Feiertage. Fast alle anderen sind den unterschiedlichsten Trauerfällen gewidmet. Einer seiner Fans macht das auf Facebook ganz deutlich: »Oh, wie glücklich und gesegnet ist der Tag, an dem eine große Persönlichkeit geboren wurde, die eine Gerechtigkeit begründen wird, die bereits das Ziel der Mission der Propheten, der Friede des Herrn sei mit ihnen, war, ein Reich, in dem allein das gerechte Gesetz des Islam die Menschheit regieren wird, in dem die Paläste des Frevels und die Festungen der Ungerechtigkeit zusammenstürzen, in dem die Federn und Zungen, die den Skandal und die Heuchelei verbreiten, zerbrechen und abgeschnitten werden, und in dem die Dämonen und die Teuflischen vertrieben werden.«

Omid Reza betrachtet sich als Soldat des Verborgenen Imam. Er ist der Bassidsch-Miliz im Alter von 15 Jahren beigetreten. Seitdem hat er an jedem Donnerstagabendtreffen und an allen Missionen, auch den nächtlichen, seines Trupps teilgenommen. Dieser hat die Aufgabe, den islamischen Kleiderkodex im Viertel durchzusetzen und die Aktivitäten der unverheirateten Paare zu überwachen. Sein Vater besitzt ein kleines Bauunternehmen, aber Omid Reza würde sich lieber den Revolutionsgarden anschließen. Über sein Land denkt er sehr optimistisch. Er meint, dass es ihm immer besser gehen wird. Obwohl er selbst kurzärmlige Hemden trägt, glaubt er, dass das Hauptproblem die Frauen seien, die in der Öffentlichkeit ihren Kopf oder Körper nicht genügend bedecken.

Im Juli 1979 schrieb der iranische Dichter Ahmad Shamlu (1925–2000) das Gedicht »In dieser Sackgasse«. Es richtet sich gegen die Milizen, die wie Omid Reza den Auftrag haben, die islamische Ordnung durchzusetzen. Shamlu, der das Regime des Schah heftig kritisierte und dafür mehrmals im Gefängnis saß, konnte es später nicht ertragen, dass die Bigotterie im Rahmen der Revolution eine Bedeutung erlangte, die an Besessenheit grenzte. Die Werke des größten zeitgenössischen iranischen Dichters wurden verboten, und sein Tod im Juli 2000 wurde von den offiziellen Medien mit Schweigen übergangen. Trotzdem folgten Zehntausende seinem Begräbniszug durch die Straßen Teherans. Seitdem wurde sein Grab schon mehrmals von Bassidsch-Trupps geschändet.

In dieser Sackgasse

Sie schnuppern an deinem Mund,
Ob du nicht gesagt hast: »Ich liebe dich«.
Sie schnuppern an deinem Herzen,
Welch eine seltsame Zeit, Geliebte.
Und die Liebe
Peitschen sie aus
An den Straßensperren.
Die Liebe muss man verstecken im Hinterzimmer des Hauses.
In dieser kalten, krummen Sackgasse
Brennt noch das Feuer
Gespeist von unseren Gedichten und Liedern.
Riskier nur nicht zu denken.
Welch eine seltsame Zeit, Geliebte.
Wer an die Tür klopft in der Mitte der Nacht,
Ist gekommen, das Licht zu töten.
Das Licht muss man verstecken im Hinterzimmer des Hauses.
Und da stehen die Schlächter,
Die die Straße beherrschen,
Von ihren Hackbrettern und Messern tropft Blut.
Welch eine seltsame Zeit, Geliebte.
Aus den Lippen schneiden sie das Lachen
Und aus dem Mund den Gesang.
Die Freude muss man verstecken im Hinterzimmer des Hauses.
Die Kanarienvögel braten
Auf einem Feuer aus Jasmin und Lilien.
Welch eine seltsame Zeit, Geliebte.
Der siegestrunkene Teufel
feiert unser Begräbnis am Festtisch.
Gott muss man verstecken im Hinterzimmer des Hauses.

Omid Reza, 23 Jahre, Bassidsch im Khani-Abad-Viertel im Teheraner Süden.

AMERIKA AUF DEN KNIEN

Vergangenen Monat habe ich eine Pilgerfahrt nach Syrien, nach Damaskus unternommen, um Saida Zainabs Grab[51] zu besuchen«, erzählt mir Bahman Akbari-Basseri, 44 Jahre, Vater von zwei kleinen Mädchen und Mitglied der Revolutionsgarden von Schiras. »Die Reise hat mir ein klareres Bild von meinem eigenen Land verschafft. Ich habe schon viele iranische Städte besucht und nie daran gezweifelt, dass der Iran ganz schön weit entwickelt ist. Aber mir war nicht bewusst, wie weit! Damaskus und Teheran sind überhaupt nicht miteinander zu vergleichen. Der Flughafen von Damaskus gleicht einem kleinen iranischen Provinzflugplatz. In einem Land wie Syrien halten die Leute den Iran für eine echte Macht, die sie beschützen kann, die vor allem die einfachen Leute beschützt, jene, die leiden, jene, die den Kugeln der Zionisten ausgesetzt sind, und jene, die die Kulturinvasion des Westens erdulden müssen.

In Damaskus bin ich zwei Kindern begegnet, die auf dem Weg zur Schule waren. Ich habe sie gefragt, ob sie den Iran kennen. Sie haben mir geantwortet, dass Mahmud Ahmadinedschad der Führer der Welt sei. Sie haben auch gesagt, die Iraner seien ehrliche und angenehme Leute. Ich habe Kaufleute und selbst einen syrischen Zöllner befragt. Er hat mir gesagt, dass er ständig die iranischen Nachrichten hört und dass er davon träumt, einmal in unser Land fahren zu können, um seine Kenntnisse über den Iran und den Islam zu vertiefen.

Ach, ich bedauere es wirklich, dass ich nicht schon in früheren Jahren nach Syrien gefahren bin. Dann hätte ich schon früher mitbekommen, dass das, was ich über den Iran denke, nichts ist im Vergleich zu dem, was die Syrer über ihn denken! Für sie sind wir nicht nur eine Macht hier im Nahen und Mittleren Osten, sondern eine große Weltmacht. Die Vereinigten Staaten haben schon immer versucht, den Iran mit allen möglichen Mitteln anzugreifen. Aber der Iran hat Jahr für Jahr Fortschritte gemacht. Das ist es, was die Amerikaner nicht ertragen! Seitdem Ahmadinedschad Präsident ist, steht der Iran an der Spitze einer weltweiten Koalition von Entwicklungsländern wie Bolivien, Venezuela und Kuba. Alle Völker und Länder der Welt sind jetzt Freunde des Iran. Wir haben nur drei oder vier Feinde. Das sind die Länder, die den Vereinigten Staaten wie Knechte folgen, weil sie sich davon Vorteile versprechen. Wir sind wirklich nicht mehr die Einzigen, die sich den Vereinigten Staaten widersetzen. Viele andere greifen jetzt die amerikanischen Stützpunkte an und verbrennen die amerikanische Flagge. Auch unser Oberster Führer hat am letzten Freitag gesagt, dass es nicht mehr lange dauern werde, bis die Vereinigten Staaten stürzen und verschwinden werden.

Ich beziehe meine Informationen über das iranische Fernsehen, das zweifellos das beste der Welt ist. Außerdem findet jede Woche eine Informationsversammlung in der Moschee statt. Wir hören uns zusammen die Freitagspredigt von Schiras, aber vor allem die Reden des Obersten Führers an. Chamenei spricht wirklich wie ein Weiser, seine Worte sind so kostbar wie die Imam Khomeinis, der uns die Islamische Revolution gegeben, und die des Propheten Mohammed, der uns den Islam gegeben hat. Chameneis Reden verschaffen uns ein tiefes Gefühl von Frieden und Hoffnung. Er weist der Gesellschaft den richtigen Weg, und zwar nicht nur der iranischen Gesellschaft, sondern allen Gesellschaften der Welt, da er das Glück aller erstrebt.

Sie sagen, bei Ihnen im Westen gebe es Freiheit. Und wenn dann jemand über den Holocaust sprechen will, warum töten Sie ihn dann und werfen ihn ins Gefängnis? Der Iran ist das einzige Land, das den Mut hat, die Lügen der Zionisten wie etwa den sogenannten Holocaust anzuprangern. Dasselbe gilt für den 11. September. Wir wissen hier im Iran sehr wohl, dass der Angriff gegen diese Hochhäuser in New York nur ein Schauspiel war, das vom CIA inszeniert wurde, um die Amerikaner gegen die Muslime aufzuhetzen. Und wissen Sie, wo sich Mullah Omar versteckt? In den Vereinigten Staaten. Wie es uns unser Freitagsimam erklärt hat, ist Omar der beste Freund der amerikanischen Politiker. Auch viele Juden haben diese Lügen durchschaut und sympathisieren jetzt mit dem Kampf Mahmud Ahmadinedschads. Auch sie wissen ja, dass es den Holocaust nie gegeben hat.

Warum schauen Sie mich so an? Wieso können Sie nicht erkennen, dass der Iran heute die absolute Macht besitzt und die Vereinigten Staaten bereits auf die Knie gezwungen hat?«

Bahman Akbari-Basseri, 45 Jahre, ist Mitglied der Revolutionsgarden.
Er steht vor der Friedenstaube im Freiheitspark von Schiras.

DER OBERSTE FÜHRER

Das ewige Problem der großen Männer, die den Lauf der Geschichte verändern, ist ihre Nachfolge. Auch bei Ayatollah Khomeini bestätigte sich diese Regel. An Ali Chamenei, der nach dem Tod des Gründers der Islamischen Republik 1989 zum Obersten Führer ernannt wurde, schieden sich von Anfang an die Geister. 30 Jahre nach der Revolution scheint er sich eher zu einer Schwachstelle des Systems als zu seiner Säule zu entwickeln.

Der Erste regierte zehn Jahre, der Zweite inzwischen bereits doppelt so lang. Aber im Vergleich zu Ruhollah Khomeini und seinem ungeheuren Charisma entspricht Ali Chamenei mit seinem weißen Bart, hinter dem sein Gesicht fast verschwindet, seiner zu großen Brille und seinem angedeuteten Lächeln eher dem Bild eines Knecht Ruprecht. Seine Reden und Predigten, von denen einige auf www.leader.ir, der Website des »verehrungswürdigen Obersten Führers Seyed Ali Chameini« erscheinen, sind ein Sammelsurium von Drohungen und hohlen Beschwörungen auf dem Hintergrund kruder Verschwörungstheorien und eines schroffen Antiamerikanismus. Ständig lässt er sich über die Gefahren der Homosexualität und der Musik aus. Regelrecht besessen ist er jedoch von den Verschwörungen der »Feinde«, dieser ausländischen Mächte, die er abwechselnd als »arrogant«, »teuflisch«, »habgierig«, »hassenswert«, »rückständig«, »bösartig«, »unterdrückerisch«, »giftig« oder »Verkörperungen des Teufels« bezeichnet. Damit meint er sowohl die westlichen Regierungen als auch ihre Geheimdienste CIA, MI6 und Mossad sowie ihre zahlreichen Agenten im Iran. »Und wenn jemand das anders sieht, sollte er wissen, dass ihm die Tatsachen widersprechen«, stellt er dann klar.

Für den Obersten Führer sind diese Komplotte der »Feinde« ebenso militärischer wie auch kultureller Natur. Das machte er 2003 in einer Rede im Staatsfernsehen deutlich: »Mehr als Bomben und Artillerie wollen die Feinde des Iran ihre kulturellen Werte gegen uns einsetzen, die zu moralischer Verderbtheit führen. Neulich habe ich einen amerikanischen Regierungsvertreter sagen hören: ›Statt Bomben sollten wir ihnen Miniröcke schicken!‹ Er hat recht. Sollte es ihnen gelingen, die Begierde und Schamlosigkeit in unserem Lande zu wecken, die wahllose Vermischung von Männern und Frauen zu fördern und unsere Jugendlichen zu Verhaltensweisen zu führen, zu denen sie sich natürlicherweise durch ihre Triebe hingezogen fühlen, brauchen sie tatsächlich keine Artillerie mehr gegen uns einzusetzen.«

Chamenei darf sich vor allem deshalb keine Blöße geben, da er von seiner Verwundbarkeit weiß, die vor allem von seinen mangelnden geistlichen Fähigkeiten herrührt. Lange Zeit war der designierte Nachfolger Ayatollah Khomeinis der Ayatolloh Hussein Ali Montaseri, der den Rang eines *Marja* (Quelle der Nachahmung) bekleidete. Montaseri, der im Dezember 1989 im Alter von 87 Jahren starb, genoss die Unterstützung seiner geistlichen Kollegen und des Imam bis zu dem Tag des Jahres 1988, als Khomeini die Hinrichtung von 4000 gefangenen Mitgliedern der Volksmudschaheddin anordnete. Montaseri kritisierte diese Entscheidung, da sie gegen die Regeln des Islam verstoße. Einige Tage später wurde er von allen seinen Regierungsfunktionen entbunden. Dies war ein entscheidender Wendepunkt in der Politik der iranischen Revolution. Man musste nun in aller Eile einen neuen Nachfolger für den Imam finden, der nur noch einige wenige Monate zu leben hatte. Jetzt kam Chamenei ins Gespräch, der jedoch nur *Hodschatoleslam* war, während die Verfassung vorsah, dass der Oberste Führer Ayatollah und obendrein noch *Marja* sein müsse. Nach Khomeinis Tod brauchte dann eine Gelehrtenversammlung nur wenige Minuten, um Chamenei in den Rang eines Ayatollah zu erheben, wofür eigentlich nach den Regeln der schiitischen Geistlichkeit etwa zehn Jahre vorgesehen waren. Montaseri, der Chamenei sehr gut kannte, da er im Seminar sein Lehrer gewesen war, brach jetzt sein Schweigen und wies vor allem auf die lückenhafte religiöse Ausbildung des neuen Führers und die fehlende Legitimation des neuen Regimes hin. Am nächsten Tag wurde das Haus des Ayatollah geplündert, sein Vermögen konfisziert und er selbst für zehn Jahre unter Hausarrest gestellt.

Eine weitere Schwäche Ali Chameneis könnte sein mangelnder Widerstand gegen irdische Versuchungen sein. Khomeini hatte noch alle durch seinen selbst auferlegten kargen Lebensstil fasziniert. Er wohnte bei Freunden oder in einfachen Behausungen, wo er in einem Zimmer mit nackten Wänden auf dem Teppich saß und sich nur von Reis, Jogurt und Früchten ernährte. Chamenei scheint dagegen materiellen Gütern durchaus zugetan zu sein. Da sein Privat- und Familienleben weitgehend von der Öffentlichkeit abgeschottet ist, musste man bis zum Ende des Jahres 2009 warten, um sich davon eine Vorstellung machen zu können. Damals setzten sich einige seiner Leibwächter und Agenten seines Geheimdienstes nach Frankreich ab. Diese erwähnten vor allem seine Leidenschaft für Pferde. Er besitzt ein eigenes Gestüt mit Hunderten von Tieren. Einige von ihnen folgen ihm in einem Spezialflugzeug, wenn er durchs Land reist. Außerdem sollen seine Lieblingsspeisen Fasan, Straußenfleisch, wilde Forellen und Kaviar sein.[52]

Ayatollah Ali Chamenei, 70 Jahre, Oberster Religionsführer, bei einer
Rede im Mausoleum Imam Khomeinis im Süden Teherans.

Die Überläufer berichteten auch, dass seine Umgebung ihm mit allen Mitteln eine sakrale Aura verleihen möchte. Wenn zum Beispiel jemand zu einem Besuch bei ihm eingeladen ist, begrüßen ihn Chameneis Protokollleute mit der rituellen Formel: »Möge Gott deine Pilgerschaft annehmen.« Wenn der Oberste Führer auf einer Reise einen Tee trinkt und dabei ein Stück Zucker aus einer Zuckerdose nimmt, wird sie dadurch »geheiligt« und zukünftig in einem Museum ausgestellt. Jeden Tag übernimmt Ali Chamenei in einem kleinen Saal in Teheran bei einem der fünf Gebete das Amt des Vorbeters. Daran können etwa 15 Personen teilnehmen. Vier oder fünf Plätze lässt man dabei für Besucher, vor allem Basarhändler, frei, die für diese Ehre den Protokollchefs ein Schmiergeld von 500 Millionen Toman (375 000 Euro) entrichten müssen, das sie jedoch bestimmt bald wieder hereinbekommen, wenn sie die spirituelle Kraft einsetzen, die ihnen die Ratschläge des Obersten Führers verleihen.[53]

Während Ali Chamenei bei seinem Amtsantritt noch große Bescheidenheit zeigte (»Ich bin ein Mensch mit vielen Fehlern und Unvollkommenheiten und in der Tat ein Geistlicher von geringerer Bedeutung«, hatte er in seiner Antrittsrede 1989 erklärt), wurde er seitdem überempfindlich, was sein Ansehen angeht. Sein eigener Bruder Hadi wurde von etwa zehn Bassidschi gründlich verprügelt, als er 1999 einmal seine Zweifel an den Fähigkeiten des Obersten Führers äußerte. Das gesetzliche Verbot jeder noch so geringen anzüglichen Äußerung über ihn hält die Iraner jedoch nicht davon ab, sich in unzähligen Witzen über ihn lustig zu machen, die von Mund zu gehen und letzter Zeit auch als SMS weiterverbreitet werden.

Andererseits steht seine absolute Machtfülle außer Zweifel. Ali Chamenei kontrolliert alles, die Justiz, die Streitkräfte (die Revolutionsgarden, die reguläre Armee, die Polizei, die Bereitschaftspolizei und die Bassidschi), die Medien (das Radio, das

Fernsehen und die zwei wichtigsten Tageszeitungen) sowie das undurchsichtige Geflecht von religiösen Stiftungen und halbstaatlicher Wirtschaft. Er kann nach eigenem Ermessen jede Entscheidung eines Richters, Ministers oder des Parlaments aufheben. Im Übrigen gibt er sich gerne den Anschein eines Mannes, der sich ganz seinem Volk widmet, eines in sich ruhenden Großvaters der Nation, der über dem Parteiengezänk steht, der vor allem den Status quo bewahren will, und dabei einmal den reformerischen Präsidenten Mohammed Chatami in die Schranken weist, wenn sich dieser zu sehr mit den Europäern einlässt, ein andermal jedoch auch dem konservativen Präsidenten Mahmud Ahmadinedschad die Leviten liest, wenn dieser von der Notwendigkeit spricht, Israel von der Landkarte zu tilgen. Gerade dies wurde lange Zeit von der Mehrzahl der Iraner mehr oder weniger anerkannt, die ihm, abgesehen von den Bassidschi, die ihn verehren, weder besonderen Hass, noch besondere Zuneigung entgegenbringt.

Diese Schiedsrichterrolle ging jedoch eine Woche nach der umstrittenen Präsidentschaftswahl vom 12. Juni 2009 verloren, als sich Ali Chamenei beim Freitagsgebet in Teheran ganz auf die Seite Mahmud Ahmadinedschads schlug, dessen Sieg als unzweifelhaft und »göttlich« bezeichnete und jenen, die ihn bezweifelten, ankündigte, sie riskierten damit, dass ihr eigenes Blut fließe. Tatsächlich floss dann Blut. Von Juni bis Dezember 2009 wurden etwa hundert Protestierende getötet und mehr als 4000 verhaftet. Seitdem rufen die Demonstranten nicht mehr nur »Wo ist mein Stimmzettel?«, sondern auch »Tod dem Führer!«.

DIE ATOMVERHANDLUNGEN

Vor gar nicht so langer Zeit standen die Beziehungen zwischen dem Iran und der übrigen Welt unter dem vom Reformpräsidenten Mohammed Chatami geprägten Leitstern eines »Dialogs zwischen den Kulturen«.[54] Es war eine wunderbare Zeit. Vom Rednerpult der Vereinten Nationen herab zitierte Chatami Hafis: »Kein unfassbarer Ton klingt im großen Himmelsrund so süß wie der Liebe Lied.« In den vor Lob nur so überfließenden Porträts, die ihm die westlichen Medien widmeten, erfuhr man, dass er Englisch und Deutsch spreche und Kant und Hegel im Original, aber auch Marcuse und Cohn-Bendit gelesen habe. Nach Vaclav Havel, dem Dichterpräsidenten in Prag, sprach man jetzt vom Philosophenpräsidenten in Teheran. Für den Iran war das ein gutes Mittel, seine Beziehungen mit dem Westen auf dem Feld der Kultur und Zivilisation zu entkrampfen, auf dem es gewiss niemandem nachstand. Und der Westen konnte dadurch Samuel P. Huntingtons düstere These vom »Kampf der Kulturen«[55] widerlegen.

Aber diese gesegnete Zeit der Annäherung war wahrscheinlich zu gut, um wahr zu sein. Im August 2002 hielt die terroristische Bewegung der Volksmudschaheddin, der Saddam Hussein im Irak Aufnahme gewährt hatte und die fast überall im Westen über ihre Lobbys verfügte, in Washington eine Pressekonferenz ab, in der sie die Existenz zweier geheimer iranischer Atomanlagen »enthüllten«: die Urananreicherungsanlage in Natanz und die Schwerwasserfabrik in Arak. In Wahrheit waren diese Informationen, die den Mudschaheddin wahrscheinlich von der CIA oder dem Mossad zugespielt worden waren, nicht gar so neu. Nicht nur waren diese beiden Anlagen den westlichen Geheimdiensten längst bekannt, sie stellten auch keine direkte Verletzung der iranischen Verpflichtungen im Rahmen des von der Internationalen Atomenergiebehörde (IAEA) kontrollierten Atomwaffensperrvertrags dar, den der Iran noch unter dem Schah 1968 unterzeichnet hatte. Danach musste das Land die laufenden Bauarbeiten nicht melden. Trotzdem begann damals ein Teufelskreis, der zu einer ständig wachsenden Spannung zwischen dem Westen und dem Iran führte, und von dem gegenwärtig noch keiner weiß, wie man aus ihm wieder hinausgelangen könnte.

Einen Monat später, im September 2002, trafen russische Techniker in Buschir am Persischen Golf ein, mit dem Auftrag, das zivile Kernkraftwerk zu vollenden, das die deutsche Firma Siemens 1975 begonnen hatte. Die Arbeiten waren durch die Revolution unterbrochen worden. Während des Kriegs war die Baustelle mehrmals von den Irakern bombardiert worden. Aber auch hier gab es nichts Neues: Das Abkommen mit Russland stammte aus dem Jahr 1995 und war von der IAEA genehmigt worden, die den Bau auch weiterhin überwachen würde. Am Ende dieses Jahres warfen die Vereinigten Staaten dem Iran offiziell vor, er strebe nach dem Besitz eigener Atomwaffen. Mit dem Vorsatz, einen weiteren Marsch in den Krieg zu verhindern, der am Ende zur Invasion des Iraks geführt hatte, begannen Frankreich, Großbritannien und Deutschland im Herbst 2003 Verhandlungen mit dem Iran, in deren Rahmen eine vorläufige Einstellung der Anreicherungsaktivitäten vereinbart wurde. Man wollte Teheran eine ganze Reihe von politischen und wirtschaftlichen Vorteilen anbieten, wenn die Iraner ganz darauf verzichten würden, in ihrem Land Uran anzureichern.

Nach einem wahren Verhandlungsmarathon unterbreitete man dem Iran im August 2005 einen entsprechenden Vorschlag. Der kam jedoch zu einer äußerst ungünstigen Zeit: Mahmud Ahmadinedschad war gerade erst zwei Monate im Amt. Während seines Wahlkampfs hatte er den iranischen Unterhändlern sogar Verrat vorgeworfen und ihnen mit Gefängnis gedroht, wenn er gewählt werden sollte. Außerdem schloss das angeblich »sehr großzügige« europäische Angebot aufgrund der amerikanischen Einflussnahme auf den Verhandlungsprozess die minimale Anreicherungskapazität aus, auf die die Iraner unbedingt bestanden. Auch die ökonomischen Vorteile für die Islamische Republik blieben recht vage. Die Ablehnung des Vorschlags durch die neue Regierung in Teheran ließ die iranischen Unterhändler das Gesicht verlieren, obwohl sie sich durch ihre Hartnäckigkeit den Respekt ihrer Gesprächspartner verdient hatten. Sie wurden schroff verabschiedet und durch andere, weit weniger umgängliche ersetzt, die danach ihrerseits abgelöst wurden, wenn sie ihre Positionen abzumildern begannen.

Die folgende Entwicklung verdiente eigentlich ein eigenes Buch. Von 2005 bis 2010 gab es eine ununterbrochene Flut von unzeitigen Ankündigungen beider Seiten, raffiniert inszenierte Informationslecks, abwechselnd beruhigende und besorgniserregende Berichte der IAEA, sich gegenseitig widersprechende Verbalnoten und Briefe, schlecht durchdachte europäische Vorschläge, die von iranischen aus der Luft gegriffenen Phantasievorschlägen beantwortet wurden, aufgehobene Moratorien, mysteriöse Todesfälle iranischer Kernphysiker, schnell vergessene Ultimaten, Gerüchte über einen unmittelbar bevorstehenden Krieg, bedeutende Durchbrüche, die dann doch zu nichts führten, Siegel auf den Fabriktoren von Natanz, die einseitig aufgebrochen wurden, Resolutionen des UN-Sicherheitsrats, vom Iran herausposaunte technische Fortschritte, amerikanische Drohun-

Russische Arbeiter beim Bau des Kernkraftwerks Buschir am Persischen Golf.

gen, israelische Militärmanöver, aufsehenerregende Rücktritte auf beiden Seiten, Enthüllungen über weitere Geheimanlagen, »Letzte Chance«-Vereinbarungen, die dann im Papierkorb landen, iranische Raketenversuche, nächtelange ergebnislose Verhandlungen am Wiener Sitz der IAEA, neue Sanktionen, immer länger werdende Listen von unerwünschten Personen und Unternehmen, vergebliche Versuche der Amerikaner, China und Russland für ihre Positionen zu gewinnen, Inspekteure, die iranische Einrichtungen betreten oder auch nicht betreten dürfen, ungeheure Durchbrüche, die sofort dementiert werden ...

Zum Zeitpunkt der Drucklegung dieses Buches ist das Ergebnis dieser endlosen Verhandlungskette für den Westen eher deprimierend. Die wenig orthodoxen Verhandlungsmethoden Teherans scheinen tatsächlich den Sieg davongetragen zu haben.

Gegenwärtig laufen in Natanz 8000 Zentrifugen auf Hochtouren, während der Iran noch 2005 zugesagt hatte, sie auf 1000 zu beschränken, was der Westen damals für völlig unannehmbar hielt. Diese Zentrifugen erlaubten es der Islamischen Republik, zwei Tonnen Uran auf vier Prozent und mehrere Kilo auf 20 Prozent anzureichern. Dabei ist die Anreicherung ein nichtlinearer Prozess. Es braucht mehrere Jahre und Tausende von Zentrifugen, um das Uran von seinem natürlichen Radioaktivitätsniveau (0,7 Prozent) auf die für Brennstäbe in Kernkraftwerken notwendigen vier Prozent zu bringen. Die folgenden Etappen zu einem für Kernwaffen notwendigen Anreicherungsgrad von 90 Prozent dauern dagegen nur einige Monate. Mit anderen Worten besitzt der Iran inzwischen das Material, um zwei Bomben zu bauen und könnte sogar laut gut unterrichteten Quellen in absehbarer Zeit den Atomsperrvertrag aufkündigen, was für den Westen eine absolute Katastrophe wäre. Wenngleich der Oberste Führer eine Fatwa veröffentlicht hat, die die Herstellung von Kernwaffen für illegal erklärt, da sie dem Islam widerspreche, gibt es im Schiismus die sogenannten »Notwendigkeitsklauseln«,[56] die es zu gegebener Zeit erlauben würden, die iranischen Atombomben im Namen Allahs und aller Imame zu segnen.

Die europäischen Unterhändler in Wien sind erschöpft, frustriert und der Verzweiflung nahe. Bis 2006 oder 2007 waren sie von der Geschicklichkeit und Hartnäckigkeit ihrer iranischen Gegenüber tief beeindruckt. Heute glauben sie jedoch, dass die Gespräche nirgendwohin führen und dass der Iran die Welt für dumm verkauft, indem er nur noch Narren und unbedeutende Unterhändler schickt. Im Oktober 2009 erklärte sich der Iran in Genf bereit, seine Brennstäbe im Ausland anreichern zu lassen, änderte danach aber ständig die Meinung, wo genau das geschehen sollte. Zuerst war es Russland, dann die Türkei, später sprach man von Japan oder sogar der iranischen Insel Kisch. Schließlich sah sich die amerikanische Regierung Präsident Obamas gezwungen, ihre ursprüngliche Politik der ausgestreckten Hand zu beenden und neue Sanktionen zu verhängen, von denen sie schon vorher weiß, dass sie nutzlos sind.

Anscheinend gab es hier tatsächlich zwei sich selbst erfüllende Prophezeiungen: Der iranische Oberste Führer gab zwar seine Zustimmung zu Verhandlungen, teilte aber gleichzeitig seinen Verhandlungsteams mit, dass man dem Feind nicht trauen könne, dass er kein größeres Zugeständnis machen werde und dass die Gespräche am Ende scheitern würden; die Vereinigten Staaten akzeptierten ihrerseits, dass die Europäer mit dem Iran verhandelten, blieben gleichzeitig jedoch davon überzeugt, dass mit diesem Regime kein Übereinkommen möglich sei und dass man deshalb früher oder später zu nichtdiplomatischen Mitteln greifen müsse.

Im Augenblick scheint also die schlechteste Option zu siegen, wofür der Westen natürlich Teheran die Verantwortung zuweisen wird. Tatsächlich profitiert Präsident Mahmud Ahmadinedschad politisch so sehr von den Spannungen mit dem Westen, dass man wirklich den Verdacht hegen könnte, er wolle diese noch weiter anheizen. Trotzdem sollten Historiker, die sich irgendwann in der Zukunft mit dieser ganzen Angelegenheit beschäftigen werden, vier schwere Fehler berücksichtigen, die die Bush-Regierung (2000 bis 2008) begangen hat.

- Am 22. Januar 2002 zählte George Bush in seiner Rede zur Lage der Nation den Iran zusammen mit dem Irak und Nordkorea zu der eher seiner Phantasie entsprungenen »Achse des Bösen«. Dies setzte der spektakulären Annäherung ein abruptes Ende, die sich nach den Attentaten am 11. September 2001 angebahnt hatte. Der Iran, der Al Qaida und die Taliban ebenfalls als seine Erzfeinde betrachtete, hatte mit den Vereinigten Staaten beispielhaft kooperiert und bei Geheimtreffen in Genf seine logistische und humanitäre Unterstützung der Operationen angeboten, die das Weiße Haus in Afghanistan vorbereitete. Die Iraner stellten sogar eine Liste mit möglichen Bombenzielen bereit.[57]
- Am 4. Mai 2003 lehnte das Weiße Haus das umfassendste Angebot ab, das der Iran seit der Revolution zur Regelung aller strittigen Fragen vorgelegt hatte. Es war im Geheimen vom Schweizer Botschafter in Teheran, Tim Guldimann, und dem iranischen Botschafter in Paris, Sadegh Karrazi, ausgearbeitet worden. Der Oberste Führer und Präsident Chatami hatten ihre Zustimmung gegeben. Die Iraner erklärten sich darin bereit, Hamas und die Hisbollah nicht länger zu unterstützen, den Staat Israel anzuerkennen und ihr gesamtes Atomprogramm offenzulegen. Im Gegenzug sollte Washington die Sanktionen aufheben, auf die Option eines Systemwechsels in Teheran verzichten und die im Irak festgehaltenen Mitglieder der Volksmudschaheddin ausliefern. Statt diese Vorschläge

ernsthaft zu überprüfen, warf das Weiße Haus dem Schweizer Botschafter vor, er habe seine Kompetenzen überschritten. Vier Jahre später gelangte die *Washington Post* in den Besitz einer Kopie dieses außergewöhnlichen iranischen Angebots.[58] Die Zeitung befragte daraufhin Condoleeza Rice, die jedoch erklärte, sie könne sich nicht daran erinnern, dass ihr ein solches Dokument vorgelegen habe. Tom Casey, der Sprecher des US-amerikanischen Außenministeriums, meinte dagegen, dass es sich dabei gar nicht um ein echtes Dokument, sondern nur um eine »Kreativübung vonseiten des Schweizer Botschafters« gehandelt habe.

- Als Frankreich, Deutschland und Großbritannien im Mai 2005 gerade letzte Hand an ihr »Paket« mit wirtschaftlichen und politischen Anreizen legten, das sie dem Iran im Gegenzug zu seinem Verzicht auf Urananreicherung machen wollten, versuchten die Vereinigten Staaten mit allen Mitteln, die Übergabe dieses Vorschlags zu verzögern und dessen Substanz zu verwässern. Diese Phase einige Wochen vor den Wahlen, die Mahmud Ahmadinedschad an die Macht bringen würden, war absolut entscheidend. Mehrere iranische und westliche Experten sind der Ansicht, dass eine solche rechtzeitig abgegebene Offerte das Ergebnis der iranischen Wahlen hätte verändern können.

- Anfang 2006 ignorierte das Weiße Haus zwei weitere iranische Angebote zur Regelung der gegenseitigen Beziehungen, deren Inhalt niemals enthüllt worden sind. In dieser Zeit schien die Regierung Bush kurz davor zu stehen, eine militärische Intervention gegen den Iran zu beginnen. Der investigative Journalist Seymour Hersh veröffentlichte in dieser Zeit eine Reihe von Enthüllungsartikeln im *New Yorker*,[59] in denen er die Aussage eines hohen Verantwortlichen im Weißen Haus zitierte, dass »die Befreiung des Iran George Bushs wirkliches

Vermächtnis« wäre. Ein Pentagon-Mitarbeiter erklärte Hersh, dass »eine Serie von schweren Bombenangriffen die geistlichen Machthaber demütigen würde und die Bevölkerung dazu veranlassen würde, sich zu erheben und die Regierung zu stürzen«.

Auf die eine oder andere Weise wird der Iran wahrscheinlich für seine Fehler zahlen müssen. Die Regierung Bush ging aus der ganzen Sache dagegen ohne größere Schrammen hervor. Trotz der äußerst ernsten Konsequenzen, die ihre Iranpolitik noch haben könnte, sind ihre Protagonisten weit davon entfernt, irgendetwas zu bereuen. Anfang 2010 meinte die Republikanerin Sarah Palin, dass es nur einen Weg gebe, wie Barack Obama seine Präsidentschaft retten könne, nämlich den Iran anzugreifen.

MEHRDAD

Ich habe den Großteil meiner zweijährigen Militärzeit in einem Lager mitten in der Wüste Lut in der Nähe der afghanischen und pakistanischen Grenze verbracht«, erzählt Mehrdad, ein Teheraner Basarhändler. »Ich war Fahrer eines Pickups,
der mit einem Maschinengewehr Kaliber .50 ausgerüstet war.
Wir hatten den Auftrag, die Konvois der afghanischen Opium-
und Heroinhändler aufzuhalten, die ihre Ware vom Iran aus
nach Europa schicken wollten. Wenn wir sie erblickten, schossen
wir zuerst, oder sie schossen zuerst. Meistens waren sie uns jedoch überlegen.

Wir waren 50 oder 60 Soldaten in dieser Spezialeinheit und
langweilten uns zu Tode. Unsere Offiziere hatten vor den Rausch-
gifthändlern Muffensausen und versuchten deshalb, jeden Kontakt mit ihnen zu vermeiden. Auf jeden Fall machten wir immer
sehr viel Lärm und fuhren nachts mit voll aufgeblendeten Schein-
werfern, sodass die Afghanen uns leicht umgehen konnten. Das
nächste Lager war 100 Kilometer entfernt, es gab also genug
Raum, um uns aus dem Weg zu gehen. Sie hatten gute Fahrer,
eine gute Ausrüstung, und sie kannten die Wüste wie ihre Wes-
tentasche.

Wenn uns gar zu langweilig wurde, ballerten wir in die Luft.
Oder wir machten unseren Offizieren weis, wir hätten einen
Konvoi gesehen und schossen wie verrückt ins Leere. Sie gerie-
ten in Panik, riefen den Herrgott an und schickten Meldungen

ans Hauptquartier, in denen sie die heißen Kämpfe beschrieben. Nach einigen Monaten wurde die gesamte Mannschaft ausgetauscht. Nur ich blieb zurück, um die Neuen zu empfangen. Dies verlieh mir einen ganz besonderen Status, ich war so etwas wie der Held der Truppe. Selbst die Offiziere hatten großen Respekt vor mir. Sie kamen aus der Stadt, sie hatten in Polizeikommissariaten oder Gefängnissen gearbeitet und hatten keine Ahnung von der Wüste, den Dünen, den wilden Tieren oder dem Verhalten im Sand.

Eines Nachts stand ich Wache. Es war sehr heiß, und ich langweilte mich. Meine Uniform bestand aus kurzen Hosen, Sandalen und einer Kalaschnikow. Ich rief dann ganz laut: »Hinter dieser Düne stecken Rauschgifthändler!« Daraufhin meinte der Offizier: »Okay, wir schauen nach, zehn Mann mit mir!« Dann dachte er eine Weile nach und erklärte, es sei besser, wenn ich alleine ginge, er werde mir Deckung geben. Ich forderte ihn dagegen auf, nur ja nicht zu schießen. Die meisten Toten bei uns fielen nämlich unseren eigenen Kugeln zum Opfer. Ich lief mit meinen Sandalen los. Nach zehn Metern schoss ich, tatata, in die Nacht hinein. Zehn Meter weiter, wieder tatata, jedes Mal feuerte ich dabei drei oder vier Salven ab. Ich stieg über die Düne, schoss noch ein paar Mal in die Gegend, setzte mich kurz in den Sand und amüsierte mich königlich. Bei meiner Rückkehr waren alle hinter einer Mauer in Deckung gegangen. Ich teilte ihnen mit, dass sich die Rauschgifthändler verdrückt hätten. Von allen Seiten erhielt ich Glückwünsche für meine Tollkühnheit.

Aus Langeweile zogen wir kurz darauf eine weitere Komödie ab. Nur drei oder vier von uns stammten aus Teheran, die anderen waren naive Provinzler, über die wir uns ständig lustig machten. Eines Tages holten wir uns eine Liste aller Soldaten und ließen sie dann einer nach dem anderen im Logistikzelt antreten. Wir erzählten ihnen, dass wir für ihre Akten die Länge ihres Pe-

Mehrdad, Basarhändler, fährt jeden Freitag aus Teheran hinaus, um durch die einzigartige Landschaft seiner Heimat zu streifen und zu jagen.

nis messen und ihnen danach ein Kreuz auf den Bauch malen müssten. Wir haben tatsächlich alle vermessen, selbst die der Offiziere! Den längsten hatte jedoch ein einfacher kleiner Soldat aus Lorestan.

Echte Drogenhändler haben wir dagegen nur ganz selten gesehen. Eines Tages fuhr ich mit meinem Land Cruiser an der Spitze des Konvois. Als wir über eine Düne kamen, bemerkte ich plötzlich weiter unten zwei GMC-Jeeps. Sie hatten mich nicht gesehen. Ich begann zu schießen. Die beiden Fahrzeuge befanden sich in einer ungünstigen Lage. Sie mussten umdrehen, um uns zu entkommen. Eines hatte offensichtlich eine Panne, ich glaube, seine Getriebewelle war gebrochen. Sie waren 200 Meter von uns entfernt, und wir beschossen sie aus vollen Rohren. Ich sah, wie meine Kugeln in die Karosserie einschlugen. Inzwischen war es dunkel geworden, also schauten wir erst am nächsten Morgen nach. In dem Jeep fanden wir 800 Kilogramm Opium, das in Portionen zu je sieben Kilogramm verpackt war. Hundert Meter entfernt lag eine Leiche. In ihrer Jacke fand ich die Lieferpapiere: Wie viele Kilo es waren, wer der Kunde war... Ich war nicht stolz darauf, ihn getötet zu haben, ich war sogar traurig.

Andererseits hatten sie auch ein paar meiner Kameraden getötet, das erste Mal aus einem Hinterhalt in der Wüste und das zweite Mal in einem ummauerten Garten neben einem Dorf. Wir hatten erfahren, dass sich in diesem Garten Drogenhändler aufhielten. Der Offizier befahl einem Soldaten, über die Mauer zu steigen. Der wurde dabei abgeschossen wie ein Kaninchen. Der Offizier schickte einen zweiten Soldaten, dem es ebenso erging, danach einen dritten, einen vierten... Erst nachdem elf Leute aus unserer Einheit auf diese Weise das Zeitliche gesegnet hatten, änderte der Offizier seine Strategie. Jetzt bombardierten wir den Garten mit Granaten und Raketengeschossen. Wir machten das so gründlich, dass wir keinen einzigen Baum und keine einzige Pflanze mehr vorfanden, als wir schließlich durch das Gartentor traten. Auf der Erde lagen die Überreste von drei alten Afghanen.

Wir waren zwar die »Harten«, Mitglieder einer Spezialeinheit, aber die meisten meiner Kameraden stammten aus kleinen Dörfern und hatten von nichts eine Ahnung. Ihre Ausbildung war ganz einfach: Man reichte ihnen eine Maschinenpistole, sie gaben drei Schüsse ab, und das war's dann, sie gehörten jetzt zu uns. Einmal wollte das Oberkommando uns in unserem Lager besuchen. Unser Funker, der die Botschaft eigentlich hätte übermitteln sollen, verschob das jedoch auf später und legte sich schlafen. Am Abend sahen wir plötzlich aus der Dunkelheit Scheinwerfer auf uns zukommen. Wir riefen: »Die Händler greifen uns an!« und rannten zu unseren Stellungen. Ich hatte ein Scharfschützengewehr mit einem Nachtsichtgerät. Einer meiner Freunde, ein Offizier, legte sich mit einer Panzerfaust neben mich und sagte: »Mehrdad, wir warten, bis sie näher gekommen sind, dann visierst du den Fahrer und ich das Fahrzeug an.« Durch mein Zielfernrohr sah ich, dass ihre Wagen unseren Polizeifahrzeugen glichen und sagte zu mir: »Mein Gott, mit welchen Drogenhändlern haben wir es hier zu tun, sie haben unsere eigenen Fahrzeuge gestohlen!« Ich war sehr aufgeregt und zitterte wie Espenlaub. Noch während ich durch das Visier schaute, feuerte der Kamerad hinter mir die erste Granate ab. Ich sah, wie sie direkt neben dem ersten Fahrzeug einschlug, das dadurch einen regelrechten Luftsprung machte. Ich konnte beobachten, wie seine Scheiben zersprangen. Die anderen Fahrzeuge hielten sofort an, alle Insassen sprangen heraus und warfen sich auf die Erde. In diesem Moment hörten wir die Glückwünsche unseres Lagerkommandanten, und eine zweite Mörsergranate wurde abgefeuert. Sie traf das erste Fahrzeug genau in der Mitte, explodierte jedoch nicht. Der Lärm hatte inzwischen unseren Funker geweckt, der jetzt herangestürmt kam und brüllte: »Um Gottes willen! Nicht schießen! Das ist der Oberst!« Wir standen alle auf und gingen in Hab-Acht-Stellung, während sich auf der anderen Seite der Oberst langsam aufrappelte. Er klopfte den Staub von seiner Uniform. Er war alt und hatte einen dicken Bauch. Er war fuchsteufelswild. Als er ins Lager trat, rief er: »Wer von euch Hurensöhnen hat auf uns geschossen?« Er packte unseren Offizier an der Uniform und begann, auf ihn einzuschlagen. Einige Soldaten drängten sich dazwischen und sagten, dass es nicht seine Schuld gewesen sei. Danach mussten wir die ganze Nacht die Mitglieder des Konvois umsorgen. Wir servierten ihnen Tee und Kuchen. Daneben baten wir sie immer wieder um Verzeihung. Aber sie konnten aufgrund der Explosion gar nichts mehr hören und brachten auch kaum ein Wort heraus. Ihr Fahrzeug war nur noch ein Schrotthaufen. Der Funker verbrachte drei Monate im Bau, kam danach aber wieder zu uns zurück.

Das beste Erlebnis war, als wir auf diese Kamelkarawane trafen. Die Afghanen hatten sie unter Drogen gesetzt und darauf dressiert, die heiße Ware 100 Kilometer hinter die Grenze zu bringen. Wir haben sie alle abgeschossen und Kebab aus ihnen gemacht. Etwas von dem Opium haben wir selbst an Ort und Stelle geraucht. Den Rest gaben wir dann ab, um die Regierungsstatistik aufzubessern. Einige meiner Kameraden waren nach ihrer Dienstzeit rauschgiftsüchtig. Ich dagegen habe das Zeug nie angerührt. Ich mochte das Lager am Ende so sehr, dass ich sogar auf meinen Urlaub verzichtete. Ich bin manchmal bis zu einem halben Jahr nicht nach Hause gefahren. Ich habe mir einen Jeep geschnappt und bin zwischen den Dünen herumgekurvt. Damals habe ich auch mit dem Jagen angefangen und die Wüsten meines Heimatlandes lieben gelernt.«

YUSUF

Yusuf war der Lieblingssohn des alten Jakob, des blinden Vaters von zwölf Söhnen. Er war dermaßen schön, dass sein Gesicht seinem Heimatland Kanaan einen ganz besonderen Lichtschimmer verlieh. Krank vor Eifersucht warfen ihn seine Brüder in einen Brunnen und gaben vor, er sei von einem Wolf verschlungen worden. Eine vorbeiziehende Karawane rettete den Unglücklichen und verkaufte ihn als Sklaven nach Ägypten. Dort wurde der außergewöhnlich kluge Yusuf nach zahlreichen Wendungen zur rechten Hand des Pharao. Als eine entsetzliche Dürre hereinbrach, hatte Ägypten dank Yusufs hellseherischer Fähigkeiten genug Vorräte gesammelt. Die Bewohner der Nachbarländer kamen jetzt, um etwas Getreide zu erbetteln. Unter ihnen waren auch Yusufs Brüder. Als er sie erkannte, mussten sie ihr jugendliches Verbrechen gestehen. Yusuf vergab ihnen jedoch und ließ seine ganze Familie nach Ägypten kommen, wo er ihnen die besten Ländereien zuwies.

3000 Jahre später schaffte es diese Affäre auf die Titelseiten der Teheraner Zeitungen. Die reformfreundliche Zeitung *Sob-e Emruz* (»Heute Morgen«) veröffentlichte im Juni 1999 den Brief eines Lehrers aus dem im Nordwesten des Landes gelegenen Täbris, der darin berichtete, dass seine Schüler Schwierigkeiten hätten, an diese Geschichte zu glauben. »Sie fragen mich, warum Yusufs Vater nicht verlangt hat, den Leichnam seines Sohnes zu berühren, wenn er ihn schon nicht sehen konnte. Warum haben die inzwischen ja bereits betagten Brüder selbst den Weizen in Ägypten geholt, wo sie doch ihre Kinder hätten schicken können, [...] und warum ist nie von Yusufs Mutter die Rede. Ich habe lange über diese Fragen nachgedacht, ohne eine Antwort zu finden. Am Schluss habe ich meinen Schülern erklärt, dass sich zwei Parallelen niemals schneiden, außer wenn Gott es so will.«

Die Geschichte von Yusuf (Joseph) ist biblisch (1. Mose 37, 1–36), taucht aber auch im Koran auf (Sure 12). Gerade bei den Muslimen wird sie sehr geschätzt. Sie betrachten Yusuf als Propheten. Mohammed selbst soll von ihm gesagt haben, dass Gott ihm die Hälfte der für die ganze Menschheit vorgesehenen Schönheit verliehen habe.

Was für ein glückliches und wohlhabendes Land muss der Iran sein, könnte man sich jetzt denken, dass sich seine Journalisten der Koranauslegung widmen können. Die Folgen dieses Briefes, der uns recht unschuldig vorkommt, waren jedoch auf traurige Weise konkret. Die Verantwortlichen der Islamischen Republik konnten es auf keinen Fall dulden, dass solch heilige Texte in Frage gestellt wurden. Weil er den Brief hatte drucken lassen, kam der Herausgeber der Zeitung Said Hajjarian, eine wichtige Figur des Reformlagers, in Polizeigewahrsam, aus dem er erst nach Zahlung einer hohen Kaution entlassen wurde. Der Chefredakteur Kazem Shokri verbrachte mehrere Wochen im Gefängnis, und die Justizbehörden verlangten die Herausgabe des Namens des Lehrers in Täbris, um ihn und seine Schüler zu bestrafen. Einige Monate später wurde Said Hajjarian am 12. März 2000 Opfer eines Attentatsversuchs, der ihn zu einem lebenslang Schwerbehinderten machte. Ein Bassidsch aus Share Rey, Said Ashgar, der mit einem schweren Motorrad unterwegs war, über das im Iran nur die Geheimdienste verfügen, hatte ihm aus nächster Nähe zwei Kugeln in den Kopf geschossen. Als Zeugen den Attentäter identifizierten, wurde er in einem Geheim-

Bei den Dreharbeiten zur Fernsehserie *Yusuf* ruht sich ein Darsteller,
der die Rolle eines Ägypters spielt, in einer Aufnahmepause aus.

prozess verurteilt, kam jedoch bereits nach ein paar Monaten Haft wieder auf freien Fuß. Am 27. April 2000 wurde die Zeitung *Sob-e Emruz* endgültig von der Justiz geschlossen. Zuvor hatte sie zahlreiche Tatsachen enthüllt, die für das konservative Regime ausgesprochen peinlich waren. Dazu gehörte etwa Akbar Gandschis atemberaubende Artikelserie über eine Serie von regelrechten Auftragsmorden an Intellektuellen. Der für die Presse zuständige Teheraner Generalstaatsanwalt Said Mortasawi führte jedoch als Grund für diese Schließung die »Gottlosigkeit« von *Sob-e Emruz* an, wozu ihm der Brief des Täbriser Lehrers als geschickter Vorwand diente.

Zehn Jahre später spricht man wieder von Yusuf, diesmal allerdings auf der anderen Seite des politischen Spektrums. Es sieht so aus, als ob sich das Regime entschieden hätte, ein für alle Mal die offizielle Version dieser Koranerzählung festzulegen. Seit Juli 2008 strahlt der erste iranische Fernsehkanal jeden Freitag um 22 Uhr eine neue Folge der Reihe *Yusuf* aus, deren Macher über ein beträchtliches Budget verfügten und auf die Mitarbeit des Korps der Iranischen Revolutionsgarden zurückgreifen konnten. Drei Jahre Dreharbeiten, ein 30 000 Quadratmeter großes Kulissengelände vor den Toren Teherans und 180 Schauspieler zeigen die Bedeutung dieser Unternehmung. Der Regisseur Farajollah Salahshoor steht den ultrakonservativen Kreisen nahe und hat sich damit gebrüstet, dass sein Werk unter anderem die Existenz des Holocaust leugne. Das kümmert jedoch die Zuschauer weniger als die Tatsache, dass eine Figur der Serie einmal eine Banane isst, eine Frucht, die es 1500 Jahre vor Christus in Ägypten ganz bestimmt nicht gegeben hat. »Das stimmt, es tut mir leid«, meinte der Regisseur dazu. »Ich habe wohl über die Frage der Bananen nicht genug nachgeforscht. Aber solche gütigen Gaben Gottes hat es schon immer gegeben.« Als man ihn mit weiteren

Unwahrscheinlichkeiten des Drehbuchs konfrontierte, wie etwa der arabischen Musik in einem Ägypten, das die Araber damals ja noch nicht erobert hatten, rief er aus: »Auf jeden Fall ist Gott der wirkliche Drehbuchschreiber!«

Immerhin fand *Yusuf* den Beifall des Obersten Führers. »Dieses Werk beweist, dass man immer noch schöne und züchtige Schöpfungen mit starken Geschichten erschaffen kann«, erklärte Ali Chamenei. »Es ist zu einem Teil der revolutionären Kunst geworden. Die heutigen Filme greifen leider im Versuch, das Publikum zu verführen, ständig zu sexuellen Anspielungen. *Yusuf* dagegen hat großen Erfolg, weil es sich auf die Tugend und das perfekte Verhalten einer beispielhaften Persönlichkeit gründet.«

Ein junger Internet-Blogger war da jedoch ganz anderer Ansicht. »Wie kann Yusuf gegenüber solch schönen Frauen nur so kalt und abweisend bleiben? Es fällt uns jungen Iranern schwer, uns mit ihm zu identifizieren. Man fragt sich da schon, ob Yusuf auf diesem Gebiet etwa ein Problem hat …«

Die schärfste Kritik kam jedoch von einer Seite, von der man sie am wenigsten erwartet hätte: der eigenen Tochter des Regisseurs, Zeinab Salahshoor, die auch eine der Schauspielerinnen dieser Serie ist. »Ich schäme mich, an diesem Film mitgearbeitet zu haben, da Yusuf die Vielehe propagiert. Die iranischen Männer versuchen uns davon zu überzeugen, aber sie werden es nicht schaffen. Die iranischen Frauen sind anders als die arabischen Frauen. Sie akzeptieren es nicht, ihre Rechte mit einer anderen zu teilen. Es ist mir egal, dass ich zur Familie des Regisseurs gehöre und in diesem Film mitgespielt habe. Es tut mir nur für all die jungen Leute in diesem Land leid, denen man die Religion auf diese Weise nahebringt.«

Solche Aussagen könnten den »religiösen Berater« der Serie durchaus kränken. Im Datenblatt, das das iranische Fernsehen im Rahmen seiner Bemühungen, *Yusuf* an ausländische TV-

Sender zu verkaufen – tatsächlich haben inzwischen weltweit 60 Länder die Reihe übernommen –, ist auch der Experte angegeben, der die Übereinstimmung der 45 Folgen der Serie mit dem Islam überwacht hat. Es war niemand anderer als Habibollah Asgaroladi, der ehemalige Geheimdienstchef, der aufgrund seiner Verbindungen mit dem Basar und dem Obersten Führer eines der größten Vermögen des Landes angehäuft hat. Im Übrigen ist er für seine brutalen Unterdrückungsmethoden bekannt. Vielleicht sollte er einmal über die klugen Worte nachdenken, die Yusuf an seine wiedergefundenen verbrecherischen Brüder richtete: »Heute erwartet euch keine Strafe! Gott möge euch verzeihen, er, der Barmherzigste der Barmherzigen.«

Dem ehemaligen Herausgeber von *Sob-e Emruz*, Said Hajjarian, hat dagegen niemand verziehen. Er hat die zehn Jahre nach dem Mordversuch nur dank starker Medikamente überlebt, die er täglich einnehmen muss. Er sitzt im Rollstuhl und kann kaum noch sprechen. Trotzdem wurde er am 16. Juni 2009, einige Tage nach den Präsidentschaftswahlen, verhaftet und in die Abteilung 209 des Ewin-Gefängnisses eingewiesen, die für die reserviert ist, die das Regime als seine gefährlichsten Feinde betrachtet. »Was wollt ihr denn von ihm, er ist doch schon halbtot!«, fragte damals seine Frau, die Ärztin Gila Marsoosi. Die Revolutionsgarden wollten ein Geständnis. Sie wollten, dass dieser Mann im Rollstuhl, um wieder freizukommen, eine Erklärung unterschreibt, in der er »gesteht«, dass die Unruhen nach den Präsidentschaftswahlen seit Monaten von ihm und seinen Komplizen mit Hilfe westlicher Geheimdienste vorbereitet worden seien. Aber dieser Halbtote unterschrieb nicht, selbst als seine Frau und sein Sohn festgenommen wurden, um ihn weichzukochen. Er entschied sich, so lange im Gefängnis zu bleiben, wie seine Kerkermeister das wollten, die jetzt sogar ihrerseits zu einer Art Geisel ihrer eigenen Maßnahmen wurden. Da ihn das Regime

auf keinen Fall sterben lassen durfte, mussten ihm jetzt die Wärter in Ewin die medizinische Behandlung angedeihen lassen, die
ihn seit dem 12. März 2000 am Leben erhält. Sein Befrager musste sich sogar jeden Tag während der obligatorischen Physiothera-
piesitzungen selbst auf alle viere niederlassen.

HÜTE DICH VOR DEN JUDEN

I ch werde Ihnen meine Lebensgeschichte erzählen«, sagt Mohamad Ali Arsin, 59 Jahre, Teppichhändler, der uns in seiner 800 Quadratmeter großen Villa in Lavasan oberhalb von Teheran empfängt. »Mit vierzehn Jahren habe ich angefangen, im Teheraner Basar zu arbeiten. Ich trug auf meinen Schultern Teppiche aus. Jedes Mal, wenn ich jüdische Händler belieferte, erlaubten sie mir nicht, ihren Laden zu betreten. Ich musste die Teppiche vor der Tür ablegen. Sie sprachen mit mir von oben herab und bezahlten mich erst nach zwei oder drei Wochen.

Als wir Iraner dreizehn Jahre später unsere Revolution machten, konnten wir abends nicht einmal mit den eigenen Frauen darüber sprechen, weil sie das eventuell alles an einen Juden weitergegeben hätten. Wenn ich mich damals auf der Straße mit einem Juden prügelte und der dann Klage einreichte, bekam er hinterher vor Gericht meist Recht. Die Polizisten des Schahs sagten oft zu mir: »Hüte dich vor den Juden! Hüte dich vor den Juden!«

Ich bin im Süden Teherans in einem Armenviertel aufgewachsen, unweit des Krankenhauses, in dem Kaiserin Farah ihre Kinder bekam. Wir hatten eine Frau, die bei uns daheim arbeitete. Sie putzte und kochte, konnte damit aber ihre fünf Kinder nicht ernähren. Also musste sie hinter dem Krankenhaus Schlange stehen, um etwas von den Resten der Krankenessen zu bekommen. Damals hatten beileibe nicht alle ein gutes Leben! Gott segne Khomeini für alles, was er geschafft hat!

Vor der Revolution benahmen sich die Amerikaner im Iran, als ob sie hier zuhause wären. Sie waren uns technisch voraus und hatten mehr Geld. Außerdem hatten sie den Krieg gegen Deutschland, Italien und Japan gewonnen. Sie seien unbesiegbar, und wir könnten sie niemals loswerden, hat man uns gesagt. Aber Khomeini hat es dann doch geschafft, möge er im Paradies weilen. Es gab damals hier 70 000 amerikanische Soldaten, die verdienten im Monat 10 000 Dollar. Jeden Tag stahlen sie das iranische Öl. Uns gehörte überhaupt nichts mehr. Sie haben uns sogar gezwungen, Toilettenpapier zu benutzen[60], und den Toilettenpapiermarkt beherrschten natürlich die Juden.

Die Juden leben immer an Orten, wo die Leute Idioten sind, um sie besser ausbeuten zu können. In Täbris dagegen gibt es überhaupt keine Juden, da die Leute dort zu intelligent für sie sind.[61]

Damals hinderten mich die Juden auch daran, reich zu werden. Aber heute besitze ich ein tolles Teppichgeschäft in Dallas! Ein New Yorker Händler hat mich mal gefragt, wie ich es geschafft hätte, genug Geld zu bekommen, um dieses Geschäft eröffnen zu können. Ich habe ihm dann Folgendes geantwortet: Als die Amerikaner und die Juden den Iran besetzt hielten, haben sie uns gezwungen, arm zu bleiben, aber jetzt, wo wir sie rausgeworfen haben, können wir gute Geschäfte machen, und ich bin hier in Amerika! Die Iraner sind sehr intelligent und können sich um sich selbst kümmern. Darüber hinaus haben wir seit 30 Jahren keine Casinos und keine Glücksspiele mehr, die damals alle die Juden betrieben haben, und wir brauchen keinen Whisky mehr zu importieren, um die Juden zu bereichern. Jetzt stellen wir unseren eigenen Wein her!

Wie können Ihre Regierungen unseren Präsidenten nur so beleidigen? Das schadet doch der Harmonie der Welt. Er spielt nicht, trinkt nicht, er ist aufrichtig und ehrlich, und er ist voller

Leben. Er wird nur deshalb verleumdet, weil er die Dinge offen ausspricht und weil, wenn er spricht, 20 Millionen Iraner auf die Straße gehen und ihm folgen, 20 Millionen Iraner, die wie eine große Familie sind und vor nichts Angst haben, nicht einmal vor dem Tod.

Früher sind die Amerikaner nach Afrika gegangen und haben dort Tausende von Sklaven eingefangen. Heute machen die Juden das Gleiche. Dank ihrer Kontrolle über die Kreditkarten versklaven sie die ganze Welt. Alle, die ihnen Geld schulden, sind ihre Sklaven. Ich persönlich benutze keine Kreditkarten, weil ich weiß, wer meine Feinde sind. Ich habe keine Angst, Ihnen das zu sagen, denn ich glaube an Gott und dass ich vor nichts Angst habe. Sie sind jetzt bei mir daheim, ich habe Sie eingeladen, ich werde Ihnen das beste Essen geben, das beste Zimmer, ich werde Ihnen alles geben, ich werde Sie auf meine Kosten neu einkleiden und Ihnen Taschengeld geben. Und das alles, weil ich Iraner und Moslem bin. Wir möchten, dass die ganze Welt glücklich und wohlhabend ist.

Glauben Sie mir, ich kenne mich aus, ich habe 21 Länder bereist. Nirgends habe ich Alkohol getrunken oder auch nur daran gedacht, welchen zu trinken. Ich habe alles gründlich untersucht und weiß jetzt, wie die Dinge laufen. Überall habe ich Teppiche verkauft, um Frauen bezahlen zu können. Das sind meine beiden Spezialitäten, Teppiche und Frauen.

Als die Amerikaner uns vor 30 Jahren noch das Geld aus den Taschen stahlen, waren wir Gentlemen und der iranische Pass wurde überall respektiert. Heute, wo wir sie nicht mehr bereichern, sind wir Terroristen! Aber sagen Sie mir eines, welcher Iraner ist je nach Amerika gegangen, um Amerikaner zu töten? Dagegen gibt es im Irak Tausende Amerikaner, die Iraker töten.

Vor der Revolution gab es im Iran keinen einzigen Arzt. Wir mussten sie damals aus Indien oder Bangladesch kommen las-

Mohamad Ali Arsin, 59 Jahre, Teppichhändler in Dallas, stellt sich in seinem 800 Quadratmeter großen Anwesen in Lavasan, oberhalb von Teheran, in Positur. Links sitzt sein jüngster Sohn, im Hintergrund steht seine Frau, in Grün.

sen. Heute ist jede Iranerin Ärztin und jeder Iraner ein Doktor oder Ingenieur. Wenn dann jedoch unsere tipptopp ausgebildeten Studenten in die Vereinigten Staaten kommen, kriegen sie nur untergeordnete Jobs. Alles, was mit Hightech zu tun hat, ist für die Juden reserviert. Ich habe auch die Geschichte eines iranischen Studenten in Frankreich gehört. Als die dort erfahren haben, dass der Iran einen Satelliten ins Weltall geschickt hat, haben sie ihm verboten, die Küche der Universität zu betreten. Ist das kein Skandal?

Mein Vater war nicht gebildet. Er konnte weder lesen noch schreiben. Aber er war sehr intelligent. Jeden Tag hat er uns Lebensregeln mit auf den Weg gegeben. Er hat uns gesagt, dass alles, was wir haben, von Gott kommt. Nachts schlief ich im selben Zimmer wie er. Er hat uns gelehrt, vor dem Schlafengehen immer die *Schahada* [das islamische Glaubensbekenntnis] aufzusagen: *Aschhadu alla ilaha illa-llah, wa aschhadu anna Muhammada-r- Rasulu-llah* (Ich bezeuge, dass es keine Gottheit außer Gott gibt, und ich bezeuge, dass Mohammed der Gesandte Gottes ist). Auf diese Weise wissen alle, dass Ihr jemand Gutes seid, und sie werden Euch vertrauen. Wer an Gott glaubt, lügt nämlich nie.

Als unser Vater uns Personalausweise besorgte, machte er uns zwei Jahre jünger, als wir tatsächlich waren. Auf diese Weise waren wir in der Schule und im Militärdienst immer klüger als der Durchschnitt.

Durch die Gnade Gottes hatte ich Erfolg und kann mich heute als reichen Mann betrachten. Ich glaube, dass alle Menschen auf dieser Erde gerne den gleichen Erfolg hätten. Mein Rat an sie wäre: Arbeitet hart und gebt nichts aus. Wenn ihr einen Anzug sechs Monate tragen könnt, tut es. Achtet nicht darauf, was andere über euch sagen. Sehen Sie, ich habe nicht an der Universität studiert und nicht viele Bücher gelesen, aber ich habe eine klare Sicht auf den Gang der Dinge. Wenn ich den Fernsehapparat einschalte, weiß ich sofort, worum es da gerade geht. Und wenn Sie sich fragen, warum ich Ihnen diesen Vortrag halte, antworte ich: Weil ich sehr viel nachgedacht habe. So habe ich begriffen, dass der Iran kein Drittweltland, sondern im Gegenteil ein sehr entwickeltes Land ist. Ihre Geschichte geht zwei oder drei Jahrhunderte zurück, die unsere zwei oder drei Jahrtausende. Und wenn Sie in unseren Bibliotheken nachschauen, werden Sie sehen, dass die meisten Ihrer Wissenschaftler ihre Ideen von uns übernommen haben.

Wir vertrauen unserem Präsidenten und unserem Obersten Führer, weil sie uns mit Weisheit regieren und mit Stolz erfüllen. Wir greifen kein Land der Welt an. Wir leben bei uns daheim. Wir verlangen von niemandem etwas. Aber sie, die Juden und die Amerikaner, wollen uns angreifen und uns erobern! Wenn ich mir ihre Satellitenprogramme, BBC oder Voice of America, anschaue, frage ich mich: Warum sind wir in dieser Krise? Meiner Meinung nach, weil der Westen Gott vergessen hat. Ihre Fernsehsendungen beginnen nicht wie die unseren mit »Im Namen Gottes, des Allmächtigen und Barmherzigen«. Warum ist das so? Wenn du an Gott glaubst, kannst du das nicht akzeptieren, dann möchtest du, dass die Welt in Frieden lebt und jedermann glücklich ist.

Wenn Sie eine Katze in ein Zimmer sperren und Sie es dann mit einem Schuh bewaffnet betreten, um sie zu töten, weiß die Katze, dass sie sich nicht verteidigen kann und sterben wird. Trotzdem wird sie mit aller Kraft versuchen, Ihnen die Augen auszukratzen und das Gesicht zu zerkratzen. Selbst wenn es nur eine ganz kleine Katze ist. Sie, die Mächtigen dieser Welt, machen es genauso mit den schwachen Ländern. Und dann sind Sie erstaunt, dass sie den Tod nicht mehr fürchten und zu Selbstmordattentätern werden.

Ich für meinen Teil hoffe, dass alle Menschen auf dieser Erde genug zu essen haben und eine gute Ausbildung bekommen. Wir glauben an den Mahdi (möge Gott seine Rückkehr beschleunigen). Wenn er wiederkehrt, wird er die Reichtümer an alle verteilen, ohne jemanden zu vergessen. Nicht wie die Saudis: Die exportieren täglich acht Millionen Barrel Erdöl und bekommen dafür 600 Millionen Dollar. Das sind 220 Milliarden im Jahr! Diese Geldmittel sollten der ganzen Welt Nutzen bringen. Sie haben nicht das Recht, sie auszugeben, wie sie wollen.

Ich habe Ihnen ja bereits gesagt, dass ich viel gereist bin und viel Ungerechtigkeit gesehen habe. Ich habe Menschen mit 56 Kilogramm Übergewicht getroffen. Weil sie zu viel essen! Andere dagegen bestanden nur noch aus Haut und Knochen. So etwas macht mich traurig. Ich hoffe, dass Gott der Welt zu einem besseren Leben verhelfen wird. Die Reichen müssen etwas machen. Es ist noch nicht zu spät. Wir alle müssen teilen! Diejenigen, die an Gott glauben, können gar nicht anders.

Wir müssen versuchen, reich zu werden. Die Leute haben eine schlechte Meinung von den Muslimen, weil viele von ihnen arm sind. Das wird sich ändern, wenn erst einmal alle reich sind. Denn das Geld ist ein Segen.

Sie sollten sich im Übrigen eine iranische Frau nehmen. Das werde ich für Sie arrangieren. Ich werde für Sie eine Frau aus Täbris finden, denn die kochen gut. Die Frauen aus Täbris kümmern sich wirklich um ihre Familie. Wenn Sie sie heiraten, werden sie für Sie sorgen, dafür sind sie berühmt. Ich weiß, was Sie brauchen.

Die Frauen sind wie Teppiche. Man muss wissen, wie man die Richtigen auswählt.

Ich werde Ihnen eine Geschichte erzählen, die Sie zum Lachen bringen wird. Für meinen ältesten Sohn haben wir in Täbris eine gut erzogene, fleißige Frau aus guter Familie gesucht. Wir haben dann eine solch ideale Frau gefunden, dass ich ihr geraten habe, meinen Sohn, der leider ein Schwerenöter ist, nicht zu heiraten. Er fährt in den Ferien nach Thailand. Ich weiß nicht, was er da so alles anstellt. Ich habe ihr gesagt, dass er nichts für sie ist. Sie hat auf mich gehört und die Heirat verweigert. Das war genau richtig!

Von heute an sollten Sie nichts mehr kaufen. Oder nur noch das unbedingt Nötige. Bald wird das Geld in Ihren Taschen klingeln, und Sie werden glücklich sein. Ihr Geld wird dann weiter an Wert gewinnen, und Sie können große Geschäfte machen. Das habe ich auch meinen ältesten Sohn gelehrt. Ich habe ihn im Alter von 14 Jahren arbeiten lassen, und heute besitzt er wie ich in den Vereinigten Staaten einen 700 Quadratmeter großen Laden voller Teppiche und ein Vermögen von vier bis fünf Millionen Dollar!«

DANIAL

D er achtzehnjährige Danial wohnt bei seinen Eltern im
Stadtteil Ekbatan in der Nähe des Teheraner Flughafens.
Sein Vater ist Ingenieur und seine Mutter Hausfrau.
Nachdem ich eine Stunde in seinem Zimmer mit ihm gesprochen habe, während im Hintergrund Grunge-Musik lief, die er
auf seinen Computer heruntergeladen hatte, muss ich zugeben,
dass sein Leben dem eines westlichen Jugendlichen ziemlich ähnelt. Seine Lieblingsgruppe ist Nirvana. Er liebt die Stadtkunst eines Banksy und hat hier in Teheran selbst eine Sprayer-Gruppe
gegründet, die sich »Die Ratten« nennt. Sie haben sogar schon
mit einer Amateurausrüstung mehrere Videos gedreht, die von
der *Jackass*-Serie auf MTV inspiriert waren. »Die Ratten« sind
seit Neuestem auch eine Rap-Gruppe, die in den Kellern des
Stadtteils probt und in irgendwelchen Vororten heimlich Kon-
zerte gibt. Danial fährt auch mit Begeisterung Skateboard im
Sommer und Snowboard im Winter. Seine Lieblingskleidermar-
ken sind Quicksilver, Billabong und Volcom, die heute frei in den
Iran eingeführt werden dürfen. Daneben praktiziert er noch
»Parkour«, eine »Sportart« französischen Ursprungs. Dabei
geht es für den Ausführenden, den sogenannten »Traceur« darum, in einer Stadt von einem Punkt A zu einem selbstgewählten
Punkt B auf dem kürzesten und direktesten Weg zu gelangen
und dabei über alle Hindernisse, die ihm auf dieser Strecke begegnen, zu klettern oder zu springen, ob es sich dabei nun um

Danial, 18 Jahre, führt ein sorgloses und am Westen orientiertes Leben, in dessen Mittelpunkt das Skateboard-Fahren, eine Gruppe von
Graffitisprayern und Rappern sowie die Trendsportart »Parkour«
steht, die ihn einen Finger gekostet hat.

Mauern, Häuser, Zäune oder Autos handelt. Als Danial eines Tages einen solchen »Parkour« zurücklegte, wurde er plötzlich von der Polizei gejagt. Es gelang ihm zwar, ihnen zu entkommen, indem er über ein Fallrohr von einem Dach hinunterkletterte. Dabei blieb jedoch einer seiner Finger in einem Wandhaken hängen und wurde ihm abgerissen. Er hatte nicht die Zeit, ihn zu bergen, und trägt seitdem an der linken Hand eine Kupfermanschette. Seine Eltern waren angeblich nicht einmal allzu sauer. Er selbst ist ziemlich stolz auf diesen Beweis seines Muts und hat auch nicht aufgehört, Parkour zu praktizieren. Er bedauert nur, dass sein fehlender Finger ihm jetzt das Gitarrenspielen erschwert.

Danial ist der Ansicht, dass ihm in Teheran nichts fehle. Er kann sich nicht vorstellen, irgendwo anders zu leben. Er freut sich auch über seine regelmäßigen Auseinandersetzungen mit den Ordnungskräften und den islamischen Milizen, als ob dieser allgegenwärtige Feind seiner rebellischen Existenz einen besonderen Kick verleihen würde.

WASSERBALL

Wenn Sie zufällig an die Telefonnummer Bahram Tavakolis gelangen sollten und ihn dann anrufen, um ihn zu einem *Tschelo Kebab* im besten Restaurant von Teheran einzuladen, wird er sich höflich entschuldigen und sofort wieder auflegen. Dieser Herr ist nämlich Nuklearingenieur und Mitglied der Mannschaft, die das Kernkraftwerk von Buschir am Persischen Golf mit der Hilfe russischer Fachleute fertigstellen und in Gang setzen soll. Alles, was mit dem iranischen Nuklearprogramm, auch dem zivilen, zu tun hat, ist streng vertraulich.

Trotzdem hört man die Stimme Bahram Tavakolis hin und wieder im staatlichen Rundfunk. Dabei geht es jedoch um ein anderes Thema, nämlich die episch umkämpften Länderspiele, in denen die iranische Wasserballnationalmannschaft immer wieder versucht, zumindest zur besten asiatischen Nation in dieser Sportart zu werden. Wenn man ihn also im Abadi- (Freiheits-) Schwimmbad während des Trainings anspricht, kann man sich ein wenig mit ihm unterhalten. Vielleicht geht er dann hinterher mit einem sogar ins Nayeb, einem renommierten Restaurant an der zentralen Waliasr-Straße (Wali Asr, »Imam der Zeit«, ist ein anderer Name für den Mahdi), um *Baghali Polo* (ein Reisgericht mit dicken Bohnen) oder *Dschudsche Kebab* (in Safran-Limonenmarinade eingelegte Hähnchenspieße) zu essen. Vorher muss man ihm allerdings versprechen, nicht über Nuklearangelegenheiten zu reden. Höchstens kann man ihm dann ein paar

Schimpfworte über die Russen entreißen, die anscheinend mit allen Mitteln die Arbeiten zu verzögern versuchen.

In vorrevolutionärer Zeit, als diese Straße noch Pahlavi-Allee hieß, war unser Mann Kapitän der Wasserballnationalmannschaft. Ihre größte Leistung war der Gewinn der Goldmedaille bei den Asienspielen in Teheran 1974. Bahram Tavakoli erinnert sich, dass er seine Medaille nach dem Endspielsieg gegen China vom Schah selbst überreicht bekam. »Als ich auf das Siegerpodest stieg, klammerten sich Schülerinnen im Begeisterungstaumel an meine Jacke und zogen an meiner Krawatte«, erzählt er. »Dabei haben sie mir sogar mein Hemd zerrissen. Wenn ich sie nicht abgeschüttelt hätte, wäre ich mit nacktem Oberkörper vor dem Schah gestanden!«

Die Zeiten haben sich seitdem ziemlich geändert. Im prüden Iran der Islamischen Republik ist es Männern und Frauen verboten, Mitglieder des anderen Geschlechts in Badekleidung anzuschauen. Die Spiele werden aus diesem Grund auch nicht im Fernsehen übertragen. Deshalb sind die Radiokommentare Bahram Tavakolis auch so beliebt. Da es dem Land an Fachleuten fehlt, hat ihn eine Schiedsrichterin kürzlich gebeten, während der von ihr geleiteten Spiele von Frauenmannschaften ihr Berater zu sein. »Ich stehe dann hinter einem Vorhang, und sie beschreibt mir die Spielsituation, damit ich eine Entscheidung fällen kann, ohne etwas gesehen zu haben«, sagt er.

Es war für den Iranischen Schwimmverband nicht leicht, das gute Niveau seiner Sportler nach der Revolution zu halten. Die Athleten kamen zum großen Teil aus wohlhabenden Familien. Viele zogen es vor, sich ins Ausland abzusetzen. Im Übrigen wäre der Schwimmsport vom neuen Regime ganz verboten worden, wenn der Verband sich nicht rechtzeitig an eine Vorschrift des Propheten erinnert hätte: »Muslime müssen reiten, schießen und schwimmen können.« Die Schwimmbäder, für die der

Bahram Tavakoli, 61 Jahre, Kernphysiker, war Kapitän der iranischen Wasserballnationalmannschaft, die bei den Asienspielen von 1974 die Goldmedaille gewann.

Schah noch ein Vermögen ausgegeben hatte, sind heute jedoch ziemlich heruntergekommen, und die Vergütung der Wasserballspieler fällt eher mager aus. Man bekommt nur schwer Visa, um im Ausland spielen zu können, und Mannschaften aus dem Westen drängen sich auch nicht gerade danach, nach Teheran zu kommen. Andererseits hat man inzwischen einige Übertreibungen der Anfangszeit abgeschafft. So durften die Spieler während des Ramadan mit dem Kopf nicht unter Wasser geraten, da sie sonst unabsichtlich einen Schluck hätten trinken können, was ja ein Bruch des Fastengebots gewesen wäre.

Trainer der Nationalmannschaft ist seit einigen Jahren der ehemalige kroatische Wasserballstar Neven Kovacevic, der uns am gleichen Vormittag erklärt hatte: »Mich als ihren Coach zu engagieren ist so, als ob man Michael Schumacher ans Steuer eines Paykan setzen würde.« Trotzdem hat er bereits ein paar gute Resultate erzielt. So schlägt der Iran regelmäßig Kasachstan, Katar und Saudi-Arabien. Bei ihrem zweiten Auftritt auf den Asien-Ozeanien-Meisterschaften Anfang 2009 in Adelaide konnten sie sogar Neuseeland 12:8 schlagen, bevor sie von Japan und Australien (13:1) »verdroschen« wurden, wie es die konservative Zeitung *Tehran Times* treffend ausdrückte.

Bahram Tavakoli wagt es nicht laut auszusprechen, aber er bezweifelt, dass die iranische Mannschaft jemals wieder ihr vorrevolutionäres Niveau erreichen wird. »Unsere Jungs sind nicht hart genug. Und es fehlt ihnen an Kampfeswillen. Damals waren wir irgendwie aufopferungsvoller und eine größere Einheit. Und dann gibt es noch etwas«, fügt er mit einem Augenzwinkern hinzu. »Es müssen Frauen im Publikum sein oder Frauen im Nachbarbecken trainieren, wenn man Meister heranbilden und Medaillen gewinnen will. Es gibt nichts Besseres als die Gegenwart einer Frau, um einem die Kraft zu verleihen, das entscheidende Quäntchen schneller zu schwimmen und ein Tor zu erzielen.«

DIE WAHLEN

slamische Republik. Diese beiden Wörter setzte die Revolution von 1979 nebeneinander, ohne allzu viel darüber nachzudenken. Diese beiden Wörter halten viele für einen Widerspruch in sich. Nur drei weitere Länder auf dieser Welt bezeichnen mit diesen beiden Wörtern ihre Regierungsform, und dies mit recht unterschiedlichen Ergebnissen: Pakistan seit 1956, Mauretanien seit 1958 und Afghanistan seit 2003.

Für gewisse Revolutionäre genügte die einfache Tatsache, dass sich ein Land zur Republik erklärte, dessen Bürger in überwältigender Mehrheit Muslime waren, um diese als »islamisch« zu bezeichnen. Andere wollten dagegen auf diese Weise eine moderne Version des Kalifats, der Regierung des Propheten, aufrichten, um sicherzugehen, dass die göttlichen Gesetze über den menschlichen standen.

Tatsächlich gebar die iranische Revolution eine hybride politische Regierungsform, eine weltweit einzigartige Mischung aus Autokratie, Demokratie und Theokratie. Die Revolutionsführer erkannten von Anfang an diese Dualität, sahen in ihr jedoch erst einmal kein Problem. Da gab es auf der einen Seite die religiöse Autorität, die zu dieser Zeit Ayatollah Khomeini innehatte, und auf der anderen Seite den Volkswillen, der von einer Einwohnerschaft verkörpert wurde, die in ihrer riesigen Mehrheit aufgestanden war, um das Regime des Schah zu stürzen.

Um seine Stellung zu definieren, erfand Khomeini einen Ausdruck, der sich an die schiitische Tradition anlehnte, die *Velayat-e Faqih*, die »Herrschaft des Obersten Rechtsgelehrten«. Dieses Konzept berücksichtigt die Notwendigkeit, der schiitischen Gemeinschaft einen vorläufigen Führer zu geben, solange sie auf die Rückkehr ihres wahren Führers, Imam Mahdi, den letzten direkten Nachkommen des Propheten, warten muss, diesen »Imam der Zeit«, der vor mehr als einem Jahrtausend verschwunden ist.

Um den Volkswillen umzusetzen, waren von Anfang an Wahlen vorgesehen. Im Übrigen war auch die Bezeichnung »Islamische Republik« am 30. März 1979 durch einen Volksentscheid mit 97 Prozent der abgegebenen Stimmen bestätigt worden. Am Tag darauf erklärte Ayatollah Khomeini, dass dies der erste Tag von Gottes Regierung auf Erden sei. Danach wurde eine Verfassung ausgearbeitet, die im Oktober desselben Jahres in einem Referendum angenommen wurde. In dieser wurde festgelegt, dass die oberste Gewalt von einem religiösen Führer, dem sogenannten »Schatten Gottes auf Erden«, ausgeübt werde. Gleichzeitig sind aber auch Wahlen ein integraler Bestandteil des Systems, und sei es nur, um diesen Führer in regelmäßigen Abständen neu zu legitimieren.

Solange im iranischen Volk aufgrund der weit überwiegenden Zustimmung zur Person Khomeinis und der Notwendigkeit, das Land in dem 1980 von Saddam Hussein angezettelten Krieg zu einen, eine große Einmütigkeit herrschte, stellten die Wahlen kein Problem dar. Sie wurden alle von dem oder den Kandidaten der herrschenden Macht mit einer Mehrheit von um die 80 Prozent gewonnen. Daran änderten auch die großen Krisen der Islamischen Republik nichts, wie etwa die Absetzung und erzwungene Flucht des ersten gewählten Präsidenten Abolhassan Banisadr im Juni 1981 oder die blutige »Auslöschung« der Volksmudschaheddin, einer Bewegung, die im Revolutionsprozess eine große Rolle gespielt hatte, die jedoch später aufgrund ihrer

Ein Mann klebt das Plakat eines Kandidaten der Präsidentschaftswahl von 2005 an die Schallschutzmauer entlang der Sadr-Autobahn im Norden Teherans.

Gewalttaten und ihrer Unterstützung des irakischen Feindes (1986 verlegten sie sogar ihr Hauptquartier in den Irak) ihren Rückhalt im Volk verloren.

Nach Khomeinis Tod im Jahr 1989 entfernten seine engsten Mitstreiter einige Leute mit abweichenden Meinungen aus ihren Reihen und präsentierten sich den Wählern als Koalition, die das Erbe des Gründervaters für sich reklamierte. Tatsächlich brauchten sie die Wahlen nicht zu manipulieren, um sie haushoch zu gewinnen. Ende Juli 1989 wurde Akbar Haschemi Rafsandschani, der als Favorit Khomeinis galt und danach dessen Nachfolge organisierte, indem er für die Ernennung Ali Chameneis zum Obersten Führer sorgte, mit 94,5 Prozent der Stimmen zum Präsidenten gewählt. Er musste sich dabei nur gegen einen einzigen Gegenkandidaten durchsetzen, während 77 weitere Kandidaten vom Wächterrat, einer Art Kontrollorgan zur Einhaltung der Verfassung, das vor allem aus konservativen geistlichen Würdenträgern bestand, nicht zur Wahl zugelassen worden waren. 1993 wurde er mit 62,9 Prozent der Stimmen wiedergewählt, wobei jedoch die Wahlbeteiligung mit 50 Prozent nicht sehr hoch war.

Die Probleme begannen dann mit der Präsidentschaftswahl von 1997. Von den 234 Kandidaten ließ der Wächterrat nur ganze vier zu, darunter natürlich den der herrschenden konservativen Geistlichkeit, Ali Akbar Nateq-Nuri. Dieser war sich seines Sieges gewiss, da er vom politisch-religiösen Establishment und vom Basar unterstützt wurde. Er hatte jedoch nicht mit Mohammed Chatami gerechnet. Diesen Geistlichen hätte der Wächterrat nur schwer von der Kandidatenliste streichen können. Immerhin trug er den schwarzen Turban der Nachfahren des Propheten und war unter Präsident Rafsandschani Kulturminister gewesen. Bei seiner exemplarischen Wahlkampagne fuhr er in einem Bus durch das ganze Land. Dabei gelang es ihm, die jungen Leute, die Frauen und alle, die eine Öffnung des Landes wünschten, von sich zu überzeugen. Am Wahltag erhielt er 70 Prozent der Stimmen. Dabei hatten 28 Millionen Iraner ihre Stimme abgegeben, was einer vorher nie erreichten Wahlbeteiligung von 80 Prozent entsprach.

Kurz darauf gewannen die Reformer auch die Parlamentswahlen vom Februar 2000, in denen sie 189 der 290 Sitze eroberten. Daran hatten auch die Obstruktionsversuche des Wächterrats nichts ändern können, der immerhin fast 2000 Kandidaten von der Wahl ausgeschlossen hatte. Ein Präsident und ein Parlament aus dem Reformlager in einem System, das von konservativen Unterstützern des Obersten Führers Ali Chamenei dominiert wurde, das musste zu Meinungsverschiedenheiten führen. Die sollte es dann auch reichlich geben. Als Erstes begann man wieder über die Quelle der Machtlegitimation zu diskutieren: Handelte es sich dabei um eine Interpretation des göttlichen Willens oder um den in einer Wahl festgestellten Willen des Volkes? Als Nächstes ging es um die Rolle des Parlaments. Fast alle der von ihm verabschiedeten Gesetze wurden vom Wächterrat annulliert. In dieser Zeit spielte auch die Reformpresse eine wichtige Rolle. Mit Genehmigung der Regierung Chatami brachten die Zeitungen zahlreiche Enthüllungen, die für die Konservativen ausgesprochen peinlich waren. Dies verschaffte ihnen zwar einen riesigen wirtschaftlichen Erfolg, führte jedoch auch dazu, dass sie eine nach der anderen von einer Justiz verboten wurde, die weiterhin die Anhänger des Obersten Führers kontrollierten.

2001 konnten die Konservativen Chatamis Wiederwahl nicht verhindern. Andererseits legten sie ihm danach so viele Steine in den Weg, dass er am Ende machtlos und gefügig wirkte und dadurch einen Teil seiner Popularität einbüßte. So konnten die Konservativen 2004 auch die Mehrheit im Parlament wiedergewinnen, was allerdings nicht zuletzt daran lag, dass der Wächterrat so viele Kandidaten (insgesamt 2500) aussortiert hatte, dass die Reformer in manchen Wahlkreisen nicht einmal mehr eine vollständige Liste zusammenbrachten.

Die nachfolgende Verunsicherung der Reformer führte zu inneren Streitigkeiten, aus denen die Konservativen prompt Nutzen ziehen konnten. Bei den Präsidentschaftswahlen 2005 wurden im ersten Wahlgang drei Reformkandidaten zugelassen, was die 33 Prozent der Wähler, die immer noch bereit waren, deren Lager zu unterstützen, natürlich spaltete. In der Folge war im zweiten Wahlgang keiner der drei mehr dabei. Die Stichwahl bestritten stattdessen ein relativ unbekannter Politiker namens Mahmud Ahmadinedschad, der für seine populistischen Reden bekannt war und seine eigentlichen ultrakonservativen Ansichten nicht zu sehr in den Vordergrund stellte, und der alte Fuchs Akbar Haschemi Rafsandschani, der allgemein wegen seiner Zweideutigkeit und seiner offensichtlichen Raffgier verachtet wurde. Ersterer gewann schließlich haushoch mit 61,7 Prozent der Stimmen, um danach sofort sein wahres Gesicht als inkompetenter, rachsüchtiger Abenteurer zu enthüllen.

Die erste Amtszeit Mahmud Ahmadinedschads war ein solches Desaster, dass es selbst der strengen Zensur nicht gelang, dies vollkommen zu vertuschen. Die Inflation galoppierte, die Spannungen mit dem Rest der Welt stiegen, und die Wirtschaft stürzte immer mehr ab. Für seine Wiederwahl im Jahr 2009 konnte er sich allerdings weiterhin auf einen Teil der ländlichen Wählerschaft stützen. Auf raffinierte Weise war er nämlich immer wieder durch die Provinz gereist, wo es dann zu zahlreichen, oft spontanen Begegnungen mit der Landbevölkerung kam. Dabei machte er alle mögliche Versprechungen: für die eine Stadt ein Schwimmbad, für die nächste eine Straße, ein Bewässerungssystem hier und eine bessere Mittelverteilung dort. Vor allem jedoch reorganisierte er in diesen vier Jahren die islamischen Bassidsch-Milizen zu seinen Gunsten und festigte seine Allianz mit dem Elitekorps der Revolutionsgarden, indem er ihm zahllose Privilegien zugestand.

Aus all diesen Gründen schien er drei Monate vor der Wahl eigentlich bereits gewonnen zu haben. Da tauchte plötzlich ein Oppositionskandidat auf, der schnell zu einem ernsthaften Gegner heranwuchs: Mir-Hussein Mussawi, der seit 20 Jahren aus dem politischen Leben verschwunden war, nachdem er in den 1980er Jahren Ministerpräsident gewesen war. Seine Hauptherausforderung war es natürlich, die städtische Wählerschaft zu mobilisieren, die von der gescheiterten Präsidentschaft Chatamis von 1997 bis 2005 immer noch entmutigt war. Als Slogan wählte er »Wandel«, und Grün wurde zu seiner Farbe. Das Ergebnis übertraf alle Erwartungen. In den Tagen und Nächten vor der Wahl wälzte sich eine singende, tanzende grüne Menge durch die Straßen aller Städte des Landes, die den bisherigen Präsidenten verspottete und ihn mit einem Affen verglich.

In der Nacht vom 12. auf den 13. Juni 2009 hatten die Wahllokale kaum geschlossen, als das von einem engen Freund Mahmud Ahmadinedschads geleitete Innenministerium verkündete, dieser habe den ersten Wahlgang mit 62,46 Prozent der Wählerstimmen gewonnen. Bereits am Nachmittag hatten Bassidschi das Wahlkampfhauptquartier des Kandidaten Mussawi angegriffen. Bei Anbruch der Dunkelheit rollten Militärkonvois durch die Hauptstadt. Wir werden voraussichtlich die wirklichen Resultate der vier Kandidaten nie erfahren. Wahrscheinlich wollte das Regime mit allen Mitteln einen zweiten Wahlgang verhindern, da dessen Ergebnis rein technisch weit schwerer zu manipulieren gewesen wäre. Außerdem stand zu befürchten, dass die grüne Begeisterung, die in den Wochen davor einen Großteil der Durchschnittsiraner ergriffen hatte, noch weiter steigen und dann plötzlich völlig außer Kontrolle geraten könnte. Dass die Grüne Bewegung trotz der erbarmungslosen Unterdrückungsmaßnahmen danach viele Monate durchgehalten hat, zeugt von ihrer Breite und Entschlossenheit.

Die Iraner erlebten diese Wahl als Beleidigung ihrer Intelligenz und Aufhebung aller Rechte, die sie sich selbst in der Revolution erkämpft hatten. Dies führte bei ihnen zu einer tiefen Wut, die es zum Zeitpunkt der Drucklegung dieses Buches ein Jahr nach der Wahl nicht sicher erscheinen lässt, ob Mahmud Ahmadinedschad die Präsidentschaft tatsächlich bis zum Ende seiner zweiten Amtszeit innehaben wird. Selbst wenn ihm dies gelingen sollte, ist noch völlig unklar, welche Karte das Regime dann 2013 ausspielen könnte. Tatsächlich scheint sich allmählich ein Widerspruch zwischen »Republik« und »islamisch« zu entwickeln. Einige Experten fragen sich bereits, ob die Wahl von 2009 nicht vielleicht die letzte gewesen sein könnte. Zwischenzeitlich sind nämlich einige Fundamentalisten zu dem Schluss gelangt, dass das »göttliche« Projekt des Ayatollah in Zukunft keine Volksbefragungen mehr benötige. Danach war die »Islamische Republik« nur das Übergangsstadium zu einem »reineren« System, dass dann ohne weiteren Zusatz ganz einfach »islamisch« sein wird.

DIE NEUE NASE

In der Nacht zum 13. Juni 2009 wurden die Ergebnisse der Präsidentenwahl veröffentlicht. Für den Nachmittag dieses Tages hatten wir schon länger ein Treffen mit einem Schönheitschirurgen ausgemacht. Er sollte uns dabei die beliebteste iranische Schönheitsoperation näher erklären, bei der sich täglich 274 junge Mädchen und immer mehr junge Männer die Nase verändern lassen, die ihnen Allah geschenkt hat. Da wir jedoch die Wut auf den Straßen der Hauptstadt weiter verfolgen wollten, die von Stunde zu Stunde größer wurde, riefen wir seine Sekretärin an, um den Termin zu verschieben. Davon riet sie uns jedoch mit allem Nachdruck ab. Der Terminkalender von Dr. Mehrdad Modarres sei dermaßen voll, dass er uns wahrscheinlich erst wieder empfangen könne, wenn unsere Visa bereits abgelaufen sein würden. Wir entschlossen uns also, dieses Risiko dadurch zu vermeiden, dass wir unsere Rollen aufteilten. Paolo würde die Straßendemonstrationen beobachten und ich den Chirurgen besuchen.

Das Wartezimmer war brechend voll. Alle Augen waren auf den Fernsehschirm gerichtet, wo in einer Endlosschleife immer wieder die Pressekonferenz lief, in der der Innenminister das Wahlergebnis verkündet hatte, das das Fass zum Überlaufen gebracht hatte: 62,46 Prozent für Ahmadinedschad, 33,87 Prozent für Mir-Hussein Mussawi und nur 0,36 Prozent für Mehdi Karrubi. Die zuschauenden Patientinnen teilten sich dabei in zwei fast gleich große Gruppen auf: Die einen, deren große Nase noch intakt war und die sich darauf freuten, sie bald sehr viel kleiner zu sehen, und die anderen, auf deren Gesichtern ein Gipsverband oder ein großes Pflaster prangte, die also zu einer postoperativen Untersuchung gekommen waren. Alle waren jedoch vom angeblichen Sieg Mahmud Ahmadinedschads im ersten Wahlgang regelrecht erbost. »Ich bin wegen meiner Nase hier, nicht wegen der Politik«, sagte ein junges Mädchen, das in Begleitung ihrer Mutter gekommen war und dessen Nase man zumindest im Moment noch am besten als »semitisch« beschrieben hätte. »Aber wie könnten wir ein solches Ergebnis einfach so schlucken?«

Nach etwa zehn Minuten verließ eine junge Frau das Sprechzimmer des Chirurgen, in das jetzt ein älteres Ehepaar gebeten wurde. Sie trug eine Tarnhose mit vielen Taschen und einen Pullover mit der Aufschrift »US Army«. »Ich heiße Sarah«, stellte sie sich vor. »Ich arbeite in einer Haartransplantationsklinik. Meine Nase habe ich mir bereits vor langer Zeit machen lassen. Vor zwei Jahren war dann mein Busen dran. Aber der tut immer noch etwas weh, deshalb bin ich heute gekommen. Das Aussehen ist für mich ganz wichtig. Wenn mein Busen mir nicht mehr weh tut, lasse ich meinen Bauch flacher machen.«

Die Tür öffnete sich erneut, und das ältere Ehepaar trat heraus und grüßte in die Runde. Jetzt war ich an der Reihe. »Die iranischen Frauen sind großartig«, begann Dr. Modarres, während er sich ein kleines Plätzchen auf seinem Schreibtisch freiräumte und dazu die zahlreichen Blumensträuße und Pralinenschachteln beiseiterückte, die ihm seine dankbaren Patientinnen geschenkt hatten. »Ihre Augen, ihr Mund, ihr Teint, all das ist oft absolut perfekt. Ihr einziges Problem ist die Nase.« Er machte eine Handbewegung, als würde er sich eine Kartoffel mitten ins Gesicht stecken. »Und das ist wirklich schade«, fuhr er fort.

Am 13. Juni 2009, am Tag nach den umstrittenen Präsidentschafts-wahlen, fotografiert eine junge Frau vom Rücksitz eines Taxis aus mit ihrem Handy die Demonstrationen.

»Wenn Ihre Nase zu groß ist, achtet niemand auf Ihre schönen Augen. Dies gilt vor allem für den Iran. Wenn man nämlich seinen Kopf mit einem Tschador verhüllt oder ein Kopftuch trägt, tritt die Nase natürlich besonders hervor.«

Es gab allerdings noch einen anderen Grund, seine Nase operieren zu lassen, über den sich Dr. Modarres seltsamerweise ausschwieg. Es handelte sich dabei um einen iranischen Identitätskomplex. Die semitische Nase mit ihrem Höcker und ihrer beträchtlichen Größe gilt im Iran als »arabisch«. Nun lassen die Iraner kaum einmal eine Gelegenheit aus, sich von den Arabern abzugrenzen und darauf hinzuweisen, dass sie selbst ja arischen Ursprungs seien. Viele sind davon überzeugt, dass ihre achämenidischen Vorfahren kleine Nasen gehabt hätten, ein Beweis für ihre Verwandtschaft mit den Völkern Europas anstatt den arabischen Beduinen. Die iranische Nase sei dann nach der Eroberung des Landes durch die Araber im 7. Jahrhundert Generation für Generation immer größer geworden. Man hielt dies also für eine genetische Korruption, die man mit dem Skalpell berichtigen konnte, so wie der große Dichter Firdausi ein Jahrtausend zuvor die persische Sprache gereinigt hatte, in die immer mehr arabische Wörter eingesickert waren.

In diesem Stadium hielt es Dr. Modarres für angebracht, mir die Feinheiten seiner Arbeit zu erklären. Die Nase besteht danach aus drei »Etagen«, dem knöchernen Nasenrücken, dessen »Höcker« es zu entfernen gilt und dessen beide Nasenbeinknochen einander angenähert werden, um die Nase schmaler zu machen. Dann gibt es den knorpeligen Nasenteil, der nach Bedarf geformt wird, und die eher weiche Nasenspitze, die dann noch »verfeinert« werden muss. Bei der *offenen* Rhinoplastik werden Schnitte in den Nasensteg und in die beiden Nasenflügelwinkel gelegt, um den Hautmantel der Nase wie die Kühlerhaube beim Auto »aufzuklappen« und danach in aller Ruhe arbeiten zu kön-

340

nen. Jede der drei Etagen ist mit der anderen verbunden, sodass ein nicht ganz gelungener Handgriff in der einen den Erfolg der gesamten Operation gefährden kann. »Ich verbringe viel Zeit damit, meine Patientinnen auf den Boden zurückzuholen«, schloss der Chirurg seine Erklärungen ab. »Sie kommen zu mir mit einem Foto von Angelina Jolie oder Britney Spears. Aber alles lässt sich dann doch nicht machen.«

Der Preis ist von einem Spezialisten zum anderen verschieden. Dr. Modarres verlangt drei Millionen Toman (2260 Euro) pro Nase. Bei einem weniger renommierten Arzt kostet das Ganze manchmal nur die Hälfte. Dies ist zwar weit billiger als im Westen, entspricht aber immer noch einem durchschnittlichen iranischen Jahreseinkommen. Die Eltern betrachten es oft als eine Art Investition. Sie hoffen, dass die Operation die Suche nach einem guten Mann für ihre Tochter erleichtern wird. Sie meinen damit einen Ehemann, der wohlhabender ist oder aus einer angeseheneren Familie stammt als der, den ihre Tochter mit ihrer alten großen Nase zu erwarten gehabt hätte. Die Nasenkorrektur ist also zu einem Ausweis einer gewissen gesellschaftlichen Stellung geworden. Dies führt dazu, dass Mädchen gerne den Gipsverband oder das Nasenpflaster länger tragen, als es eigentlich medizinisch notwendig wäre. In den Parks sieht man sogar Jugendbanden, die das Nasenpflaster als Abzeichen und als Erkennungsmarke ihres Viertels tragen. In Familien, die es sich leisten können, lässt sich jeder die Nase richten. Die einzelnen Mitglieder lassen sich auf ihren Familienfotos dann jedoch nur noch schwer erkennen, da diese natürlich nicht verändert wurden.

Dr. Modarres erklärte mir dann, dass er sich seine Patienten unter Familien aussuche, die weder zu reich noch zu arm seien, da diese beiden Kategorien am ehesten Klage vor Gericht einreichen würden, wenn ihnen ihre neue Nase nicht gefalle. »Ich bin noch nie verklagt worden«, behauptete er kühn. Wir müssen das nicht unbedingt glauben, da die iranische Leidenschaft, sich eine neue Nase zuzulegen, genauso viele Anwälte wie Chirurgen ernährt. Durchschnittlich verhandeln die Gerichte jährlich 570 Klagen über verpfuschte Nasenoperationen. Einige Dutzend Ärzte mussten danach sogar ihre Tätigkeit einstellen. Ein Teil der Streitfälle geht dabei nicht einmal auf einen erst kürzlich erfolgten Kunstfehler eines Chirurgen, sondern auf eine veränderte Mode zurück. In den 1990er Jahren wollten alle eine Nase, die sich »Ski Jump« nannte, womit leicht nordisch aussehende kleine Himmelfahrtsnasen gemeint waren. Im darauf folgenden Jahrzehnt waren dagegen eher gerade und schmale Nasen des mediterranen Typs gefragt, bei denen die Eingriffe weniger deutlich waren. Tausende Frauen, die sich eine Ski-Jump-Nase hatten machen lassen, forderten jetzt ihren Chirurgen auf, diese nach dem neuen Trend umzuformen. Oft war aber bereits nicht mehr genug Nase übrig, um das ordentlich erledigen zu können. Am Ende mussten sich dann viele Damen mit einem Gesichtserker abfinden, der kaum größer als ein Fingerhut war. Darüber wurden viele dann so wütend, dass in der Folge die iranischen Gerichte von einer Klageoffensive gegen Schönheitschirurgen überrollt wurden.

Eine halbe Stunde, nachdem ich mich von Dr. Modarres verabschiedet hatte, traf ich Paolo in der Nähe des Wanak-Platzes wieder. Die friedliche Demonstration hatte sich inzwischen in eine regelrechte Straßenschlacht verwandelt. Eingerahmt von Bereitschaftspolizisten in voller Kampfausrüstung griffen die Bassidschi die Menge mit Schlagstöcken und Tränengas an. Die Demonstranten, Männer wie Frauen, einige sogar reiferen Alters, antworteten mit Steinwürfen und regierungsfeindlichen Sprechchören. Ein Stück die Straße hinunter stieg schwarzer Rauch in den Himmel. Er stammte von einem Motorrad der islamischen Milizen, das die Menge in Brand gesetzt hatte. Ringsumher hatte sich ein riesiger Stau gebildet. Auf dem Rücksitz eines im Verkehr feststeckenden Taxis kurbelte eine junge Frau das Fenster herunter, um die demonstrierenden Massen mit ihrem Handy zu fotografieren. Ihre raffinierte Erscheinung verband das Kleidungsstück der Saison, den grünen Mantel, der sie als Oppositionsanhängerin auswies, mit einem bleibenderen Wert, einem wahren Klassiker der iranischen Schönheit: einem großen Nasenverband.

MAHMUD AHMADINEDSCHAD

Alle diejenigen, die ihn gerne aus dem öffentlichen Leben verschwinden sehen würden, stört am meisten sein Lächeln, diese wie eingefroren wirkenden Mundwinkel, diese zusammengekniffenen Augen und dieser Ausdruck von Zufriedenheit oder Süffisanz, den Mahmud Ahmadinedschad zu allen Gelegenheiten zeigt, als ob sie Ergebnis einer Gesichtsoperation wären. Tatsächlich ist dieses Lächeln zu seinem Markenzeichen geworden. Versucht man jedoch den Grund für dieses präsidentielle Glück zu ergründen, begegnet man wie immer im Iran mehreren Hypothesen, einigen irdischen, aber auch einigen himmlischen.

Zuerst einmal gibt es da die einfache Freude am Erfolg. In der Tat ist Mahmud eine lebende *Success Story*. Der Sohn eines Schmieds, der in einem Teheraner Armenviertel aufwuchs, war ein guter Schüler und begann im Jahr 1976 ein Universitätsstudium. Nach der Revolution bekleidete er verschiedene Verwaltungsämter, wurde Vizegouverneur und danach Provinzgouverneur. Gleichzeitig unterhielt er enge Beziehungen zu den Revolutionsgarden. 2003 wurde er zum Bürgermeister von Teheran gewählt. Böse Zungen behaupten, in diesem Amt habe er vor allem zwei Schwerpunkte verfolgt: die Umwandlung einiger Stadtparks in Märtyrerfriedhöfe und die Einrichtung nach Geschlechtern getrennter Aufzüge in den Verwaltungsgebäuden. Zwei Jahre später gelang es ihm, Rafsandschani bei den Präsidentschaftswahlen zu besiegen, indem er sich als »Mann des Volkes« darstellte, der ein äußerst bescheidenes Leben führte und sich mit einem alten Auto, einem kleinen Haus und abgetragenen Anzügen begnügte. Die beiden Schwerpunkte seines Wahlprogramms waren seine populistische Forderung nach einer Umverteilung der Erdöleinnahmen und die Versicherung, dass das Atomprogramm ein »unveräußerliches Recht« der iranischen Nation sei.

Sobald er gewählt war, begann sich Ahmadinedschad in seinem neuen Amt zu amüsieren. Er schrieb George Bush lange Schmähbriefe, stolzierte durch Caracas, erteilte von der Rednertribüne der Vereinten Nationen herab allen Völkern der Welt Moralpredigten vor allem über das Thema Einhaltung der Menschenrechte und organisierte einen Wettbewerb der »besten« antizionistischen Zeichnungen und eine Konferenz, zu der die bekanntesten Holocaustleugner eingeladen wurden. Ab und zu gab der Präsident westlichen Medien Interviews, in denen er seine Rolle als seltsames Wesen annahm und gutgelaunt den Clown spielte, die Fragen umdrehte, prahlte, einige gezielte Provokationen formulierte und sich dann über das Entsetzen, das sie hervorriefen, diebisch freute.

So gab er auch in der Sendung »60 Minutes« des US-Fernsehkanals CBS am 20. September 2007 ein Interview. Sein Gesprächspartner, der amerikanische Journalist Scott Pelley, war dabei nervös und belehrend und schien sich in seinem dunklen Anzug und seiner roten Krawatte mit Goldstreifen eingezwängt und unbehaglich zu fühlen. Er wusste, dass er dem »Bösen« gegenübersaß und sich auf keinen Fall einen Fehler erlauben durfte. Er glaubte wohl, an vorderster Front einer wichtigen geschichtlichen Entwicklung beizuwohnen, und fragte sich vielleicht, wie sich der amerikanische Journalist gefühlt haben mochte, der als Letzter Hitler vor dem Einmarsch in die Tschechoslowakei interviewen konnte. Der iranische Präsident lächelte dagegen die ganze Zeit und wirkte in seiner beigen Windjacke, Modell 1983, und seinem offenen Hemd äußerst entspannt. Das Interview begann er im Übrigen mit folgenden Worten:

Mahmud Ahmadinedschad: Im Namen Gottes, des Gnädigen und Barmherzigen, möchte ich das amerikanische Volk und die guten Nationen in aller Welt grüßen. Wir sind hier in Teheran. Es ist der Nachmittag eines Herbsttages. Wir sitzen im Freien, in einem Garten. Die Temperatur ist angenehm. Ganz allmählich setzt der Herbst ein und vermischt sich mit der Sommerbrise. [...] Ich möchte Sie noch einmal alle grüßen. Ich hoffe wirklich, dass alle Nationen der Welt ihren Tag in Frieden, Freundschaft und Glück beginnen.

Scott Pelley: Herr Präsident, ich werde mich jetzt sehr klar und deutlich ausdrücken. Viele Amerikaner glauben, dass amerikanisches Blut an Ihren Händen klebt. Wollen Sie wirklich behaupten, dass Sie keine Waffen in den Irak schicken? Sir, entschuldigen Sie, Sie lächeln jetzt, aber für Amerika ist das eine sehr ernste Angelegenheit.

Mahmud Ahmadinedschad: Nun, das ist für uns genauso ernst. Ich würde sogar sagen, dass es für die ganze Welt ernst ist. Ich bin nur überrascht, dass Sie als Journalist die lügnerischen Anschuldigungen Ihrer Regierung aufgreifen. Ich halte es für lächerlich, die Wahrheit zu verleugnen und andere zu beschuldigen. Das ist nicht hilfreich. Und ich lächle deshalb, weil dieses Bild doch vollkommen klar ist. Aber die amerikanischen Verantwortlichen weigern sich, es zu sehen.

Die Freude, die Mahmud Ahmadinedschad das Präsidentenamt zu bereiten scheint, steht in auffälligem Gegensatz zu seinem Vorgänger, dem sympathischen Reformer Mohammed Chatami,

Präsident Mahmud Ahmadinedschad in Begleitung zweier Leibwächter.

der vor allem während seiner zweiten Amtszeit seine Amtsgeschäfte fast widerwillig auszuführen schien, da er sich seiner eigenen Ohnmacht sehr wohl bewusst war. Die Erkenntnis, dass er seine Versprechen nicht einhalten konnte, weil sich die konservative Schlinge jeden Tag enger um ihn zusammenzog, ließ ihm manchmal sogar die Tränen in die Augen treten.

Ahmadinedschad scheint sich dagegen von keiner Seite eingeschränkt zu fühlen und sich seiner Zukunft absolut sicher zu sein. Man kann die Ereignisse in der Nacht vom 12. auf den 13. Juni 2009 wie die Grüne Bewegung als »Staatsstreich« bezeichnen, da alles darauf hindeutet, dass das Wahlergebnis massiv gefälscht wurde und die anschließenden Unterdrückungsmaßnahmen im Vorhinein minutiös geplant worden waren. Technisch gesehen handelte es sich dabei eher um die Verengung der Macht auf einen kleineren Kreis, der sich aus dem Obersten Religionsführer, den Hardlinern unter den Befehlshabern der Revolutionsgarden und den sogenannten »Ahmadinedschadisten« zusammensetzt. Zu dieser eigentlich recht kleinen Gruppe zählen eine Handvoll ultrakonservative Ayatollahs, der Präsident selbst sowie einige üble Geschäftemacher in seiner Umgebung.

Das Meisterstück Ahmadinedschads und seiner turban- oder uniformtragenden Komplizen war es jedoch, den Obersten Führer Ali Chamenei ins eigene Lager herüberzuziehen, indem sie ihn davon überzeugten, dass die Opposition, falls sie am 12. Juni siegen sollte, seine Macht sofort in Frage stellen würde, und dann das gesamte System zusammenbrechen könnte.

Darüber hinaus glauben einige, dass die kleine Gruppe der »Ahmadinedschadisten« noch etwas ganz anderes verbinde. Sie alle gehörten zu einer in den 1950er Jahren gegründeten Geheimgesellschaft, der Hojjatieh, deren Ziel es sei, das Land ins Chaos zu stürzen und dadurch die Rückkehr des Mahdis, des

Verborgenen Imams, zu beschleunigen, statt weiterhin fromm und geduldig auf ihn zu warten. Da die Hojjatieh durch Ayatollah Khomeini kurz nach der Revolution verboten wurde, will sich natürlich niemand öffentlich zu ihrem Mitglied erklären. Dies gilt selbst für Ayatollah Mesbah Yazdi, von dem alle Welt annimmt, dass er gegenwärtig diese Sekte anführt. Tatsächlich hat Ahmadinedschad Yazdi auch als seinen Mentor anerkannt. Gerade die amerikanischen Neokonservativen sind von der Bedeutung der Sekte und ihrem Einfluss auf die Spitze des iranischen Staates vollkommen überzeugt. Mit diesem Argument wollen sie auch das Weiße Haus zu einem Präventivschlag veranlassen, bevor der Iran sein eigenes Armageddon veranstalten kann.

Da sie über keine direkten Beweise verfügen, listen die Warner vor der Hojjatieh die ständigen Hinweise auf den Imam Mahdi in den Reden des Präsidenten auf. Tatsächlich war der Verborgene Imam noch nie so präsent. Als Ahmadinedschad noch Bürgermeister von Teheran war, soll er angeblich die Verbreiterung einiger Hauptstraßen der Stadt angeordnet haben, um die Rückkehr des Mahdi zu erleichtern, dessen Pferd nach Angaben der *Hadith* so groß sein wird, dass der Abstand zwischen seinen beiden Ohren einen vollen Kilometer beträgt. Kaum war er Präsident geworden, stellte er 20 Millionen Dollar bereit, um die 65 Kilometer südlich der Hauptstadt gelegene verfallene Moschee von Dschamkaran zu renovieren. Viele Gläubige sind überzeugt, dass der Mahdi am Grunde eines Brunnens direkt neben dieser Moschee Zuflucht gesucht hat. Einigen soll er in dessen Umgebung sogar bereits erschienen sein. Sie konnten sich auch noch an die Worte erinnern, die er an sie gerichtet hatte. Seit einigen Jahren trotzen Tausende Iraner jeden Freitag dem Staub und der Hitze der Wüste, um sich dorthin zu begeben und kleine gefaltete Papierzettel in den Brunnen zu werfen, auf die sie ihre kleinen irdischen Sorgen geschrieben haben. Sie hoffen,

dass ihnen Gott durch Vermittlung des Mahdis bei deren Bewäl-
tigung helfen werde. Der Platz beginnt allmählich anderen heiligen Orten Konkurrenz zu machen, was bereits den Zorn der traditionellen Geistlichkeit erregt hat. Mahmud Ahmadinedschad
lässt sich davon jedoch nicht beirren. Er gab zu verstehen, dass
er eine ganz besondere Beziehung zu dem Mahdi unterhalte,
was auch sein ständiges Lächeln erklären könnte. Im Übrigen
nahm er die Rückkehr des Verborgenen Imam auch in das Programm seiner Präsidentschaft auf. Sollte dieser dann doch nicht
erscheinen, kennt Ahmadinedschad bereits den Schuldigen,
wenngleich seine Erklärung die Gesetze der Logik etwas strapa-
ziert: »Die Vereinigten Staaten sind ein arrogantes Land, das die
Reichtümer anderer Nationen plündert, indem es sie besetzt. Außerdem sind sie auch ein kriminelles Land, weil sie die zionistische Entität [Israel] unterstützen. Ihre Arroganz ist das Haupthin-
dernis einer Rückkehr des Mahdi. Kommt der Mahdi jedoch
nicht, bedeutet dies, dass sich die Schlacht von Kerbela wiederholen könnte. Der Mahdi sieht sich dann dem Schicksal gegenüber, dass die Propheten erlitten haben, und sein Leben wird in
Gefahr geraten.«[62]

Der Mahdi scheint ihn überallhin zu begleiten, auch zur Gene-
ralversammlung der Vereinten Nationen in New York. Er behauptete später, er habe während seiner Rede im September
2005 um sich herum einen grünen Lichtschein gesehen, aufgrund dessen die mehreren hundert Staatsführer aus aller Welt
regelrecht an seinen Lippen gehangen und in den ganzen 25 Minuten nicht ein einziges Mal mit den Augen geblinzelt hätten.

Zwei Jahre später beendete er seine Ansprache vor dem gleichen Gremium mit den folgenden Worten: »Gewisse Mächte haben durch ihre abscheulichen Taten die Befähigung zur Weltfüh-
rerschaft verloren. [...] Die Menschheit stand vor einem gefährli-
chen Abgrund, aber jetzt hat die Ära des Monotheismus, der

Reinheit, der gegenseitigen Achtung, der Gerechtigkeit und der echten Friedensliebe begonnen. [...] Ohne Zweifel wird der Verheißene Imam, der endgültige Retter und letzte Bote des Himmels kommen und zusammen mit allen Gläubigen, und denen, die Gerechtigkeit fordern und Menschenliebe praktizieren, eine strahlende Zukunft aufbauen und die Welt mit Gerechtigkeit und Schönheit füllen. All dies ist Gottes Verheißung, deshalb wird sie erfüllt werden. Lasst uns jedoch alle bei der Vollendung dieser Herrlichkeit und Schönheit mithelfen!«

Sicherlich kann man sich über diese Ergüsse so wie die Iraner lustig machen, die per SMS Hunderte von Witzen über ihn austauschen, die von seinem Kleidungsstil oder seinen angeblich stinkenden Socken handeln. Trotzdem war es schon immer gefährlich, die Führer der Islamischen Republik für Idioten oder Narren zu halten. Tatsächlich sind sie wohl eher ausgezeichnete Schachspieler. Mahmud Ahmadinedschad benötigt keine obskure Sekte, und er muss auch nicht wirklich daran glauben, dass eine Politik, die das Schlimmste fördert, den Mahdi aus seiner tausendjährigen Verborgenheit hervortreten lässt, um auf höchst rationale Weise Vorteile aus den politischen Spannungen mit dem Westen zu ziehen. Während seines ersten Wahlkampfs im Jahr 2005 machte er aus dem iranischen Atomprogramm eine Frage der nationalen Würde, was einen Teil seines späteren Erfolges erklärt. Und auch jetzt wird sich der Gegenwind, der von dem vermuteten Wahlbetrug bei seiner Wiederwahl herrührt, in dem Maße legen, wie er sein Land in eine stärkere Konfrontation mit der übrigen Welt führen wird, ohne dabei sein Lächeln zu verlieren.

EINE POP-REVOLUTION

Könnte die Grüne Bewegung, 30 Jahre nach der Islamischen Revolution entstanden, nicht sogar eine Pop-Revolution gewesen sein? Natürlich darf man die Augen vor keinem der schrecklichen Dramen verschließen, die den Wahlen vom 12. Juni 2009 folgten: die zügellose Gewalt, mit der die Regierungsmilizen die Straßen »säuberten«, die massiven Verhaftungswellen, die Folter, die Vergewaltigungen und der »zufällige« Tod von Häftlingen und das Aufhängen von Regimegegnern. Trotzdem muss man anerkennen, dass die Grüne Bewegung, vielleicht gerade weil sie ihr politisches Freiheitsverlangen nicht sofort durchsetzen konnte, von Anfang an für ihre Anhänger einen befreienden, manchmal sogar glückserregenden Charakter hatte. Zumindest führte sie zu einer Welle des Muts, des Humors und der Poesie, wie sie auf der internationalen Politikszene nur ganz selten zu finden sein dürfte.

Da ich seit Ende Juni 2009 nicht mehr in den Iran zurückkehren durfte, verfolgte ich die Entwicklung Tag für Tag im Internet. Es folgen einige Erlebnisberichte, die ich aus der Fülle von Blogs in persischer Sprache herausgesucht habe, die inzwischen das Net bevölkern:

»Zu Ehren der Islamischen Revolution und des Jahrestags der Geiselnahme im Spionagenest[63] habe ich heute einen alten Groll von mir befriedigt. Während eines Katz-und-Maus-Rennens mit den Bassidschi riss mir jemand mein Kopftuch weg. Ich lief dann mit meinen langen Haaren, die mir bei jedem Schritt in den Nacken schlugen, durch die Straßen. Ich lief ohne *Hedschab* durch die Straßen und konnte mich nicht mehr einkriegen vor Lachen. Trotz der schmerzenden Blutergüsse, die die Knüppelschläge verursacht hatten, verspürte ich innerlich ein tiefes Glücksgefühl«. (Marjane)

»Wir haben nur noch gelacht, alle haben gelacht, als wir diesen Bassidschi mit ihren gemeinen Knüppeln entkommen sind, mit denen sie auf alle einschlugen, die sie inmitten des Tränengases erwischen konnten. Auf allen Gesichtern konnte man ein spöttisches Lächeln sehen, das sich bei erstbester Gelegenheit in ein hysterisches Lachen verwandelte. Ein vorbeikommender Außerirdischer hätte sich bestimmt gefragt, ob das hier eine Hochzeit oder eine Demo sei. Die Autofahrer hupten im Takt, den ein Mann angab, der auf einer Absperrung der Busspur saß und seine Arme wie ein Orchesterdirigent bewegte. Im rückwärtigen Teil eines Busses sangen schwarz verschleierte Frauen ein fröhliches Lied und klatschten dazu im Takt. Es war wie eine Welle der Freude und der Hoffnung – der Hoffnung auf einen baldigen Sieg«. (Maryam)

»Wir waren mitten auf der Ghaem-Magham-Straße. Ich hatte nicht einmal Zeit, mir all die hübschen Mädchen anzuschauen, die auch da waren, weil jetzt plötzlich diese Bassidsch-Bastarde mit ihrem Tränengas ankamen. Jeder zündete sich eine Zigarette an, um die Wirkung des Gases zu vermindern. Die Regierung knallt uns diese ganzen Fernsehspots vor den Latz, um uns vom Paffen abzubringen, und jetzt bespritzt man uns mit Tränengas! Ich bin mir sicher, dass sich die Interessen der Zigarettenimporteure und der Gasimporteure irgendwo treffen. Wo? Vielleicht im Fernsehen. Aber gut, das ist alles nicht meine Angelegenheit«. (Maziar)

»Ich rannte und die Gazelle rannte. Ich rannte und die Gazelle rannte mir hinterher. Ich sollte vielleicht klarstellen, dass diese Gazelle ein großer, mieser, knüppelschwingender Bassidschi-Esel war. Mensch, wenn ich wüsste, wie sie wirklich glauben können, dass ihr Knüppel die Religion verkörpert, könnte ich nachts besser schlafen. Ich dachte einen Augenblick darüber nach, anzuhalten und ihn das zu fragen, aber dann erkannte ich in seinen Augen dieses Kharizak-Funkeln.[64] Und sein Schlagstock kam mir gefährlich nahe. Da verzichtete ich lieber auf diese Diskussion«. (Ali)

»Nein, nein, wir hören jetzt nicht auf. Kommt alle auf die Straße! Wir könnten neue Sprechchöre ausprobieren, wie: ›Barack Hussein (Obama) Back Mir-Hussein (Mussawi), Barak Hussein – Back Mir-Hussein.‹ Und wenn uns dann doch plötzlich mitten in dem Blut und den Tränen dieses Aufstands gegen eine vorsintflutliche Tyrannei die Angst überfällt und wir zu zittern beginnen, dann sollten wir dieses Zittern in einen göttlichen Tanzrhythmus verwandeln. Und wenn uns dann die Bassidschi als Homosexuelle beschimpfen, dann wiegen wir uns erst recht in aller Öffentlichkeit in den Hüften!« (Hassan-bitter-wie-der-Honig)

»Ich lachte nur noch, ich lachte und lachte wie eine Verrückte, ich spürte den Schmerz der Schläge nicht mehr, die auf mich einprasselten, ich spürte weder meine Hände noch meinen Rücken, ich spürte selbst meine Füße nicht mehr, obwohl sie immer schneller liefen. Ich konnte nur noch lachen, um meine Angst zu verdrängen«. (Mandana)

Am 13. Juni 2009 protestieren Anhänger des Oppositionskandidaten Mir-Hussein Mussawi auf der Waliasr-Allee an der Ecke zur Zartoscht-Straße gegen das Ergebnis der Präsidentenwahl.

DIE FEINDLICHEN BRÜDER

Sadschad Ramezan-Ali ist kein sehr glücklicher Bassidsch. Nicht, dass er etwa Zweifel an seiner Mission hätte oder ihn dies davon abhalten würde, jeden Abend auf dem Rücksitz eines Motorrads durch die Straßen von Teheran zu fahren und mit seinem Knüppel auf die Demonstranten einzuschlagen, die nach den Wahlen vom 12. Juni 2009 wissen wollen, wo eigentlich ihr Stimmzettel geblieben ist. Im Gegenteil. »Da brauchen Sie sich keine Sorgen zu machen«, meint er. »Wir werden die Ordnung ganz schnell und leicht wiederherstellen. Wir haben dies bereits zuvor bewiesen, und für unseren Helden Ahmadinedschad sind wir bereit, uns selbst zu übertreffen.«

In Wahrheit sind die Gründe für die Unzufriedenheit des wie ein Schrank gebauten Sadschad subtiler und vielfältiger. Zuerst einmal finden diese Nachwahl-Unruhen zu einem ganz ungünstigen Zeitpunkt statt. Der 22-jährige Sadschad wurde in Shar-e Rey, einer konservativen Stadt unmittelbar südlich von Teheran, geboren. Sein Beitritt zu den Bassidschi im zarten Alter von acht Jahren erleichterte seine Schulkarriere und verschaffte ihm auch einen Platz an der Universität, wo er jetzt islamisches Recht studiert. »Im Moment ist es gar nicht so leicht, sich auf die Abschlussprüfungen vorzubereiten«, sagt er. »Gestern habe ich den ganzen Abend gebüffelt, habe mich dann um Mitternacht schlafen gelegt und bin bereits um drei Uhr nachts wieder aufgestanden, um bis in die frühen Morgenstunden Patrouille zu fahren.«

Neben seinen Prüfungen drückt der Tod seines Kameraden Hossein-Gholam Kabiri auf Sadschads Stimmung. Am Sonntag, dem 14. Juni, dem zweiten Tag der Unruhen, die dem überraschenden Sieg Mahmud Ahmadinedschads folgten, nahm ihr Trupp an einem Angriff auf die Wohnheime der Universität Teheran teil. Für die islamischen Milizen ist die Erstürmung dieser Studentenbastionen zu einem regelrechten Ritual geworden, das sie für die Wiederherstellung der Ordnung in der Stadt absolut notwendig finden. Dies geht auf den berühmten Angriff vom Juli 1999 zurück, der mindestens drei Todesopfer forderte und einen Studentenaufstand auslöste, den dieselben Bassidschi innerhalb einer Woche ganz leicht niederschlagen konnten. Ein Jahrzehnt später hatten die Studenten sogar fünf Tote, drei Jungen und zwei Mädchen, zu beklagen. Als dann jedoch die islamischen Freiwilligen, stolz auf das Erreichte, auf ihren Motorrädern abrückten, wurde Hossein-Gholam Kabiri von einem Auto absichtlich gerammt und umgefahren, das danach sofort die Flucht ergriff. »Es war ein weißer Kia«, erzählt Sadschad. »Er hat zuvor stark beschleunigt, während er direkt auf das Motorrad zugerast ist.« Das 23-jährige Opfer starb am Tag darauf im Krankenhaus. »Ist das etwa die Meinungsfreiheit, die sie verlangen? Banken anzünden und Bassidschi umbringen?«, fragt unser junger Mann bitter.

Ein weiterer Grund für seine Bitterkeit sind die Beleidigungen durch die jungen Leute, die er zur Ordnung ruft. »Sobald die Leute ein Gesicht wie meines sehen, fangen sie an zu schimpfen. Und wenn man ihnen dann selbst auf höfliche Weise die Meinung sagt, ist man sofort der Brutalo. Und ausgerechnet die bezeichnen sich als Intellektuelle und Verteidiger der Meinungsfreiheit!« Letztes Jahr hat Sadschad die Medaille als bester Bassidsch von Shar-e Rey erhalten. Dafür waren nach seinen Angaben zwei Kriterien entscheidend: Seine kulturellen Aktivitäten und die Anzahl der von ihm vorgenommenen Verhaftungen, vor allem von Rauschgiftsüchtigen und Dealern. »Diese Auszeichnung hat mir Mut gemacht, aber heute bin ich es fast leid. Wir sollen an allem schuld sein, was in diesem Land nicht funktioniert. Anstatt uns zu danken, dass wir für Sicherheit sorgen, wirft man uns vor, wir würden töten und vergewaltigen! In Wirklichkeit sind wir unglücklich, wenn wir nur den kleinsten Kratzer auf dem Körper dieser Leute hinterlassen.«

Tatsächlich ist Sadschad kein übler Kerl. Wir haben ihn am Sonntag, den 14. Juni 2009, zwei Tage nach den Wahlen, kennengelernt. Er und seine Kameraden hatten gerade eine Gruppe von Demonstranten auseinandergetrieben und ruhten sich jetzt auf dem Gehsteig der Waliasr-Allee aus. Sie scherzten und überprüften den Zustand ihrer Motorräder, mit denen sie einige Stunden später die Studentenwohnheime angreifen würden. Wir traten an sie heran und erklärten ihnen, dass wir auch ihre Standpunkte gerne verstehen würden. Ein Mitglied der Gruppe begann sofort, uns zu beschimpfen, stieß die übelsten Beleidigungen gegen uns, unsere Sitten und die unserer Eltern aus und bezeichnete uns als Spione. Um Schlimmeres zu verhindern, trat Sadschad jetzt dazwischen und gab uns ganz diskret seine Telefonnummer. Zwei Tage später saß er in der Lobby unseres Hotels. Er hatte uns einen Blumenstrauß und eine kleine Flasche Parfum mitgebracht, um sich für die Beleidigungen seines Kameraden zu entschuldigen.

Als wir uns dann mehrere Stunden beim Tee mit ihm unterhielten, wobei seine Blumen unseren Tisch zierten, verstanden wir schließlich den wahren Grund für Sadschads Unbehagen: Es war sein älterer Bruder, ein Musiker, Filmliebhaber, Mussawi-Anhänger und Teilnehmer an den grünen Oppositionsmärschen, mit dem Sadschad in der elterlichen Wohnung ein Zimmer teilte.

Sadschad, 22 Jahre, rechts, ist ein Bassidsch, der bei der Unterdrückung der Nachwahl-Proteste hilft. Sein Bruder Ehsan, 27 Jahre, ist dagegen Oppositionsanhänger.

Ob es wohl möglich wäre, seinen Bruder einmal zu treffen? Nach kurzem Zögern kam Sadschad zu der Überzeugung, es sei seine Pflicht, uns die Freundlichkeit und den Zusammenhalt der iranischen Familien zu beweisen. Für den übernächsten Tag verabredeten wir uns also in einem traditionellen Restaurant in Shar-e Rey. Es ist ein Donnerstagabend, der Anfang des Wochenendes. Ehsan, sein älterer Bruder, kommt später und zeigt sich erst etwas reserviert. Er erzählt vor allem von seinem Studium. Er will Klimaingenieur werden. Als sein Telefon klingelt, stellt sich heraus, dass dessen Klingelton ein Lied des großen iranischen Musikers Sadscharian ist. Der Klingelton von Sadschads Handy ist dagegen ein Gebetsruf. Wir reden jetzt über Musik und Informatik. »Wir teilen uns daheim denselben Computer«, sagt Ehsan. »Aber wir schauen uns ganz andere Websites an. Sadschad schreibt für seinen Bassidsch-Blog, und ich schreibe Beiträge für Film- und Musikblogs.« Ehsan hat die Liste sämtlicher Filme Robert De Niros und Al Pacinos im Kopf. Erst vor kurzem hat er den Film *Lügen der Liebe* mit Monica Bellucci aus dem Jahr 1996 gesehen. Er hat ihm gut gefallen. Im Gegensatz dazu schaut sich Sadschad nur iranische Kriegsfilme an.

Jedes Jahr an Aschura nehmen Sadschad und Ehsan an den Bußprozessionen teil, allerdings nicht in denselben Gruppen. »Ich und meine Bassidschi-Freunde, wir schlagen uns stundenlang mit der flachen Hand, so hart es geht, auf die Brust«, sagt Sadschad. »Für mich ist die Philosophie Husseins wichtiger als irgendwelche körperlichen Übungen«, lächelt Ehsan. »Er lehrt uns, lieber den Tod zu wählen als die Ungerechtigkeit, und dass man die Diktatur hassen und allzeit die Freiheit lieben soll.«

Die beiden Brüder sitzen unter einem Fresko, auf dem Rostam, der Held aus Firdausis *Buch der Könige*, gerade den Weißen Dämon niederstreckt. Sadschad sitzt, von uns aus gesehen, rechts, und Ehsan links. Es fällt schwer, in der Kindheit der beiden Jungen den Moment aufzufinden, in dem der Bruch stattgefunden hat. »Als ich klein war, kam ich auf dem Weg zur Schule immer an einem Zentrum der Sufi-Mystiker vorbei, die tanzten und sangen«, erzählt Ehsan. »Als Sadschad dann im selben Alter war, hatte man dieses Zentrum bereits geschlossen, weil es nicht der religiösen Linie des Regimes entsprach.« Kurz gesagt begann Ehsan mit acht Jahren einen Musikkurs, während Sadschad den Bassidschi beitrat. Das wöchentliche Treffen der Miliz findet donnerstags statt. Man betet und hört einem Mullah zu, der einem erklärt, was man über die neuesten iranischen und internationalen Ereignisse zu denken hat. Einige Jahre später sollte sich Ehsan dagegen an den Donnerstagabenden heimlich mit seiner Freundin treffen.

Wenn Sadschad über die Bassidschi spricht, leuchten seine Augen. Seine Beschreibung ihrer Tätigkeiten wirkt, als stamme sie aus einer erbaulichen Werbeschrift des Regimes. »Die zionistische Propaganda möchte Ihnen weismachen, dass die Bassidschi nur unterdrückerische Aufgaben hätten. In Wirklichkeit führen wir Schüler ins Schwimmbad und beteiligen uns an Impfkampagnen. 2003 haben wir den Erdbebenopfern in Bam geholfen. Außerdem führen wir viele kulturelle Aktivitäten durch. Zum Beispiel schreiben wir unsere eigenen Blogs und veranstalten Koranrezitationswettbewerbe.«

Ehsan hat der Lobrede seines jüngeren Bruders auf die islamischen Milizen mit einem traurigen Lächeln zugehört. »Ich glaube, wir waren schon immer verschieden«, seufzt er schließlich. »Ich interessiere mich für alles, vor allem begeistere ich mich für alles Neue, ich würde gerne reisen und Erfahrungen sammeln. Sadschad dagegen sucht die Ruhe und findet sie im ideologischen Rahmen seiner Bassidschi.«

Reza, der Vater der beiden, ist an diesem Abend ebenfalls ins Restaurant gekommen. Er kann sich nicht an den Moment erinnern, an dem die beiden Brüder sich für unterschiedliche Richtungen entschieden – vielleicht will er das auch nicht, um einen drohenden Bruderzwist zu vermeiden. Beruflich repariert er Teppiche. Während der Revolution war er ein Mitstreiter Mohammed Beheschtis und Ali Chameneis. Bis heute empfindet er tiefe Verehrung für die großen revolutionären Denker wie Ali Schariati und Abdulkarim Sorusch.

»Ich kann Ahmadinedschad nicht ausstehen«, flüstert der Vater, als Sadschad einmal ein paar Minuten auf die Toilette verschwunden ist. »Er hat uns um Jahre zurückgeworfen, er hat das Denken durch den Aberglauben ersetzt, und er ist eine Beleidigung für die Intelligenz des iranischen Volkes.« Und dann fügt er in einem noch vertraulicheren Ton hinzu: »Ich versuche alles, um Sadschad zu respektieren und ihn geistig nicht aus der Bahn zu werfen. Er ist nämlich sehr sensibel. Aber sagen Sie mir eines, als Sie ihn auf dieser Straße da getroffen haben, da hatte er doch keinen Knüppel dabei, oder?«

GLOSSAR

Aschura

Aschura ist der zehnte Tag des Mondmonats Muharram, an dem im Jahr 860 nach Christus Imam Hussein und 72 seiner schiitischen Gefährten von den Truppen des (sunnitischen) Kalifen Yazid niedergemetzelt wurden (vgl. S. 230). Die Schiiten gedenken jedes Jahr dieses Ereignisses in einer langen Trauerfeier, wobei jede Einzelheit des Dramas nachgespielt wird. Dies hat eine ganze Volkstheatergattung, das *Tazieh*, hervorgebracht.

Ayatollah

Ayatollah, wörtlich »Zeichen Gottes«, ist der höchste Rang der schiitischen Geistlichkeit (vgl. S. 242), vor allem wenn es sich dabei um einen Großayatollah oder *Marja*, das heißt eine »Quelle der Nachahmung«, handelt. Gegenwärtig gibt es im Iran mehrere tausend Ayatollahs, aber nur ein Dutzend *Marjas*, deren Vorschriften die Gläubigen folgen können. Während er auf die Rückkehr des Verborgenen Imam wartet, ist jeder Schiit dazu aufgerufen, sich eine Quelle der Nachahmung zu wählen, an die er dann auch seine Religionssteuer entrichtet.

Bassidsch, Plural: Bassidschi

Das Wort bedeutet wörtlich: die »Mobilisierten«. Es handelt sich dabei um eine Freiwilligentruppe, die Ende 1979 von Ayatollah Khomeini gegründet wurde, um die Energie und die Hoffnungen der jungen Männer, die sich für die Revolution engagiert hatten, auf Dauer für die Islamische Republik nutzbar zu machen (vgl. S. 273). In der ersten Zeit wurden die Bassidschi zur Unterstützung der iranischen Elitetruppen in dem achtjährigen Krieg eingesetzt, den der Irak im September 1980 vom Zaun gebrochen hatte. Nach dem Krieg wurden sie in eine Ordnungstruppe umgewandelt, die im Inland die islamischen Sitten durchsetzen und im Bedarfsfall Aufstände niederschlagen soll. Darüber hinaus soll die fast wie eine Pfadfindertruppe organisierte Miliz jungen Männern, die zum großen Teil aus ärmlichen Verhältnissen stammen oder arbeitslos sind, eine Perspektive bieten, indem man sie zu allen möglichen Dienstleistungen, zum Beispiel zur Hilfe bei Naturkatastrophen, abstellt. Die Bassidschi unterstehen nur dem Obersten Führer Ali Chamenei, als dessen Lieblingskinder sie sich betrachten. Hierarchisch und organisatorisch sind sie den Revolutionsgarden angegliedert.

Der Schiismus

Der Schiismus ist die kleinere der beiden großen Richtungen des Islam. Ihm gehören ungefähr 15 Prozent der Muslime an. Die Schiiten stellen jedoch die Mehrheit im Iran (90 Prozent), im Irak (64 Prozent), in Aserbaidschan (85 Prozent) und Bahrain (75 Prozent). Sie sind eine Minderheit im Jemen (45 Prozent), im Libanon (35 Prozent), in Pakistan (20 Prozent), Afghanistan (15 Prozent) und Saudi-Arabien (10 Prozent). Der Ausdruck *Schia* ist die Abkürzung von *Schiatu Ali*, was »Partei Alis« bedeutet. Die Schiiten unterscheiden sich von der gegenwärtigen islamischen Mehrheitsrichtung, den Sunniten, in der Frage der Nachfolge des Propheten. Nach Ansicht der Schiiten hat Mohammed ausdrücklich seinen Cousin und Schwiegersohn Ali zu seinem Nachfolger bestimmt. Nur dessen elf direkte Nachfahren, die Imame, haben also die Legitimität, die weltliche Herrschaft auszuüben. Alle diese Imame fanden allerdings ein gewaltsames Ende, außer dem letzten, Mahdi, der im Alter von fünf Jahren im Jahr 874 unserer Zeitrechnung verschwand. Die Schiiten warten seitdem auf seine Rückkehr. Dann wird endlich ein legitimer Führer über sie herrschen. Sie halten die sunnitischen Kalifen, die nach dem Tod des Propheten die Macht übernahmen, für Usurpatoren. Als die Schiiten spätestens nach der Schlacht von Kerbela im Jahr 680 jede politische Macht verloren, entwickelten sie zum Ausgleich eine spekulative Mystik, die ihre Lehre heute weit lebendiger und vielgestaltiger macht (vgl. S. 241) als die rein auf der schriftlichen Überlieferung (Koran und Hadith) beruhende und deshalb viel rigidere Lehre der Sunniten.

Der Schiismus im Iran

Der zoroastrische Iran wurde nach der arabischen Eroberung in der zweiten Hälfte des 7. Jahrhunderts allmählich zum Sunnismus bekehrt. Als Schah Ismail 1502 die Macht ergriff und die Safawiden-Dynastie gründete, waren 90 Prozent der iranischen Muslime Sunniten. Er und seine Nachkommen, die aserbaidschanischen und kurdischen Ursprungs waren, erklärten jedoch den Schiismus zur »Staatsreligion« und schreckten auch nicht vor massiven Zwangsbekehrungen zurück, um den Iran von seinem damaligen großen Nachbarn und Feind, dem Osmanischen Reich, abzugrenzen und dem persischen Nationalstaat, den die Safawiden durch ihre zahlreichen Eroberungen wiederherstellen konnten, eine religiöse Grundlage zu geben. Der Schiismus, der heute im Iran die Mehrheitsreligion darstellt und untrennbar mit der iranischen Identität verbunden ist, ist also ein gar nicht so altes Phänomen, das aus der Notwendigkeit entstand, eine nationale Religiosität mit ihren eigenen Pilgerorten, Heiligen, Mythen und Feinden zu schaffen.

Fatwa

Fatwas sind religiöse Dekrete, die nicht notwendigerweise wie das berühmteste unter ihnen mit Todesurteilen gegen britische Schriftsteller zu tun haben, wie die Fatwa, die Ayatollah Khomeini 1989 gegen Salman Rushdie herausgab. Die große Mehrzahl der Fatwas befasst sich mit weit harmloseren Gegenständen: Ehe, Finanzgeschäfte, Essensvorschriften, Fragen der täglichen Hygiene usw. Tatsächlich ist eine Fatwa nicht immer rechtlich bindend. Außerdem widersprechen sich in den meisten Fällen die Abertausende von Fatwas, die seit 14 Jahrhunderten erlassen wurden. So gibt es zum Beispiel Hunderte von Fatwas, die die Musik verbieten, und Hunderte andere, die sie erlauben.

Die islamische Führung

Das Ministerium für islamische Führung *(Ershad-e Islami)* ist tatsächlich das Kulturministerium der Islamischen Republik. Angesichts des sensiblen Verhältnisses zwischen Kultur, Religion und Politik im Iran wird das Ministerium für islamische Führung meist einfach mit einer Zensurbehörde gleichgesetzt, was ihm jedoch alles in allem nicht gerecht wird.

Der Hedschab

Der Ausdruck wurde aus einer arabischen Wurzel abgeleitet, die »bedecken, verhüllen, beherbergen« bedeutet. Er bezeichnet das Kopftuch, mit dem die iranischen Frauen ihre Haare bedecken. Tatsächlich gibt es dieses in unterschiedlichen Varianten: ein leichtes Kopftuch für die jungen Mädchen oder die Frauen aus westlich orientierten oder modernistischen Kreisen, das *Marnageh* oder *Magneh* (Haube) für die weiblichen Regierungsangestellten und schließlich der *Tschador* (wörtlich »Zelt«), ein großes Tuch, das die Frauen von Kopf bis Fuß bedeckt und das in traditionalistischen Kreisen, an heiligen Orten und bei offiziellen Anlässen Pflicht ist. Während der Revolution von 1979 wehrten sich einige Frauen auch auf massiv unterdrückten Demonstrationen gegen das obligatorische Tragen des Kopftuches, das dann zuerst den weiblichen Verwaltungsangestellten zur Pflicht gemacht und schließlich auf den gesamten öffentlichen Raum ausgedehnt wurde. 30 Jahre später ist die Diskussion darüber noch immer nicht beendet. Einige fortschrittliche Ayatollahs haben sich sogar schon für die Abschaffung der Tragepflicht ausgesprochen.

Imam

Die Zwölfer-Schiiten (zu denen die Iraner gehören) anerkennen und verehren zwölf Imame, die alle direkte Nachkommen des Propheten Mohammed sind. Die wichtigsten von ihnen sind:

- Ali (600–661), der erste Imam, der sowohl Cousin als auch Schwiegersohn des Propheten war.
- Hussein (626–680), sein Sohn, der bei Kerbela als Märtyrer starb und seitdem das schiitische Leid symbolisiert (vgl. S. 230).
- Reza (765–817), der achte Imam, das als Einziger auf iranischem Boden begraben wurde und dessen Mausoleum in Maschhad (vgl. S. 64) jedes Jahr 20 Millionen Pilger anzieht.
- Mahdi (829–...), der letzte Imam, der auch »Imam der Zeit« genannt wird, soll sich im Alter von fünf Jahren in die »Verborgenheit« zurückgezogen haben. Die Schiiten warten auf seine Rückkunft, »die die Erde mit Recht und Billigkeit erfüllen wird, so wie sie heute voller Ungerechtigkeit und Tyrannei ist«.

Während der Islamischen Revolution von 1979 war die Verehrung für Ayatollah Khomeini so groß (vgl. S. 248), dass die Iraner auch ihn »Imam« zu nennen begannen.

Khastegari

Wenn die Familie eines jungen Mannes eine Frau für ihn sucht, organisiert sie ein *Khastegari*, das heißt einen Besuch bei der Familie eines jungen Mädchens, das ihrerseits nach einem Ehemann Ausschau hält (vgl. S. 192). Meist sprechen der junge Mann und die junge Frau bei diesem ersten Treffen nicht direkt miteinander, sondern betrachten sich nur verstohlen aus den Augenwinkeln. Das junge Mädchen, das natürlich verschleiert ist, serviert vor allem den Tee, was es dem jungen Mann erlaubt, die Anmut ihrer Bewegungen zu taxieren. Wenn sich die beiden bei diesem ersten Kontakt gefallen, macht man ein zweites Treffen aus, das jedoch ebenfalls unter elterlicher Aufsicht stattfindet. Wenn nicht, greifen die Familien auf einen ganzen Vorrat von gut eingeübten Lügen zurück, um eine Fortsetzung der Werbung abzulehnen, ohne dadurch die andere Partei zu kränken. Ein Beispiel: »Ihr Sohn ist wirklich charmant, und er scheint eine glänzende Karriere vor sich zu haben, aber unsere Tochter hat sich schließlich doch entschlossen, ihr Studium abzuschließen, anstatt so früh zu heiraten.«

Mehrieh

Die iranischen Heiratsverträge führen ganz genau die Anzahl und den Wert der Geschenke auf, die der zukünftige Ehemann seiner Verlobten oder deren Familie entrichten wird (vgl. S. 187). Allerdings wird der Großteil der sogenannten *Mehrieh* oder Morgengabe nicht bei Eheschließung ausbezahlt. Ihre Höhe wird während der Heiratszeremonie zwar öffentlich verkündet, sie wird jedoch erst im Falle einer Scheidung fällig. Einige fortschrittliche Verträge sehen seit Neuestem vor, dass die Ehefrau ihre Morgengabe auch ohne Scheidung jederzeit einfordern kann. Die Summe entspricht einerseits dem Wert der Braut, andererseits will der Ehemann dadurch aber auch seine Freigebigkeit und Wohlhabenheit beweisen. Bei vielen großbürgerlichen Familien – oder denen, die großbürgerlich erscheinen möchten – ist es Brauch, die Höhe der *Mehrieh*, die in Goldstücken zu entrichten ist, gemäß dem Alter der Braut festzusetzen. Je jünger sie ist, desto teurer ist sie auch. In diesem Fall versucht die Familie des Bräutigams den persischen Kalender als Berechnungsmaßstab heranzuziehen, weil sie in diesem Fall 621 Goldstücke spart. Das sind zum gegenwärtigen Kurs immerhin 103 707 Euro. Im Gegensatz dazu schlägt die Familie der Braut meist vor, sich in dieser Frage nach dem christlichen gregorianischen Kalender zu richten und dies natürlich überhaupt nicht aus Geldgier, sondern um ihre Modernität und Weltoffenheit zu beweisen ... Da sich die künftigen Ehemänner bei ihren Geldangeboten sehr oft übernehmen, ist die iranische Justiz inzwischen dazu übergegangen, säumige Zahler bis ins Ausland zu verfolgen. In Fällen, in denen die Frau die Scheidung einreicht, weigern sich die Männer oft, in sie einzuwilligen, wenn ihre Gattin nicht auf ihre *Mehrieh* verzichtet.

Mullah

Der Begriff bezeichnet die Mitglieder der schiitischen Geistlichkeit (vgl. S. 268). Im Iran gilt er inzwischen als leicht abwertend, sodass inzwischen offiziell andere Bezeichnungen wie etwa *Achund* (Geistlicher) verwendet werden. Da es im Islam weder eine Priesterweihe noch ein Mönchtum gibt, dürfen die Mullahs heiraten und jeder Art von Beruf nachgehen. Traditionell versteht man unter einem Mullah hauptsächlich einen Geistlichen niederen Ranges. Im Christentum entspräche das einem Dorfpfarrer. Seit der Revolution bezeichnet das Wort Mullah dagegen jeden, der einen Turban trägt (einen schwarzen, wenn er angeblich ein Abkömmling des Propheten ist, alle anderen tragen einen weißen). Dies führte inzwischen zu solchen Wortneubildungen wie »Mullahkratie«.

Pasdar, Plural: Pasdaran

Das Korps der *Pasdaran-e Enghelab-e Islami* (Islamische Revolutionsgarden) wurde von Ayatollah Khomeini kurz nach der Revolution von 1979 gegründet. Er misstraute der regulären Armee, obwohl sie den Schah verraten hatte. Er verdächtigte sie, weiterhin Sympathien für die Monarchie und den Westen zu empfinden. Immerhin waren die meisten Offiziere in den Vereinigten Staaten ausgebildet worden. Während des Krieges gegen den Irak wurden die Pasdaran zu einer vollgültigen Armee ausgebaut. Sie verfügen seitdem über ihre eigene Infanterie, Marine, Luftwaffe, ihren eigenen Geheimdienst usw. Besonderer Nachdruck wird dabei einmal auf ihre Verwurzelung in der islamisch-schiitischen Lehre und ihre Treue zum Obersten Führer, andererseits auf die Qualität ihrer Ausrüstung gelegt. Die Pasdaran verfügen inzwischen über weit bessere Waffen als die reguläre Wehrpflichtarmee. Eine bestimmte Pasdaran-Abteilung ist für die meist geheimen Auslandsoperationen verantwortlich, etwa für die Unterstützung der bosnischen Muslime während des Balkankriegs, die Ermordung von Regimegegnern sowie die Zusammenarbeit mit gewissen schiitischen Milizen im Irak und der Hisbollah im Libanon. Im Lauf der Jahre erlangten die Pasdaran auch eine wichtige Stellung in der ökonomischen Landschaft des Iran: Angeblich sind sie inzwischen der wichtigste Arbeitgeber des Landes. Ihre Aktivitäten erstrecken sich auf die Bauwirtschaft, den Schiffbau, die Telekommunikation und immer mehr auch auf die Öl- und Gasindustrie.

Sigheh

Der schiitische Islam kennt eine ganz besondere Eheform: die Zeitehe oder *Sigheh*, was wörtlich »Verpflichtung« bedeutet (vgl. S. 206). Der Unterschied zwischen einer Dauerehe und einem *Sigheh* ist vergleichbar mit dem zwischen einem befristeten und

370

einem unbefristeten Arbeitsvertrag oder dem Kauf einer Wohnung und deren Miete. Die Partner einigen sich im Vorhinein über die Dauer ihrer Verbindung, die von einer Stunde bis zu 99 Jahren betragen kann, und die Höhe der Entschädigung für die Frau. Der *Sigheh* ist verlängerbar, wenn beide Partner es wünschen. Er stellt für die Frauen einen gewissen Schutz dar, vor allem wenn sie in seinem Rahmen ein Kind bekommen. Selbst wenn er in großem Maßstab vor allem an Pilgerorten wie Maschhad praktiziert wird, steht der *Sigheh* gesellschaftlich in Verruf. Daran konnten auch die Bemühungen der iranischen Regierung nichts ändern, die ihn zu fördern versucht, um die Verbindung gerade zwischen jungen Partnern zu erleichtern. Diese haben tatsächlich große Schwierigkeiten, die Geldmittel aufzutreiben, die für eine Dauerehe nötig sind, bei der der Ehemann vor allem eine Wohnung oder ein Haus für das künftige Ehepaar beizubringen hat.

Der Sunnismus

Nach dem Tod des Propheten Mohammed war seine Familie (die später den Schiismus gründen sollte) noch mit den Begräbnisfeierlichkeiten beschäftigt, als sich seine Gefährten bereits versammelten, um seine Nachfolge zu regeln. Sie stützten sich dabei auf die *Sunna*, das heißt die Tradition des Propheten (seine Worte, Handlungen und Verhaltensweisen). Sie glaubten, dass mit Mohammed der Kreis der Propheten abgeschlossen sei und dass es deshalb von nun an gelte, die Macht (das Kalifat) dem vor allem militärisch Fähigsten statt den leiblichen Nachkommen des Propheten zu übertragen. Dieser Pragmatismus führte zu den beeindruckenden Eroberungszügen durch ganz Nordafrika bis Spanien und über den Iran bis Zentralasien. Trotzdem stellten die Schiiten weiterhin ein Problem dar, weil sie eine arme Minderheit repräsentierten, zu der sich zahlreiche Gläubige hingezogen fühlten, die der üppige Lebensstil der Kalifen abstieß. Um den schiitischen Vormarsch zu begrenzen, förderten die Sunniten mit großem Erfolg die mystischen Bewegungen der Sufi-Meister.

Tarouf

Der *Tarouf* ist eine Verhaltensform und blumige Redeweise, die die Höflichkeit und Heuchelei in den Rang eines Kunstwerks erhebt. Sein Ursprung ist wahrscheinlich in den Feudalbeziehungen zu suchen, die im Iran lange Zeit herrschten. Damals versuchte jeder Lehnsmann seinem Lehnsherrn zu schmeicheln und gleichzeitig seine eigenen Verdienste formelhaft kleinzureden. Heute noch gebietet es die Höflichkeit, einen Leutnant mit »Herr Hauptmann« und einen Oberst mit »Herr General« anzureden. Im täglichen Leben muss sich ein Händler, der den Regeln des *Tarouf* folgt, erst einmal weigern, für seine Ware eine Bezahlung anzunehmen. Vor den Türen iranischer Büros und Amtsstuben kann man immer wieder Männer beobachten, die sich anscheinend nicht darauf einigen können, wer dem anderen den Vortritt lassen darf. Der *Tarouf* ist zwar immer blumig und poetisch, kennt jedoch verschiedene Sprachebenen. Während die wohlerzogenen Leute ihren Respekt voreinander mit dem Ausspruch »Ich wandle auf Ihren Augen« auszudrücken pflegen, würde ein Lastwagenfahrer in einem solchen Fall eher »Spuck aus, und ich werde mich darin baden« sagen.

ANMERKUNGEN

1 Zehn Jahre später ist Ali Chamenei weiterhin der mächtigste Mann des Landes. Der Organisationsplan des Regimes zeichnet sich zwar immer noch durch eine wahrhaft byzantinische Komplexität aus, ist aber inzwischen weit homogener geworden, da die Reformer die Herrschaft über die gewählten Institutionen (Präsidentenamt, Parlament) verloren haben, wenngleich seitdem auch innerhalb des konservativen Lagers die ersten Risse aufgetreten sind. All dies hat jedoch die Macht des Obersten Führers nur noch weiter verstärkt. Damit gewannen die theokratischen Aspekte des Regimes endgültig über seine republikanischen die Oberhand.

2 Omar Chajjam, *Rubaijat*, Bern 1969, S. 37.

3 Trotz der historischen Ungenauigkeiten, die ihr einige vorwerfen, bleibt die beste Erzählung über diese beiden Persönlichkeiten weiterhin der Roman von Amin Maalouf, *Samarkand*, Frankfurt am Main 2001.

4 Mit diesem Ausdruck bezeichnet das Regime die Mitglieder der Volksmudschaheddin.

5 Die freiwilligen Mitglieder einer paramilitärischen »islamischen« Miliz. Vgl. S. 273.

6 Nach einer Untersuchung, die der Menschenrechtsaktivist Emadeddin Baqi am 12. Dezember 1999 in der Zeitschrift Arzesh veröffentlichte. Baqi wurde einige Monate später verhaftet und verbrachte den Großteil des nächsten Jahrzehnts hinter Gittern. Zum Zeitpunkt der Drucklegung dieses Buches saß er erneut im Gefängnis.

7 *Un monde de brut. Sur les routes de l'or noir*, Paris: Seuil, 2003; und American Chaos, Paris: Seuil, 2004.

8 *Die Sinnsprüche Omars des Zeltmachers*, übers. v. Friedrich Rosen, Frankfurt am Main 1963, S. 20.

9 Es stellte sich heraus, dass diese Anlage nicht auf den westlichen Listen auftauchte. Es ist durchaus möglich, dass auch der Taxifahrer vorher ein kleines Pfeifchen geraucht hatte.

10 *La Chinafrique*, Paris: Grasset, 2008.

11 Eine Anspielung auf dessen Rede vor den Vereinten Nationen im Jahr 2005. Ahmadinedschad hatte später behauptet, er habe dabei um sich herum einen grünen Lichtschein gesehen, den er als die unsichtbare Anwesenheit des Imams Mahdi auslegte.

12 Der Ajatollah trägt rechts eine Handprothese.

13 Maziar Bahtiari, »188 days, 12 hours and 54 minutes«, in: *Newsweek*, 21. November 2009.

14 Die von Kyros gegründete Dynastie der Achämeniden (559–330 v.Chr.) steht am Anfang des Persischen Reiches und der goldenen vorislamischen Zeit. Sie wurde von Alexander dem Großen gestürzt. Die Dynastie der Sassaniden herrschte von 224 bis 637 n.Chr., als sie der arabischen Invasion zum Opfer fiel.

15 Er begründete 1995 in Bombay das sogenannte »Lachyoga«, das heute in 6000 Klubs in 60 Ländern gelehrt wird. Madan Kataria befasst sich auch mit ganzheitlicher Gesundheitsberatung und ist bei multinationalen Unternehmen ein sehr begehrter Redner.

16 Der 1960 in Kalifornien geborene Tony Robbins verfasste drei Beratungsbücher, die jedem den Weg zum Erfolg weisen sollen. Der Persönlichkeitstrainer begründete eine Methode namens »Befreie die innere Kraft«. Er verlangt für eine einzige Rede bis zu 300000 Dollar. Das Forbes-Magazin zählt ihn zu den 20 einflussreichsten Persönlichkeiten der Welt.

17 Siehe die ausgezeichnete Arbeit von Daniel Pipes, *The Hidden Hand. Middle East Fear of Conspiracy*, New York 1998.

18 Siehe Ervand Abrahamian, *Khomeinism. Essays on the Islamic Republic*, Berkeley 1993.

19 Am 14. Oktober 1971 speisten dort 600 Gäste (Prominente, Staatschefs und gekrönte Häupter) fünfeinhalb Stunden lang. Das ganze Essen war vom Pariser Maxim vorbereitet worden, das sein Restaurant für zwei Wochen schließen musste, um diesen Auftrag ausführen zu können.

20 Diese Episode beschreibt Elaine Sciolino in ihrem Buch *Persian Mirrors*, New York 2000.

21 Schätzung des IWF.

22 Jason Elliot, *Persien. Gottes vergessener Garten. Meine Reisen durch den Iran*, München 2007.

23 Um nur einige zu erwähnen: Al-Karadschi (Mathematik und Hydrologie), Al-Dinawari (Botanik), Al-Dschahiz (Geologie), Ibn al-Haitham (Optik und Ophtalmologie), Al-Kindi (Mineralogie), Mansur Schirazi (Edelsteinkunde).

24 Herodot äußert sich in seinen Historien (VIII, 98) begeistert über das persische Postwesen: »Es gibt nichts Schnelleres auf der Welt als den Botendienst,
den die Perser eingerichtet.« Die Fortsetzung des Zitats: »[Menschen und
Pferde] lassen sich weder von Schnee, Regen, Tageshitze noch Dunkelheit
davon abhalten, ihren Auftrag mit der größtmöglichen Schnelligkeit zu erfüllen« steht auf dem Giebel der New Yorker Hauptpost an der 8th Avenue.

25 Dieses Objekt steht gegenwärtig im Mittelpunkt einer großen Kontroverse
zwischen Großbritannien und dem Iran. Der Zylinder, ein Eigentum des Britischen Museums, sollte 2009 für drei Monate in den Iran ausgeliehen werden. Aber London verzögerte die Ausleihe, angeblich, weil man im Depot des
Museums zwei Fragmente einer Tontafel entdeckt hatte, die den Text des Zy-
linders wiedergebe und deren Untersuchung sechs Monate dauern werde.
Tatsächlich hielt es London erst einmal für unangebracht, den Gründungs-
text der Menschenrechte in einem Augenblick in den Iran zu schicken, wo
dieses Land eine beispiellose Unterdrückung erlebte. Im September 2010
wurde der Zylinder dann doch noch für vier Monate an den Iran ausgeliehen,
um im Nationalmuseum von Teheran gezeigt zu werden.

26 Rem Koolhaas und Bruce Mau, S, M, L, XL, Köln 1997, S. 1248ff.

27 Rem Koolhaas, »What ever happened to urbanism?«, in: S, M, L, XL, ebenda.

28 Nach der französischen Übersetzung von Vincent-Mansour Monteil, in: Ha-
fez Shirazi, L'amour, l'amant, l'aimé, Paris 1989, S. 97.

29 Janet Afary, Sexual Politics in Modern Iran, Cambridge 2009.

30 Die andere Eheform, der Sigheh, ist zeitlich begrenzt (vgl. S. 206).

31 Die Bahar-e Azadi (»Frühling der Freiheit«)-Goldmünzen ersetzten in der
Revolution die Gold-Pahlavis, die den Namen der gestürzten Dynastie tru-
gen. Sie weisen dasselbe Gewicht auf und enthalten 8,4 Gramm Gold. Die
Iranische Zentralbank gibt jeden Tag den jeweiligen Kurswert bekannt. Zum
Zeitpunkt der Drucklegung dieses Buches betrug er 167 Euro pro Goldstück.

32 Diese Posten bilden die sogenannte Mehrieh oder Morgengabe, die der Ehemann nur im Fall einer Scheidung bezahlen muss. Die Höhe der Mehrieh
wird veröffentlicht und trägt zum Prestige des Ehemannes bei. Allerdings
hat dieser dann manchmal Schwierigkeiten, die festgelegte Summe aufzu-
bringen. Es gibt in Teheran bereits eine Dienststelle, die alle die Ehemänner
aufspüren soll, die einfach verschwunden sind, um sich ihrer Pflicht zur Ent-
richtung dieser Mehrieh zu entziehen.

33 Nur die Umstände werden hier aufgeführt, die es der Ehefrau erlauben, sich
scheiden zu lassen, da sich der Ehemann seinerseits ja jederzeit ohne Anga-
be von Gründen scheiden lassen kann.

34 Diese Bestimmung bedeutet, dass die Ehe theoretisch aufgelöst werden kann, wenn der Ehemann sechs Monate lang nicht mit seiner Frau geschlafen hat.

35 »Exzessives Sozialleben« bedeutet in diesem Zusammenhang höchstwahrscheinlich, dass der Ehemann auch mit anderen Frauen ein Verhältnis hat.

36 Ein Sagenvogel, dessen Schatten angeblich Glück bringen soll.

37 Frauen, die den *Tschador* tragen, der ihren ganzen Körper von Kopf bis Fuß bedeckt, im Gegensatz zu den *Hedschabi*, die nur den *Hedschab*, das Kopftuch, und einen langen Mantel tragen, und den *Bad-hedschabi*, die das Kopftuch viel zu weit hinten und zu kurze Mäntel tragen.

38 Mohammad Mossadegh war von 1951 bis 1953 Premierminister. Er ordnete die Verstaatlichung der Erdölindustrie an, was dazu führte, dass er durch einen von der CIA angezettelten Staatsstreich gestürzt wurde. Schah Mohammad Reza Pahlavi, der zuvor nach Italien geflüchtet war, kehrte wieder auf den Thron zurück und wurde danach von den Vereinigten Staaten bis zu seinem Sturz im Jahr 1979 mit allen Mitteln unterstützt.

39 Das Buch der Könige, ein um das Jahr 1000 verfasstes Heldenepos, erzählt die sagenhafte Geschichte fünfzig iranischer Herrscher. Die hier angesprochene Stelle lautet in der Übersetzung von Friedrich von Schack (*Heldensagen von Firdusi*, Berlin 1851, S. 363f.): »Doch, als ob Gott die Hand des Sohrab lähmte, entriss sich Rostam ihm, der ungezähmte, erhob die Faust, das Krokodil zu packen, und packte des Gewalt'gen Haupt und Nacken, dass ihm der Rücken, gleich dem Rohre brach. Gekommen war des edlen Jünglings Tag. Zu Boden warf der Alte ihn am Ende, und griff, damit er nimmer mehr erstände, nach seinem Schwerte. Hastig zieht er es, und tief ins Herz des Sohrab drückt er es.«

40 US-amerikanischer Spielfilm von 1991, gedreht nach dem gleichnamigen Buch von Betty Mahmoudi. Eine Amerikanerin folgt ihrem Ehemann in den Iran. Dort wird er gewalttätig und stützt sich auf die islamischen Gesetze, um seine Familie zu terrorisieren. Sie ergreift mit ihrer Tochter Mahtob die Flucht und überschreitet auf dem Rücken eines Maultiers die Grenze. Der Film führte dazu, dass in der Vorstellungswelt der US-Amerikaner der Iran seitdem mit Frauenfeindlichkeit und Fanatismus gleichgesetzt wird.

41 Unmittelbar nach seinem Studium in Princeton kam der 24-jährige Baskerville als Lehrer in einer amerikanischen Missionsschule nach Täbris. Als tiefgläubiger Christ konnte er gegenüber dem Los der konstitutionalistischen Truppen Sattar Khans nicht gleichgültig bleiben, die von der Armee des Schah belagert und ausgehungert wurden, der die dreieinhalb Jahre zuvor

zugestandene Verfassung widerrufen hatte. Am 19. April 1909 versuchte er an der Spitze von 150 Schülern, die er selbst zu Kämpfern ausgebildet hatte, einen Ausfall. Dabei traf ihn eine Kugel mitten ins Herz. Er war auf der Stelle tot.

42 Persische Ausgabe: Mullah Hossein Kashefi Sabzevari, *Der Garten der Märtyrer*, Verlag Daftar-e Nashr-e Novid-e Eslâm, Ghom 1991. Ins Französische übersetzt in der Revue du Téhéran vom Februar 2009.

43 »A revaluation of Islamic traditions«, Vortrag auf dem 21. Orientalistenkongress in Paris im Jahr 1948, der im folgenden Jahr im Journal of the Royal Asiatic Society, Cambridge, S. 143–154, veröffentlicht wurde.

44 Auszüge aus diesem Buch erschienen auf Deutsch in: Ayatollah Khomeini, *Meine Worte. Auszüge aus drei Hauptwerken des Ayatollah*, München 1980.

45 So bezeichnet man im Islam die Gemeinschaft der Gläubigen.

46 Keines der Tausende von Bildern und Videos, die in dieser Woche im Internet veröffentlicht wurden, zeigt Demonstranten, die den Koran verbrennen.

47 Französisch-schweizerische Produktion von CDP/Interland/Box Productions, 2009.

48 Freidoune Sahebjam, *Ich habe keine Tränen mehr*, Reinbek 1988.

49 Zuerst erschienen 1893 bei A. & C. Black in London, danach in den 1920er Jahren in der Cambridge University Press. Letzte Ausgabe: Routledge in London 2001.

50 Deutsche Ausgabe: *Farid ud-Din Attar, Die Konferenz der Vögel*, üb. von Katja Föllmer, Wiesbaden 2008. Jean-Claude Carrière machte daraus ein Theaterstück, das Peter Brook im Juli 1979 auf dem Festival von Avignon inszenierte.

51 Saida Zainab war die Tochter Alis, des ersten schiitischen Imams, und Fatimas, der Tochter des Propheten Mohammed. Ihr Grab in Damaskus zieht jedes Jahr zwischen 300 000 und 400 000 iranische Pilger an. Einige glauben, dass diese Pilgerfahrten ein Vorwand sind, um eine Anzahl wichtiger iranischer Agenten einzuschleusen, die Syrien unterwandern sollen.

52 Der Filmemacher Mohsen Makhmalbaf, einst ein glühender Revolutionsanhänger, hat sich selbst im Sommer 2009 zum Sprecher der Grünen Bewegung im Ausland erklärt. Er hat diese Flüchtlinge interviewt und am 28. Dezember 2009 auf seiner Website eine Zusammenfassung ihrer Aussagen veröffentlicht. Diese Informationen sind natürlich mit großer Vorsicht zu genießen. Trotzdem wurde manches durch andere undichte Stellen bestätigt, vor allem die chronische Depression, unter der der Oberste Führer leiden soll. Siehe zu diesem Thema Karim Sadjadpours Analyse »Reading Kha-

menei«, die im Jahr 2008 von der US-amerikanischen Denkfabrik Carnegie Endowment for International Peace veröffentlicht wurde.

53 Diese Praxis ähnelt in allen Punkten denen, die James Morier bereits vor fast zwei Jahrhunderten in seinem Buch *The adventures of Hajji Baba of Ispahan* beschrieb (Deutsche Übersetzung: *Die Abenteuer des Hadji Baba von Isfahan*, Frankfurt am Main 1995).

54 Die Vereinten Nationen erklärten 2001 sogar zum »Jahr des Dialogs zwischen den Kulturen«.

55 Nach dem Titel eines Aufsatzes, der 1993 in der Zeitschrift *Foreign Policy* erschien, den der Autor dann für sein Buch *The Clash of Civilizations* von 1996 wieder aufgriff (Deutsche Ausgabe: *Der Kampf der Kulturen*, München 1996).

56 Beispiel: Der Verzehr von menschlichem Fleisch ist mit einem absoluten religiösen Verbot belegt. Wenn man jedoch am Verhungern ist, darf man dieses Verbot ohne Probleme brechen.

57 Gareth Porter, »Burnt Offering«, in: *The American Prospect*, 21. Mai 2006.

58 Glenn Kessler, »2003 Memo Says Iranian Leaders Backed Talks, in: *Washington Post*, 14. Februar 2007.

59 »The Iran Plans«, in: *The New Yorker*, 17. April 2006; »Last Stand«, 10. Juli 2006; und »The Next Act«, 27. November 2006.

60 Laut den *Hadith* (dem Propheten Mohammed zugeschriebene außerkoranische Aussagen und Gebote) müssen die Muslime ihren Hintern mit einer ungeraden Zahl von Kieselsteinen oder besser noch mit Wasser reinigen und danach dieses kurze Gebet aufsagen: »Gepriesen sei Gott, der mich von diesem Unrat befreit und mir Erleichterung verschafft hat.«

61 In Wahrheit wurden 1830 infolge einer Hasskampagne der damaligen schiitischen Mullahs alle Juden von Täbris umgebracht. Dabei wurden 400 von ihnen wie Hammeln die Kehle durchgeschnitten.

62 Im Fernsehen übertragene Rede vom 23. Februar 2010.

63 So wird seit dem 4. November 1979 die US-amerikanische Botschaft in Teheran bezeichnet.

64 Ein Gefängnis, in dem Demonstranten vergewaltigt, gefoltert und umgebracht wurden.

DANKSAGUNG

Die beiden Autoren dieses Buches sind allen Personen zu großem Dank verpflichtet, die auf diesen Seiten erscheinen und sich bereit erklärt haben, die wichtigen Momente ihres Lebens, ihre Erzählungen und Vorstellungen mit ihnen zu teilen. Manchmal werden sie mit ihrem richtigen Namen bezeichnet, manchmal jedoch zu ihrem Schutz mit einem Pseudonym. Darüber hinaus gibt es noch all jene, die nicht im Buch auftauchen, ohne die es jedoch nie hätte entstehen können: Mehrdad und seine Brüder, Khosrow, Farid, Mehraneh, Firuzeh und Madjid oder Haleh, ihr seid würdige Repräsentanten eures Landes, und es lässt sich unmöglich alles beschreiben, was wir mit euch erlebt haben.

Unser Dank gilt auch Marc Wolfensberger, Khavar Zolghadr und seinem tollen und talentierten Sohn Tirdad, den beiden Damen von der Filmproduktion »Les Poissons Volants«, Carole Cheysson und Sophie Goupil, Giovanni di Mauro und Elena Boille in Rom und Anne Sastourné in Paris, die uns alle immer wieder ermutigt haben, unser Projekt zu Ende zu führen.

Es gibt im Ministerium für islamische Führung nicht nur Zensoren, sondern auch zahlreiche Mitarbeiter, die sich durch große Höflichkeit und Gastfreundlichkeit und ein hohes Maß an Professionalität auszeichnen, vor allem Mohamad-Hossein Khoshvaght, Ali-Reza Shiravi, die untadelige Efat al-Sadat Eqbali-Namin und ein paar weitere verschleierte Engel, die immer gut auf uns aufgepasst haben.

Wir danken auch Nassira el-Moaddem für ihre Recherchen und Claude Baechtold dafür, dass er uns über zahlreiche Themen die Augen geöffnet hat. Dazu gehören die Gastronomie des Iran, die grafische Schönheit seines Automobilbestandes und die absolute Treffsicherheit der satellitengesteuerten amerikanischen Luftschläge.

Dank auch an Manuel Carcassonne vom Verlag Grasset für seine zweckdienliche Ungeduld und sein Vertrauen und an Francine Sacco und Charline Bourgeois-Tacquet, dass sie unser Manuskript gegengelesen haben. Sonia Kronlund verdient besondere Erwähnung, da ihr unser Buch zu einer Herzensangelegenheit wurde und sie ihr Wissen und ihre Liebe zum Iran dazu beigetragen hat. Der Genfer Chirurg Navid Alizadeh hat uns über einige weniger bekannte Aspekte der Rhinoplastie aufgeklärt.

Last, but not least, gab es in all diesen Jahren zwei gute Gründe, nicht in Teheran hängenzubleiben. Sie heißen Sophia Procofieff und Sabali Meschi. Sie waren uns während der ganzen Vorbereitung dieses Buches eine unerschütterliche Stütze, sind aber jetzt wahrscheinlich genauso erleichtert wie wir, dass es endlich erscheint.

PAOLO

Ich möchte allen danken, die an meine Arbeit geglaubt und mir dabei geholfen haben: Sandra Grangeray vom *Monde Magazine*, Jamie Welford von *Newsweek*, Alice Gabriner vom *Time Magazine*, Melissa Harris von *Aperture*, Marco Delogu in Rom, Roberto Ruta, Lisa Chiari und Giuliano Da Empoli in Florenz, sowie Kai Wiedenhöfer in Berlin und Teheran. Auf keinen Fall vergessen möchte ich Martino Marangoni, einen echten Freund und Mentor, Luana Rossi, die Leiterin meines Pariser *Back Office*, und Ana Tagarro in Madrid, der ich nicht genug danken kann, dass ich durch sie 1999 gleichzeitig Serge und den Iran kennenlernen durfte. Die Wichtigste von allen ist jedoch Coco Ferguson, ein blonder Engel, die für mich Führerin, Übersetzerin, Freundin, Beraterin und noch sehr viel mehr war.

SERGE

Die Liste all jener, die mir zwischen 1998 und 2002 im Iran geholfen haben, wäre mehrere Seiten lang, weshalb ich mich auf die Wichtigsten beschränken möchte. Es wäre dabei ungerecht, nicht mit Marie-Laure Widmer Baggiolini zu beginnen, die einen Teil der hier erzählten Erfahrungen mit mir geteilt hat und dafür auch auf gewisse Weise die Folgen spüren musste. Mit viel Wärme denke ich immer noch an meine beiden aufeinanderfolgenden Assistenten und Übersetzer Ali Rezvani und Mohsen Asgari zurück, deren Schatten weiterhin wachsen möge. Ich werde nie mehr als Staub unter den Füßen der Kollegen sein, mit denen ich Büros, Ideen, Reportagen und Recherchen teilte. Dazu gehörten vor allem Guy Dinmore und Najmeh Bozorgmehr von der *Financial Times*, Jim Muir von der BBC, Christiane Hoffmann von der *Frankfurter Allgemeinen Zeitung*, Christopher de Bellaigue vom *Economist*, Christophe de Roquefeuille von AFP und Jonathan Lyons von Reuters. Ich kann immer noch nicht glauben, dass Kaveh Golestan nicht mehr unter den Lebenden weilt. Ich hätte ihm gerne noch gesagt, dass ich nie zuvor einem weichherzigeren und inspirierenderen Kriegsfotografen begegnet bin.

Mein Leben in Teheran war vor allem dank all der Freunde angenehm und eine Freude, die mir so viel gegeben haben und die ich nie aus den Augen verlieren möchte: Gabriella, Fereshteh, Marjorie und Thierry, Sophie und Ronan, Shahin, Charbanou und Bruno, Monica und Carlo, Sophie und Ahmad, Hossein, dessen Schwierigkeiten hoffentlich bald ein Ende haben werden, Siamak, Ahmad, Mahmoud, Nevine und Hossein, Boiana und Nenad, Zoreh und Herr Afshar, der großartige Bibliothekar von

Khiabouneh Bijan, der auch die Freundlichkeit hatte, mir eine Unterkunft zu besorgen, als ich kurzzeitig auf der Straße saß.

Mein Verständnis für den Iran verdanke ich in vielem Ahmad Djabbari, Morad Saghafi und Ali Mir-Ashrafi. Zwei weitere liebe Menschen, die mir wertvolle Perspektiven auf das Leben in ihrem Land eröffnet haben, sind die Regisseurin Sonia Afsar Shafie und der Hodschatoleslam Mahdi Jahandar. Leider konnte ich ihnen nicht dasselbe für mein Land bieten.

In der französischen Botschaft fand ich die herzliche Unterstützung der beiden Botschafter Philippe de Suremain und François Nicoullaud. Darüber hinaus werde ich nie die unzähligen Gefälligkeiten und Dienste vergessen, die mir Louis Baumgartner als Teheraner Verantwortlicher der später so unglücklich untergegangenen Swissair erwies. Dies gilt auch für Javad Javaheri und seine Uhrmacherfamilie in Yverdon und Teheran und den internationalen Frucht- und Gemüsehändler Ali Zaghian, der sich um einen Teil meines Umzugs kümmerte. Schließlich bin ich Tim Guldimann zu ewigem Dank verpflichtet, der mir mehr als einmal aus der Patsche half.

Meine Aufenthalte im Iran wären ohne die Unterstützung mehrerer, von mir hochgeschätzter Persönlichkeiten nicht möglich gewesen: Eric Hoesli, Gründer und Chefredakteur von *Le Temps*, Pierre Rousselin und Stéphane Marchand vom *Figaro*, Mireille Duteil und Pierre Beylau von *Le Point*, Olivier Fahrni von der *Weltwoche* und später Alain Jeannet, Chefredakteur von *L'Hebdo*. Schließlich möchte ich auch den verschiedenen Diplomaten danken, die ich in der iranischen Botschaft in Bern kennengelernt habe. Sie alle benahmen sich mir gegenüber äußerst korrekt und zeigten ein erstaunliches Verständnis für die Zwänge meines Berufs.

Wie wir die Welt
von morgen erschaffen

ISBN 978-3-570-50118-4

Wir leben im „Anthropozän", der Menschenzeit – einer Epoche, in der der Mensch dabei ist, seinen Planeten in atemberaubender Geschwindigkeit zu verändern. Ein Weiter-so wird unsere Lebensgrundlagen zerstören. Nur mit radikaler Mäßigung und radikaler wissenschaftlicher Erneuerung zugleich werden wir das Überleben des homo sapiens ermöglichen.

Mehr Informationen unter  www.riemann-verlag.de